检察执法岗位操作规程指导丛书　第9分册（共12分册）

JIANCHA JISHU GANGWEI
ZHUANYONG CAOZUO GUICHENG

检察技术岗位
专用操作规程

湖南省人民检察院组织编写

中国检察出版社

图书在版编目（CIP）数据

检察技术岗位专用操作规程/湖南省人民检察院组织编写.—北京：
中国检察出版社，2016.3
（检察执法岗位操作规程指导丛书）
ISBN 978 - 7 - 5102 - 1561 - 2

Ⅰ.①检⋯ Ⅱ.①湖⋯ Ⅲ.①检察机关 - 工作 - 规程 - 中国
Ⅳ.①D926.3 - 65

中国版本图书馆 CIP 数据核字（2015）第 322425 号

检察技术岗位专用操作规程

湖南省人民检察院　组织编写

出版发行：中国检察出版社

社　　址：北京市石景山区香山南路（100144）

网　　址：中国检察出版社（www. zgjccbs. com）

编辑电话：（010）68650028

发行电话：（010）68650015　68650016　68650029

经　　销：新华书店

印　　刷：北京朝阳印刷厂有限责任公司

开　　本：720 mm×960 mm　16 开

印　　张：24 印张

字　　数：397 千字

版　　次：2016 年 3 月第一版　2016 年 6 月第二次印刷

书　　号：ISBN 978 - 7 - 5102 - 1561 - 2

定　　价：65.00 元

《检察执法岗位操作规程指导丛书》
编写委员会

主　任：游劝荣

委　员（以姓氏笔画为序）：

丁维群	王东晖	王国忠	王勋爵	文兆平	卢乐云
申彦斐	田智慧	印仕柏	白贵泉	兰建平	朱必达
朱国祥	吕赵龙	刘孙承	刘兴无	刘志红	刘建良
刘建宽	刘清生	江　涛	许建琼	苏勤惠	李　丽
李芳芳	李胜昔	余湘文	肖建平	肖建雄	吴建雄
何旭光	张　龙	张　勇	杨贤宏	杨　鸿	邹小俊
张士映	陈大朴	陈少华	陈绍纯	陈秋华	陈海波
苗　霞	易忠民	罗　青	罗树中	周燕海	胡　波
赵　钧	赵　荣	段志凌	祝雄鹰	贺艳芳	徐百坚
郝丽平	谈　固	曹志刚	常智余	彭洪声	曾新善
雷丰超	雷　华	谭庆之	熊文辉	薛献斌	戴一云
戴华峰	魏启敏				

主　编：薛献斌

副主编：徐百坚

统筹组组长：何旭光

统筹组副组长：路启龙

统筹组成员：阮洪伟　阮　艳　郭　蓉　邬　炼

第9分册《检察技术岗位专用操作规程》编写组

组　　长　雷　华　湖南省人民检察院检察技术处处长、全国检察业务专家、高级会计师

副 组 长　杨　立　湖南省人民检察院检察技术处副处长

编写人员　杨　帆　湖南省人民检察院检察技术处电子数据科科长（副处级）、工程师

郭哲良　湖南省人民检察院检察技术处法医科主任科员、副主任法医师

戴迎智　湖南省人民检察院检察技术处两录科科长

曹伟文　湖南省人民检察院检察技术处法医科科长、副主任法医师

李笑冰　湖南省人民检察院检察技术处司法会计科科长、高级会计师

谭铁军　湖南省人民检察院检察技术处文检科科长

徐小杰　湖南省人民检察院检察技术处司法会计科副主任科员、会计师

沈歆宇　湖南省人民检察院检察技术处文检科副主任科员

廖唯棨　湖南省人民检察院网络信息处科员

肖鑫波　湖南省长沙市人民检察院检察技术处副处长、主治医师

刘丽萍　湖南省长沙市人民检察院检察技术处科员、注册会计师

刘劲林　湖南省长沙市人民检察院检察技术处科员

方　泉　湖南省株洲市人民检察院检察技术科副主任科员

朱玲子　湖南省常德市人民检察院检察技术科副主任科员、注册会计师、高级会计师

黄誉洁　湖南省常德市人民检察院检察技术科科员、助理工程师

张　辉　湖南省娄底市人民检察院检察技术处副处长

序　言

《中共中央关于全面推进依法治国若干重大问题的决定》关于"明确各类司法人员工作职责、工作流程、工作标准"的法治要求，明确了管理全国检察机关全体检察执法人员的执法行为的法治化、规范化、制度化的目标，《最高人民检察院关于贯彻落实〈中共中央关于全面推进依法治国若干重大问题的决定〉的意见》中也提出了"严格落实和细化法律规定，健全检察机关司法程序规范、司法标准规范、司法言行规范、司法责任规范，逐步形成程序严密、标准统一、责任明确的司法规范体系"的贯彻意见。在全面推进依法治国的进程中，用怎样的制度体系来管理、管住检察执法人员的执法行为，以做到严格执法、规范执法，已经成为我们所面临的一个重大课题。

我们知道，权力活动本质上是人的活动，所有国家权力的活动都最终归结为国家机关工作人员的活动。马克思早就指出："人是最名符其实的政治动物。"① "从现实的人出发分析社会现象和政治现象，是马克思主义政治学的一条最基本的原理。马克思、恩格斯正是运用这一原理来分析解释社会政治生活和政治现象的。"② 习近平同志指出："治国之要，首在用人。也就是古人说的：'尚贤者，政之本也。''为政之要，莫先于用人。'"③ 按照党中央的要求，"坚持

---

① 《马克思恩格斯全集》第 46 卷上册，人民出版社 1979 年版，第 21 页。
② 王沪宁主编：《政治的逻辑》，上海人民出版社 2004 年版，第 34 页。
③ 国务院新闻办公室会同中央文献研究室、中国外文局编：《习近平谈治国理政》，外文出版社 2014 年版，第 411 页。

用制度管权管人管事"、"把权力关进制度的笼子里"① 已经成为全面深化改革、全面推进依法治国的重要内容。每个国家机关中的每个国家机关工作人员的职务活动,构成了全部国家权力活动的基础,而每个国家机关的职权活动又都是以国家机关工作人员所在职务岗位为依托、为基础的。同时,用来管权管人管事的制度,也是由人来制定、来执行的,没有人就没有制度,也没有制度的执行。所以,实现用制度来管权管人管事的一个重要体现,就是各个国家机关的各个职务岗位规范制度的建立和健全。检察机关作为国家的法律监督机关,在依法治国的要求下,尤其要对自身的职权活动严格依法进行规范,不断加强和改善检察执法岗位操作规程的制度建设。

湖南省人民检察院历时两年多、组织 200 余人编写的《检察执法岗位操作规程指导丛书》,就是检察机关在加强和改善检察执法岗位操作规程制度建设中的有益探索,也是检察系统组织编写的第一套系统化的、规范各类检察执法岗位的操作规程的制度文本。

这套丛书以最高人民检察院《检察机关执法基本规范(2013 年版)》为基础,将其中的检察执法工作的基本规范细化到执法岗位、细化为操作规程。丛书立足检察实务、立足执法岗位、立足行为规范,通过提炼、升华,对在检察执法实务中长期、普遍、稳定存在的实际操作行为和操作方法等进行总结和概括,按照有利于依法操作、有利于规范执法的要求,进行操作规程具体内容的创制。将检察执法工作中的具体行为、工作惯例、习惯做法、通常"套路"等实际上在每天、每件、每次的执法活动中都在实施着的所有不同主体、不同对象、不同内容、不同类型、不同方式的岗位执法行为,用法律和制度的标尺加以衡量、梳理、概括、完善、提升,去粗取精、举一反三,按照各类执法岗位的职责进行裁量,形成了各类执

---

① 《中共中央关于全面深化改革若干重大问题的决定》,载《人民日报》2013 年 11 月 16 日。

法岗位的各类操作规程的规范性文本。

这套丛书涉及检察执法工作中的执法领导、执法管理和办理等各执法岗位的操作规程，也涉及检察机关的侦查监督、公诉、职务犯罪侦查和预防、刑事执行检察、民事行政检察、控告申诉检察、检察技术、司法警察和检察执法内部监督等各个方面的检察业务工作，共有818个操作规程、440余万字。实际上是检察执法岗位操作规程的一套制度样本，也是不同类型检察执法岗位上执法人员的行为标准，规定在特定类型岗位上应该做什么、应该怎么做、做成什么样和不能做什么、不能怎么做。通过对特定岗位的执法目的和标准、执法内容和形式、执法数量和质量、执法规则和程序、执法措施和路径、执法方法和要求以及执法禁忌的明确规定，使之具有了以下四个基本功能：在岗人员的行为规范，新进人员的入门必读，执法质量的考评标准，检务公开的岗位样本。

当然，对海量的现行法律制度中没有明文规定，而执法实务中又长期存在和普遍应用的岗位执法操作细节进行制度性概括，并且要使概括出的操作规程具有规范性、准确性和完整性，其困难是可想而知的。加上编写者自身法治理念、法学素养和业务技能上存在的不足，所以，书中的错漏在所难免，还需要通过实践的检验不断完善，也欢迎检察同行和社会各界提出批评和建议。

湘人素有"敢为天下先"的传统，湖南检察机关组织编写《检察执法岗位操作规程指导丛书》为这个优良传统再一次作出了很好的诠释。希望这套丛书能够为检察执法岗位操作规程制度建设起到积极的推动作用，成为检察机关"用制度管权管人管事"探索中的一个成功开篇，推动检察机关执法活动法治化、规范化、制度化的不断拓展和深入。

是为序。

游劝荣

2015 年 12 月

丛书编写说明

一、编写过程

2013 年上半年，湖南省人民检察院在组织全省检察机关案件管理和检务督察系统学习领会、贯彻落实习近平总书记关于"把权力关进制度的笼子里"、"努力让人民群众在每一个司法案件中感受到公平正义"等重要指示的过程中，结合学习全国政法工作会议关于"紧紧抓住容易发生问题的执法岗位和关键环节，紧密结合执法规范化建设，健全执法制度、规范执法程序、强化执法管理，努力实现执法程序流程化、执法裁量标准化、执法行为规范化，从源头上预防随意执法、粗放执法等问题的发生"和全国检察长座谈会关于"进一步细化执法标准，严格要求检察机关每一个办案环节都必须符合法律规范"的精神，认识到所有国家权力都应当通过对每个具体权力岗位行为的具体的操作规范，来实现国家权力整体的规范，实现"把权力关进制度的笼子里"；认识到检察权是国家权力的重要组成部分，检察机关依法行使职权是通过检察机关执法岗位人员的执法行为实现的，检察机关是检察执法岗位的整体。检察执法岗位作为检察机关的执法终端，执法岗位上的检察执法人员是检察机关的"执法触手"，这是人民检察院行使检察权的基本形式，也是检察执法活动发生违法违纪行为的基本形式。所以，要把检察权也"关进制度的笼子里"，防止检察权违规，归根结底是要对检察执法岗位上的检察人员的执法行为进行规范。

2013 年 7 月 24 日，省检察院游劝荣检察长批准了关于编制"每个执法岗位的操作规程,作为执法人员的行为规范,既是新进人员的上岗必读,也是岗位执法的考核标准"的报告,并要求进行原理研究和可行性研究,并正式立项为省检察院检察理论研究重大课题。

在前期研究的基础上①,2013 年 12 月 6 日,湖南省人民检察院与中国检察出版社就出版一套检察执法岗位操作规程丛书问题进行协商,出版社原则同意出版该丛书,并对丛书编写工作提出了指导性意见。2013 年 12 月 16 日,游劝荣检察长批准了《〈检察执法岗位操作规程指导丛书〉编写方案》,决定组织丛书编写委员会,以检察长游劝荣为丛书编写委员会主任,副检察长薛献斌为丛书主编,以省检察院案件管理和检务督察部门为主成立丛书编写统筹组。同时,将丛书编写工作纳入省检察院党组的工作计划,丛书编写工作由此正式展开。按照编委会主任的要求,丛书主编和统筹组在编写任务交底的同时,向每位编写人员提供了包括编写计划、编写大纲和编写指引等近两万字的编写方案,明确丛书主旨、丛书体例、编写方法和要求,向各编写组提供了《编写体例说明及参考样本》、《编写要求和编写格式》和《操作规程的基本写法和重点要求》等编写指导意见;制定了《各编写组正副组长、检察业务审稿工作职责》和《各分册统稿、交叉审稿、检察业务审稿、编写组定稿工作操作程序》等编写工作规范。2015 年 8 月 31 日丛书截稿,丛书所涉法律法规、司法解释和工作制度原则上截至此日。

丛书编写过程中,党的十八届三中全会、四中全会相继召开,所作出的两个重要决定中有关"坚持用制度管权管事管人"的改革要求、关于"明确各类司法人员工作职责、工作流程、工作标准"的法治要求,《最高人民检察院关于贯彻落实〈中共中央关于全面推进依法治国若干重大问题的决定〉的意见》中"严格落实和细化法律规定,健全检察机关司法程序规范、司法标准规范、司法言行

---

① 薛献斌:《检察执法岗位操作规程的制度建设》,载《人民检察》2014 年第 4 期。

规范、司法责任规范，逐步形成程序严密、标准统一、责任明确的司法规范体系"的贯彻意见，湖南省委贯彻落实四中全会决定实施方案中"健全各类司法岗位行为规范"的要求，使丛书编写的方向进一步明确。2015 年 9 月 1 日，全部书稿交付出版社。

二、丛书性质和主要内容

丛书是检察执法岗位操作规程的一套制度样本，是不同类型检察执法岗位上执法人员的行为标准，规定在特定类型岗位上应该做什么、应该怎么做、做成什么样和不能做什么、不能怎么做。通过对特定岗位的执法目的和标准、执法内容和形式、执法数量和质量、执法规则和程序、执法措施和路径、执法方法和要求以及执法禁忌的明确规定，使之具有了执法岗位在岗人员的行为规范、新进人员的入门必读、执法质量的考评标准、检务公开的岗位样本等基本功能。丛书既是检察执法岗位操作规程制度建设的理论研究成果，也是各个检察机关执法岗位操作规程的制度参考，当然也可以直接用于检察机关执法工作的岗位规范。丛书编写过程中，湖南省和一些市、县检察机关就将丛书初稿的部分内容作为规范性文件或者印成小册子发给相关执法岗位人员执行或者参考，获得了检察执法人员的广泛认同，普遍反映操作规程简洁清晰、好记好用、照着做很有效。

丛书编写在严格遵守法律法规、规章制度和最高人民检察院工作要求的前提下，立足检察实务、立足执法岗位、立足行为规范，通过提炼、升华，在法律的指引下进行制度提炼和规则概括。通过认真梳理执法实践，围绕执法岗位这个"圆心"，以最高人民检察院《检察机关执法基本规范（2013 年版）》（以下简称《基本规范》）为"半径"，将《基本规范》中的检察执法工作规范细化到执法岗位、细化为操作规程。首先，将现行法律法规和规章制度即《基本规范》所规定的、所有检察执法岗位都必须遵循的操作规程方面的各项具体、细节性规定全部纳入，作为检察执法岗位操作规程的主体内容。在此基础上，对"基本规范"尚无具体、细致的操作规程，而在检察执法实务中又长期、普遍、稳定存在的实际操作行为和操作方法等进行总结和概括，按照有利于依法操作、有利于规范执法的要求，进行操作规程具体内容的文本创制。将检察执法工作中的具体行为、工作惯例、习惯做法、通常"套路"等实际上在每天、每件、每次的执法活动中都在实施着的所有不同主体、不同对象、不同内容、不同类型、不同方式的岗位执法行为，用法律和制度的标尺加以衡量、梳理、概括、完善、提升，去粗取精、举一反三，按照各类执法岗位的职责进行裁量，将法律规定框架下、检察人员在执法实务中的实际做法，即所谓"潜规范"、"习惯性规范"，概括、整理成为"显规范"、"成文性规范"，形成各类执法岗位的各类操作规程的规范性文本。同时，总结升华检察执法工作中的成功经验以解决编写中的制度难点问题，综合分析检察执法工作中的沉痛教训以解决编写中的制度重点问题。

丛书是执法实践的总结和升华而非简单地固化和守成。不仅对现有执法实践成果进行收集、固定和成文化、制度化，同时还对整个检察执法岗位实践进行检讨和反思，明确实践中实际发生的具体执法行为、执法程序细节并非全部都是合法的和理性、平和、文明、规范的，需要用社会主义法治理念和法律法规、规章制度来对现存的检察岗位各种实际执法行为进行衡量，对实际发生的执法行为、执法惯例、执法习惯等进行甄别和取舍。通过既总结和归纳、又拨正和升华，做到选取规范的、固定成熟的、补充不足的、剔除违规的、预测必要的，力求使总结出来的检察执法岗位操作规程既规范、实用、前瞻，又适度、经济、便捷。

丛书依托"基本规范"和检察执法实务，同时吸收和细化"基本规范"出版之后、丛书截稿之前最高人民检察院、各省级人民检察院制定的相关司法解释、办案制度所涉及的检察执法岗位操作规程方面的内容。对丛书中涉及的相关检察改革制度化内容尚未定型、制度细节尚不清晰难以作为编写依据的，均按照现行制度规定进行编写。对尚无全国定型化制度性规范的主任检察官办案责任制改革，丛书仍然按照现行检察执法的职权层级进行岗位权能的划分。一俟主任检察官办案责任制度在全国施行、主任检察官行使原来职权层级中部门负责人直至分管副检察长的部分职权时，则只要将丛书中相关分管副检察长和部门负责人的相关操作规程划归主任检察官行使即可。

丛书不包括检察执法人员所从事的非执法工作和检察机关的非执法岗位，比如检察长（包括分管副检察长）所承担的对检察机关党的建设、队伍建设、综合调研、计划财务装备的领导工作；又如检察机关部门负责人所承担的部门党支部书记和考勤考绩等工作；再如执法办理人员承担的支部委员工作或工会小组长工作之类；非执法岗位如综合秘书岗位、人事培训岗位、宣传公关岗位、理论研究岗位、财务后勤岗位之类，也都不在丛书规范的范围之内。

三、丛书体例和基本结构

丛书将全部检察执法岗位划分为执法领导、执法管理、执法办理（其中又分为主办办理、协办办理和辅助办理）三类，各自具有共同的和不同的岗位操作规程。丛书分为12个分册，各分册单独成书，共有1个通用分册为各类执法岗位共同的操作规程、11个专用分册为各类不同执法岗位的专用操作规程。12个分册均冠以"检察执法岗位操作规程指导丛书"之名，第1分册为《检察执法岗位通用操作规程》、第2分册为《检察执法领导和管理岗位专用操作规程》、第3分册为《侦查监督岗位专用操作规程》、第4分册为《公诉岗位专用操作规程》、第5分册为《职务犯罪侦查岗位专用操作规程》、第6分册为《刑事执行检察岗位专用操作规程》、第7分册为《民事行政检察岗位专用操作规程》、第8分册为《控告申诉检察岗位专用操作规程》、第 9 分册为《检察技术岗位专用操作规程》、第 10 分册为《司法警察岗位专用操作规程》、第 11 分册为《职务犯罪预防岗位专用操作规程》、第 12 分册为《检察执法内部监督岗位专用操作规程》，全书共约 440 余万字。

丛书各分册一般分为概述和操作规程两大部分，以章、节为基本叙述结构。概述部分按照章、节、一、（一）的层次叙述，对该分册的一般内容进行概述性介绍。操作规程是丛书各分册的主体，为表述简洁和便于引用，每个操作规程的叙述结构都按照 1.、1.1、1.1.1 或者 1.1（1）、1.1.1（1）的层次叙述。操作规程的一般结构为：定义（指操作规程所规范客体的基本含义）、操作主体（指谁来操作，包括决定、指挥、管理、指导、执行、协助、协作的主体等）；操作对象（指对谁操作，包括组织、个人、事项等）；操作时间（指何时操作，包括起止和持续时间、操作期限等）；操作地点（指何处操作，包括法定地点、自定地点、特定场所等）；操作内容（指操作什么，包括涉事范围、案件事件、事项事务、行事标准、原则准则等，同时还包括操作内容的重点等）；操作形式（指操作程序和程式，包括次序与层次、步骤与进度、流程与节点、预备与实施、开始与持续、结束与善后等）；操作方法（指如何操作，包括门路、套路、办法、方式、形式、模式、规则、要领、路径等，操作的技巧、窍门、谋略等选择性纳入）；操作禁忌（指禁止操作的内容和形式）。

为避免重复，一是在第一分册即通用分册中已有的内容，其他专用分册原则上不再纳入。如讯问操作规程涉及侦查监督、公诉、职务犯罪侦查、刑事执行检察以至控告申诉检察、检察技术、内部执法监督等分册，只在通用分册进行规定。但因职务犯罪侦查讯问和公诉出庭庭审讯问有特殊要求，则在相应分册另作规定。二是对某专用分册中涉及到其他专用分册的内容也不重复规定。如刑事执行检察中的侦查监督、公诉、职务犯罪侦查岗位的操作规程，只需要按照侦查监督、公诉、职务犯罪侦查等专用分册的专门规定操作即可，在该分册中不再规定。

四、编写人员和编写责任

丛书编写人员为湖南省三级检察机关的检察人员，共211人。编写主体由省、市、县三级检察院的相关业务骨干组成，12个分册编写组的骨干以省检察院和部分市州院、基层院的检察长、副检察长、检察委员会专职委员及其相关部门负责人为主。丛书统筹组、各分册编写组正副组长由丛书编委会主任审定，各分册编写组编写人员经丛书主编同意，各分册统稿人和检察业务审稿人由各分册编写组决定。编写人员不脱离本职工作，在本职工作之余从事编写工作。由于编写时间较长，参与编写人员的工作单位（部门）和工作职务发生了诸多变化，为使前后一致和表述简洁，署名时一般按照开始参加编写时的单位（部门）和职务。

全部书稿的初稿出自相关编写人员，编写人员对其所编写内容的规范性、完整性负责。各分册编写组组长、副组长组织本分册的编写并对本分册初稿的内容和形式最后把关；各分册编写组检察业务审稿人员负责本分册内容所涉检察业务和操作规程的规范性、完整性审查，统稿人负责本分册内容、体例一致性和协调性审查。各分册编写人员及其编写分工，均在各分册扉页和后记中注明。

丛书正副主编和统筹组全体人员在负责对丛书编写工作进行统筹组织、协调指导的同时，负责对全部书稿提出修改意见：丛书统筹组成员阮艳主要负责全部书稿中操作规程及其内容完整性的审查，阮洪伟主要负责全部书稿的法律法规和规章制度准确性、完整性审查，统筹组副组长路启龙主要负责丛书各分册关系协调和语言、文风统一的审查；统筹组组长何旭光负责对统筹组意见进行综合，提出统筹组对丛书初稿的审查意见；副主编徐百坚负责对丛书初稿进行全面审读和修改，主编薛献斌负责提出丛书框架和编写方案，组织操作规程样本和编写工作规范编制，并负责对丛书初稿进行审稿、修改和定稿。全部书稿最后经编委会主任游劝荣审定。

最高人民检察院案件管理办公室各位负责同志、中国检察出版社安斌副总编辑、马力珍主任对丛书编写工作进行了精心指导，收集了专家学者的论著、论文并从全国各级检察机关、公安机关、审判机关等收集了一些工作制度、管理制度、工作经验、典型案例作为参考（以附录之名置于各分册之后），湖南省各市县检察院党组和检察长给予了有力支持，省院和相关市、县检察院进行试用对丛书的完成和效用的检验提供了支撑，这些都为丛书的编写完成提供了良好的条件。在此，特表示诚挚的敬意和由衷的感谢！

由于编写人员政治水平和专业水平所限，又是从事的一项从未做过的工作；也由于编写工作是在编写人员不影响本职工作的情况下进行的，编写时间紧与工作任务重的矛盾突出，虽有各级检察院检察长大力支持，也难免力所不逮；还由于在前期研究和整个编写过程中未能在法律法规、政策制度和书刊、报纸、网络等媒介中收集到同类型系统性信息，难以找到现成参照；特别是编写工作必须对海量的现行法律制度中没有明文规定，而执法实务中又长期存在和普遍应用的岗位执法操作细节进行概括形成制度性文本，并努力使概括出的操作规程具有规范性、完整性，困难更是超乎想象。囿于编写者的能力和编写条件，一孔之见、一隅之得难免狭隘。所以，书中的错漏和不足在所难免，特向读者表示歉意。

真诚欢迎全国检察系统各位同事、政法实务界和法学界的各位专家学者提出批评、意见和建议，以促使这套丛书能够不断改进而完善。对丛书的意见，请发至以下电子信箱：jczxxb@163.com。

《检察执法岗位操作规程指导丛书》编写委员会

2015 年 12 月 18 日

目　　录

第一章 检察技术概述

第一节 检察技术工作

一、检察技术工作

（一）技术

广义地讲，技术是"一切能够达到目的的有效手段（行为、方法）"。《辞海》对技术的定义是：人类为满足社会需要而依靠自然规律和自然界的物质、能量和信息，来创造、控制、应用和改进人工自然系统的活动的手段和方法。技术是一个历史范畴，技术随人类改造自然的时间和科学技术本身的发展而不断发展。

（二）物证技术（刑事科学技术）

物证技术也称刑事科学技术，是指公安、司法机关依照《中华人民共和国刑事诉讼法》的规定，运用现代科学技术的理论和方法，收集、分析、检验和鉴定与犯罪活动有关的各种物证材料，为侦查、起诉和审判提供各种线索和证据的专门性技术手段。

（三）检察技术与检察技术工作

检察技术实际上就是服务于检察执法的物证技术。从检察执法办案实际需求出发，检察技术只涵盖了一部分的物证技术门类。

单就职能和作用而言，检察技术工作就是运用检察技术为检察执法办案提供科技支撑与保障的专门工作。检察技术工作的核心与主体是检察技术办案工作，因此，作为执法岗位操作规程，后文提到的检察技术工作，与检察技术办案工作是同一语意。

（四）检察技术办案工作

检察技术办案工作是检察机关检察技术部门依照《中华人民共和国刑事诉讼法》、《中华人民共和国民事诉讼法》、《中华人民共和国行政诉讼法》、《人民检察院刑事诉讼规则（试行）》等法律法规的相关规定，运用自然科学或社会科学的原理和方法，通过专门的技术手段收集、分析、甄别、审查、鉴别证据，以查明案件事实，为公诉、侦查监督、控告申诉、职务犯罪侦查等检察业务提供技术支持与保障的专门性检察业务工作。

检察技术办案工作是检察机关履行法律监督职能的重要方式，是检察机关实现执法办案内部监督的重要手段，对提升检察机关执法办案公信力、维护社会公平正义具有不可或缺的作用。

二、检察技术工作的分类

（一）勘验检查工作

勘验检查是指检察技术人员或有专门知识的人在检察人员的主持下，利用科学技术手段对与犯罪有关的场所、物品、人身、尸体、电子数据等进行勘验、检查的一种侦查活动。

勘验检查的任务是发现、收集、提取、固定与犯罪有关的证据及其他信息资料，为诉讼活动提供证据。现场勘验检查工作应当严格遵守国家法律、法规，保守秘密，遵守操作程序。

就检察机关工作实践而言，勘验检查主要包括现场勘验检查、侦查实验、勘验检查尸体、人身检查、电子数据现场勘验检查和电子设备检查等。

（二）检验鉴定工作

检验鉴定是指人民检察院鉴定机构及其鉴定人，受案件承办部门的委托或聘请，运用科学技术或者专门知识，就案件中某些专门性问题进行鉴别和判断并出具鉴定意见的活动。

检验鉴定工作应当遵循依法、科学、客观、公正、独立的原则进行。

就检察机关工作实践而言，检察机关技术部门从事的检验鉴定工作主要涵盖法医病理、法医临床、法医精神病、法医物证、法医毒物、文件检验、痕迹检验、司法会计、电子数据、声像资料等专业技术门类。

（三）技术性证据审查工作

技术性证据是指为解决诉讼活动中的专门技术问题，鉴定人或具有专门知识的人运用科学技术手段和方法，收集、鉴别证据所形成的鉴定书、检验报告等证据材料。

技术性证据审查是指检察技术部门根据案件承办单位或部门委托，指派检察技术人员或聘请有专门知识的人对办案中涉及的技术性证据的合法性、科学性、客观性、规范性等进行审查，并提出审查意见的活动。

技术性证据审查为案件承办部门采信证据、补充证据或重新鉴定等提供意见。

人民检察院检察技术部门受理本院其他业务部门和下级人民检察院委托的技术性证据审查。下级人民检察院可委托上级人民检察院进行技术性证据审查。

（四）技术协助工作

技术协助是指检察技术人员依法参与办案，配合检察业务部门的需要，运用专业技术手段，发现、提取、固定、分析、判断证据，提供技术协助的活动。

技术协助工作主要包括取证类、线索类和其他类三类。

取证类技术协助工作主要指帮助办案部门收集和固定相关案件证据等工作；线索类技术协助工作主要指协助办案部门查找、发现案件线索等工作；其他类技术协助工作主要是为办案部门确定侦查范围、定性、立案等提供专业性分析意见等工作。

（五）讯问职务犯罪嫌疑人同步录音录像工作

讯问职务犯罪嫌疑人同步录音录像是指人民检察院办理直接受理侦查的职务犯罪案件，每次讯问犯罪嫌疑人时，应当对讯问过程实施不间断的录音、录像。

讯问全程同步录音、录像，实行讯问人员和录制人员相分离的原则。

（六）出庭作证、质证工作

《中华人民共和国刑事诉讼法》第一百八十七条规定：公诉人、当事人或者辩护人、诉讼代理人对鉴定意见有异议，人民法院认为鉴定人有必要出庭的，鉴定人应当出庭作证。经人民法院通知，鉴定人拒不出庭作证的，鉴定意见不得作为定案的根据。

《中华人民共和国刑事诉讼法》第一百九十二条规定：公诉人、当事人和辩护人、诉讼代理人可以申请法庭通知有专门知识的人出庭，就鉴定人作出的鉴定意见提出意见。有专门知识的人出庭，适用鉴定人的有关规定。

《全国人民代表大会常务委员会关于司法鉴定管理问题的决定》规定：在诉讼中当事人对鉴定意见有异议的，经人民法院通知，鉴定人应当出庭作证。

根据上述法律规定，检察机关鉴定人有义务依法庭审理的要求，就所出具的检验鉴定意见出庭作证，或就所出具的技术性证据审查意见接受质证。

第二节　检察技术执法岗位

一、检察技术执法岗位

检察技术执法岗位是指由具有专门知识的检察技术人员担任，依照法律规定，根据规定的执法流程履行检察技术执法职责的专门岗位。

二、检察技术执法岗位的专业分类

根据检察机关执法办案工作实际，以专业技术门类为划分依据和标准，检察技术执法岗位可以作如下分类：

（一）法医岗位

人民检察院法医岗位由取得法医鉴定资格的技术人员担任。人民检察院法医工作应当遵守法律法规、行业标准和操作规范，应当遵循客观、公正、科学、独立、保密等基本原则。

1. 岗位职责

（1）接受检察机关办案部门和其他机关或者单位的委托，就案件中涉及人身伤亡的现场进行勘验、检查，对尸体、活体及法医物证进行检验鉴定；

（2）对检察机关办案部门移送的法医学鉴定文书和相关证据材料进行审查；

（3）为检察机关办案部门提供涉及法医学问题的技术协助或者技术咨询，根据办案需要参与法庭审理活动；

（4）其他与法医相关的办案工作。

2. 工作内容

（1）法医检验鉴定；

（2）法医技术性证据审查；

（3）法医技术协助；

（4）勘验检查尸体；

（5）人身检查操作规程；

（6）出庭。

（二）文件检验岗位

人民检察院文件检验岗位由取得文件检验鉴定资格的技术人员担任。人民检察院文件检验工作应当遵守法律法规、行业标准和操作规范，应当遵循客观、公正、科学、独立、保密等基本原则。

1. 岗位职责

（1）接受检察机关办案部门和其他机关或单位的委托，就案件中涉及的笔迹、印刷文件、污损变造文件、文件制成材料等文件物证进行检验鉴定；

（2）对检察机关办理案件中有关文件检验技术性证据材料进行审查；

（3）为检察机关侦查工作中的现场勘验、搜查、调取书证提供技术协助，收集、固定证据；

（4）根据办案需要，参与法庭审理活动。

2. 工作内容

（1）文件检验鉴定；

（2）文件检验技术性证据审查；

（3）文件检验技术协助；

（4）出庭。

（三）司法会计岗位

人民检察院司法会计岗位由取得司法会计鉴定资格的技术人员担任。人民检察院司法会计工作应当遵守法律法规、行业标准和操作规范，应当遵循客观、公正、科学、独立、保密等基本原则。

1. 岗位职责

（1）接受检察机关办案部门和其他机关或单位的委托，就案件中涉及的财务会计资料和相关财务进行检验鉴定；

（2）对检察机关办理案件中有关财务类技术性证据材料进行审查；

（3）在检察机关侦查工作中，指导办案人员对与案件有关的财务会计资料进行甄别、收集、提取；

（4）对案件中涉及的财务会计问题进行分析、判断，向咨询人作出专业解释、解答；

（5）根据办案需要，参与法庭审理活动。

2. 工作内容

（1）司法会计检验鉴定；

（2）司法会计技术性证据审查；

（3）司法会计指导取证；

（4）司法会计答复咨询；

（5）出庭。

（四）电子数据工作岗位

人民检察院电子数据工作岗位由取得电子数据鉴定资格的技术人员担任。人民检察院电子数据工作应当遵守法律法规、行业标准和操作规范，应当遵循客观、公正、科学、独立、保密等基本原则。

1. 岗位职责

（1）接受检察机关办案部门和其他机关或单位的委托，就案件中涉及的电子数据进行检验鉴定；

（2）对检察机关办理案件中有关电子数据技术性证据材料进行审查；

（3）对刑事检察、刑事执行检察、控申检察和民事行政检察等办理案件中涉及电子数据的问题提供技术帮助，协助其固定证据、发现线索；

（4）在检察机关负责侦查的案件中，协助侦查人员及时发现、提取、固定与案件相关的电子数据；

（5）根据办案需要，参与法庭审理活动。

2. 工作内容

（1）电子数据检验鉴定；

（2）电子数据技术性证据审查；

（3）电子数据技术协助；

（4）电子数据现场勘查；

（5）电子设备检查；

（6）出庭。

（五）同步录音录像岗位

人民检察院同步录音录像岗位由具备同步录音录像专业知识和技能的技术人员担任。人民检察院同步录音录像工作应当遵守法律法规、行业标准和操作规范，应当遵循全程、全部、全面以及保密等基本原则。

1. 岗位职责

配合人民检察院办案部门，在检察机关直接受理侦查的职务犯罪案件办理过程中，对办案部门每次讯问犯罪嫌疑人的全过程进行同步不间断的录音、录像。

2. 工作内容

执行同步录音录像任务；开展建设和维护工作等。

（六）视听技术岗位

人民检察院视听技术是运用照相、录像等技术手段获取声像资料，包括同步录音录像、物证照相录像、现场照相录像以及用其他手段获取声像资料。

视听技术是最高人民检察院技术信息中心早期设立的一项检察技术，职责包括：一是收集与案件相关的视听资料，如刑事照相、刑事录像等；二是在检察机关办理的职务犯罪案件中对讯问犯罪嫌疑人进行同步录音录像；三是辅助检察业务工作，如检察宣传等。视听技术是一个广义的概念，所有与音、视频相关的技术都可以称为视听技术。由于数字技术的迅猛发展，之前从属于视听技术的一些领域相继独立成科，如声纹检验鉴定、图像检验鉴定、电子数据检验鉴定等。因而检察技术中的视听技术门类也相应地被分解，有的改变为声像检验，有的改变为电子数据，有的只保留同步录音录像。鉴于此，本书未将视听技术专门作为一章来阐述。

（七）痕迹检验岗位

痕迹检验是运用专门的技术方法，对与犯罪事件有关的人或物留下的反映像所进行的检验和鉴定，包括手印、足迹、牙印、枪弹痕迹、工具痕迹、车辆痕迹、整体分离痕迹及其他特殊痕迹的检验。由于痕迹检验在检察机关技术部门办案实践中涉及很少，本书未将其纳入。

（八）微量物证岗位

微量物证是运用物理或化学分析方法，对案件中涉及的各类微小物质材料或痕迹进行检验，以确定其物理属性、化学成分或外观形态等。微量物证的种类很多，包括种子、花粉、木屑、毛发、羽毛、纤维、油漆、玻璃、油脂、墨水、水泥、泥土、化妆品等。由于微量物证在检察机关技术部门办案实践中涉及很少，本书未将其纳入。

第三节 检察技术执法流程

检察技术办案流程简图

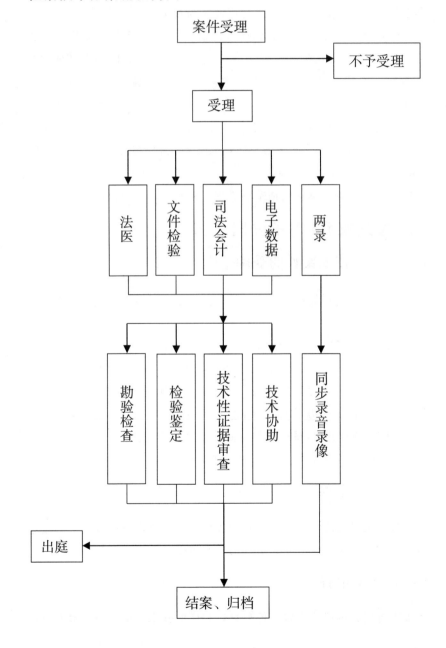

一、检察技术执法流程

检察技术执法流程是检察技术部门按照法律法规的规定，根据检察技术工作实际，以人民检察院统一业务应用系统为平台，参与检察执法办案，为检察执法办案提供技术支持的系统性、程序性行为规范。

执法依据是《中华人民共和国刑事诉讼法》、《人民检察院刑事诉讼规则（试行）》、《人民检察院鉴定规则（试行）》、《人民检察院技术性证据审查规则（试行）》（征求意见稿）、《人民检察院勘验检查规则（试行）》（征求意见稿）、《人民检察院法医工作细则》、《人民检察院文件检验工作细则》、《人民检察院司法会计工作规定（试行）》、《人民检察院电子数据鉴定程序规则（试行）》、《人民检察院讯问职务犯罪嫌疑人实行全程同步录音录像的规定（试行）》等。

检察技术执法流程主要包括案件受理、案件办理、案件归档等。

二、检察技术案件的受理

（一）检察技术案件的受理范围

根据法律法规的相关规定，检察技术办案工作的受理范围是以下涉及专门性技术问题的案件：

1. 人民检察院依法直接受理侦查的各类案件；
2. 人民检察院依法办理的审查批捕、审查起诉的各类案件；
3. 人民检察院依法办理的控告、申诉、监所等检察业务案件；
4. 人民检察院依法办理的其他案件；
5. 各级人民检察院检察长或检察委员会交办的案件；
6. 其他司法机关委托和符合法律法规规定的案件。

（二）初步审查

检察技术案件受理前，应当进行初步审查。初步审查一般由检察技术处内勤承担，目的是确定、核实委托案件的基本情况。

（三）技术审查

初步审查后，内勤应当将案件移交给相应的技术人员，由技术人员进行技术审查。技术审查的目的是确定委托案件是否符合技术办理的基本条件。

（四）受理

初步审查、技术审查结束后，对于符合受理条件的案件，应当依法受理。受理的具体条件将在后面章节详细阐述。

对于不符合受理条件的案件，应当退回委托单位并告知退回的理由。

三、检察技术案件办理的一般流程

（一）结合委托要求、案情确定技术种类

技术人员应根据委托要求、案件情况等，确定运用何种技术种类。

（二）采取相应的技术手段办理

确定技术种类后，由技术人员采取相应的技术手段予以办理。

（三）办理的基本原则

检察技术人员在办理案件过程中必须遵循以下工作原则和工作制度：

1. 客观公正原则；
2. 依法办理原则；
3. 尊重科学原则；
4. 严守办案秘密的原则；
5. 独立鉴定原则；
6. 回避制度；
7. 时限制度；
8. 责任追究制度。

（四）出具相应的检察技术办案文书

检察技术人员根据委托要求、案件情况等，出具相应的检察技术办案文书。

四、检察技术案件立卷、归档

检察技术案件立卷、归档按照最高人民检察院《检察技术档案立卷归档

整理办法》及相关规定执行。鉴定人负责收集在鉴定过程中形成的立卷、归档材料，按照相关规定进行整理、立卷，不得将鉴定业务档案有关材料据为己有或无正当理由拒绝归档。有特殊规定的，以特殊规定为准。

第四节　检察技术执法类一般操作规程

一、检验鉴定一般操作规程

【定义】检验鉴定是指人民检察院鉴定机构及其鉴定人运用科学技术或者专门知识，就案件中某些专门性问题进行鉴别和判断并出具鉴定意见的活动。检察机关鉴定机构所出具的鉴定意见一般以司法鉴定文书为载体。司法鉴定文书是指司法鉴定机构和司法鉴定人对委托的相关检材进行检验、鉴别后出具的记录司法鉴定人专业判断意见的法律文书。

（一）检验鉴定案件主体要求

1. 检察技术部门统一受理委托人的委托后，在办理案件前，首先要确定案件的鉴定人。

2. 鉴定人一般以鉴定机构指定为主。检察技术部门对同一委托要求事项，应当指定或者选择两名司法鉴定人共同进行鉴定。

3. 对疑难、复杂或者特殊的委托要求，可以指定或者选择多名司法鉴定人进行鉴定。

4. 在办理案件过程中，鉴定人应严格遵循回避制度：

（1）司法鉴定人本人或者其近亲属与委托人、委托的鉴定事项或者与鉴定事项涉及的案件有利害关系，可能影响其独立、客观、公正进行鉴定的，应当回避。

（2）司法鉴定人自行回避的，由分管检察技术部门的副检察长决定。委托人要求司法鉴定人回避的，委托人应当向该司法鉴定人所属的检察技术部门提出，由分管检察技术部门的副检察长决定。

（3）委托人对是否实行回避的决定有异议的，可以申请复议，对复议决定还有异议的，可以撤销鉴定委托。

（二）检验鉴定工作原则

1. 客观公正原则。坚持以客观存在的事实为依据，忠实于事实真相，忠实于法律，客观公正，实事求是。

2. 依法办理原则。严格遵守各项法律规定，遵守办案规范，依照法定程序受理和办理案件。

3. 严守办案秘密原则。司法鉴定人员对工作中涉及的有关案情和材料，对知悉的国家秘密、商业秘密和个人隐私，必须严格保密。

4. 尊重科学原则。以科学理论为指导，检案采用的方法或手段必须具有充分的科学的依据，确保鉴定结论科学可靠。

5. 独立鉴定原则。司法鉴定人员办理检验鉴定案件，依照规定的条件、程序和方法进行，不受任何单位和个人非法干涉。

6. 回避制度。司法鉴定人员有法律规定应当回避的情形时，应当进行回避。

（三）受理检验鉴定案件范围

1. 人民检察院依法直接受理侦查的各类案件；

2. 人民检察院依法办理的审查批捕、审查起诉的各类案件；

3. 人民检察院依法办理的控告、申诉、监所等检察业务案件；

4. 人民检察院依法办理的其他案件；

5. 各级人民检察院检察长或检察委员会交办的案件；

6. 其他司法机关委托和符合法律法规规定的案件。

（四）检验鉴定案件不予受理情形

1. 送检案件不符合法律规定和办案程序；

2. 送检材料不具备检验鉴定条件；

3. 委托要求不属于专门性技术问题；

4. 送检材料来源不可靠或虚假；

5. 由辩护人、被害人及其诉讼代理人提出的公诉案件中涉及的专门性技术问题的委托；

6. 鉴定所需时间无法在办案期限内完成；

7. 不宜由检察技术部门受理的其他情形。

（五）检验鉴定程序

1. 检验鉴定前期准备工作

（1）确定委托鉴定事项

①检察技术部门各专业鉴定人与委托机构及当事人初步沟通；

②委托机构详细介绍案件的基本情况；

③双方明确委托目的、委托范围、委托要求，了解相关案情。

（2）检验鉴定案件风险初步评估

①鉴定材料是否真实、完整、充分及取得方式是否合法；

②鉴定事项的用途是否合法或违背社会公德；

③鉴定人及鉴定机构是否有能力承接此项鉴定；

④司法鉴定人与申请人有无利害关系，是否影响独立性；

⑤委托要求是否符合司法鉴定执业规则或相关鉴定技术规范。

（3）确定送检材料范围

①检察技术部门各专业鉴定人根据前期提交资料，核查送检资料的全面性、完整性、准确性；

②确认核实送检范围是否与委托书确定的范围一致。

（4）审核送检材料

①检察技术部门各专业鉴定人对送检资料进行——核对，确定送检资料类型、数量是否符合委托目的和范围要求。

②确认送检资料的完整性，有无缺损遗漏等情形。

③检察技术部门各专业鉴定人如发现送检资料不足或不完整的情形时，应当向送检方问明原因，对应当提供但尚未提供的检材，告知送检方补充提供。

④确因各种原因无法提供的重要检材，应由送检方写书面说明，说清无法提供的原因或与委托机构沟通更改委托事项。

⑤送检资料均需提交原始资料，复印件资料需要注明与原始资料一致的说明。

（5）办理送检手续

①送检资料由相关当事人、委托机构提交。

②一方当事人提交资料，须由另一方当事人签字确认。

③送检资料清单上详细列明送检资料名称、数量、单位、送检方签章、鉴

定机构方签章、监督方签章、送检日期、备注说明。

④送检资料清单一式两份，分别由送检方、鉴定机构各持一份，监督方需要可提供复印件一份。

2. 检验鉴定案件具体操作规程参照本书第三章第一节、第二节、第三节的内容

（六）检验鉴定案件办理要求

1. 司法鉴定人应熟悉案情和送检检材；

2. 鉴定人应在明确鉴定要求的情况下，采用经典、成熟的技术方法；

3. 司法鉴定对象如为案内物证或书证，鉴定人制定鉴定方案时应尽可能首先采用无损鉴定方案，保持检材原状，鉴定完毕后交委托方。如确需破坏检材的，鉴定实施前须告知委托人并应经得其同意。

（七）检验鉴定案件需要会检的情形

1. 鉴定人之间对大要案件中涉及的专门性技术问题有重大分歧的；

2. 本案鉴定人不能解决涉案专门性技术问题的；

3. 其他需要会检的情形。

会检人在鉴定过程中地位平等。会检主持人应当保证每位会检人就鉴定问题充分发表自己的意见，不得干预会检人的个人意见。

（八）检验鉴定案件终止鉴定的情形

1. 发现委托鉴定事项的用途不合法或者违背社会公德的；

2. 委托人提供的鉴定材料不真实或者取得方式不合法的；

3. 因鉴定材料不完整、不充分或者因鉴定材料耗尽、损坏，委托人不能或者拒绝补充提供符合要求的鉴定材料的；或要求送检部门（单位）在规定期限内补充的材料，送检部门（单位）未如期补充提供，或补充的材料仍不足以完成鉴定要求且无法再次补充收集的；

4. 委托人的鉴定要求或者完成鉴定所需的技术要求超出本机构技术条件和鉴定能力的；

5. 委托人不履行司法鉴定协议书规定的义务或者被鉴定人不予配合，致使鉴定无法继续进行的；

6. 因不可抗力致使鉴定无法继续进行的；

7. 委托人撤销鉴定委托或者主动要求终止鉴定的；

8. 检察长或检察委员会决定的；

9. 司法鉴定协议书约定的其他终止鉴定的情形。

（九）检验鉴定案件补充鉴定的情形

1. 委托人增加新的鉴定要求的；

2. 委托人发现委托的鉴定事项有遗漏的；

3. 委托人在鉴定过程中又提供或者补充新的鉴定材料的；

4. 补充鉴定是原委托鉴定的组成部分；

5. 其他需要补充鉴定的情形。

（十）检验鉴定案件重新鉴定的情形

1. 检验鉴定案件重新鉴定情形

（1）原司法鉴定人不具有委托事项鉴定执业资格的；

（2）原检察技术部门超出登记的业务范围组织鉴定的；

（3）原司法鉴定人按规定应当回避没有回避的；

（4）委托人或者其他诉讼当事人对原鉴定意见有异议，并能提出合法依据和合理理由的；

（5）法律规定或者人民法院认为需要重新鉴定的其他情形。

2. 重新检验鉴定具体操作规程参照检验鉴定案件分章节

3. 重新检验鉴定案件注意事项

（1）接受重新鉴定委托的检察技术部门的资质条件，一般应当高于原委托的检察技术部门；

（2）重新鉴定，应当委托原鉴定机构以外的列入检察技术部门名册的其他检察技术部门进行；

（3）委托人同意的，也可以委托原检察技术部门，由其指定原司法鉴定人以外的其他符合条件的司法鉴定人进行。

4. 检验鉴定应当回避的情形

（1）司法鉴定人本人或者其近亲属与委托人、委托的鉴定事项或者鉴定事项涉及的案件有利害关系，可能影响其独立、客观、公正进行鉴定的，应当

回避;

（2）参加过同一鉴定事项的初次鉴定的;

（3）在同一鉴定事项的初次鉴定过程中作为专家提供过咨询意见的;

（4）参与过案件办理的其他诉讼程序的。

（十一）出具司法鉴定文书

1. 封面

应当写明检察技术部门的名称、司法鉴定文书的类别和检察技术部门的地址和联系方式。

2. 正文

（1）写明标题，包括检察技术部门的名称和文书号。

（2）阐明基本情况，包括委托人、委托鉴定事项、受理日期、送检材料、开始鉴定日期、委托要求等内容。

（3）记录案情摘要，包括委托事项涉及案件的简要情况。

（4）客观、详细记录检验过程，清晰表述鉴定的实施过程和科学依据，包括检材处理、鉴定程序、检验方法、技术标准和技术规范等内容。

（5）客观、详细记录检验结果，必须是在委托人提供的鉴定材料基础上进行检验后得出的客观结果。

（6）阐明鉴定意见，鉴定意见应当明确、具体、规范，具有针对性和可适用性。

（7）落款，包括司法鉴定人签名处预留空白、司法机构盖章处预留空白、写明司法鉴定人的执业证号、文书制作日期等。此处必须由实际参加案件鉴定的有鉴定资格的鉴定人员签名，盖鉴定机构公章方可有效。

（8）附注，列明司法鉴定文书中需要解释的内容。

3. 语言表述

司法鉴定文书的语言表述应当符合以下要求:

（1）使用符合国家通用语言文字规范、通用专业术语规范和法律规范的用语;

（2）使用国家标准计量单位和符号;

（3）使用少数民族语言文字的，应当符合少数民族语言文字规范;

（4）不得有涂改。

4. 注意事项

（1）鉴定书的内容必须客观、真实；

（2）应密切联系鉴定目的和要求；

（3）鉴定书的各部分内容必须具有内在连贯性和一致性，前后呼应，不允许自相矛盾；

（4）鉴定书的文字表达应当准确、简明、易懂，分析说明逻辑性强，证据充分，结论可靠，并打印成文；

（5）司法鉴定意见书应有司法鉴定人的签名并加盖检察技术部门鉴定专用印章。

5. 签发与送达

（1）司法鉴定文书在完成必要的鉴定程序、收集充分适当的鉴定证据，按质量控制制度的要求，进行复核后，方能签发。

（2）检察技术部门出具的司法鉴定意见书一般应当一式三份，二份交委托人收执，一份由检察技术部门存档。

6. 制作检验鉴定案卷

完整的检验鉴定案卷卷内文书材料应包括（以下材料按卷内先后顺序排列）：

（1）案卷封面；

（2）卷内目录；

（3）司法鉴定委托书；

（4）司法鉴定协议书；

（5）送鉴材料复印件；

（6）鉴定过程实时记录；

（7）司法鉴定文书底稿；

（8）司法鉴定文书正本；

（9）送达回证；

（10）与鉴定有关的其他资料；

（11）卷内备考表；

（12）案卷封底。

制作封面时应注意：

①打印或书写案卷封面。书写的，应用蓝黑墨水或碳素墨水，字迹工整、

清晰、规范。

②在案卷封面上注明立卷单位、案卷类别、案卷题名、归档日期、保管期限、案卷号等内容。

制作目录、编页码时应注意：

①按顺序对卷内材料排列后，在有文字的材料正面的右上角、背面的左上角用阿拉伯数字统编页码。案卷封面、卷内目录及案卷封底不标页码。

②对应页码制作案卷目录。

（3）填写卷内备考表，注明以下内容：

①与本案卷有关的声像、影像等资料的归档情况；

②案卷归档后经机构负责人同意入卷或撤出的材料情况；

③立卷人、机构负责人、档案管理人员的姓名；

④立卷日期、接收日期；

⑤其他需要说明的事项。

7. 检验鉴定案卷归档

（1）对于多人参与鉴定的，由鉴定机构负责人指定一人负责鉴定业务档案材料的收集、整理、立卷工作。

（2）鉴定业务档案应按"年度—鉴定业务类别"分别立卷，跨年度的鉴定业务在办结年度立卷。

（3）鉴定业务档案根据鉴定材料的数量，一鉴一卷或一鉴数卷，不得数鉴一卷。

（4）鉴定机构配备专职或兼职档案管理人员，负责鉴定业务档案的统一管理移送。

（5）业务档案管理人员做好业务档案的装订、查询、安全防护和保密工作，指导和帮助鉴定人做好业务档案材料的形成、积累、立卷和归档工作。

（6）档案管理人员应当严格遵守保密制度，不得违反规定向他人提供和泄露鉴定业务档案的涉密内容。

8. 司法鉴定档案管理

（1）司法鉴定档案的保管

①鉴定业务档案一般按规定整理立卷后移送档案部门统一归档管理。

②业务档案可以纸质和电子文档形式存在，以电子文档保管时，同时应保留已扫描的原纸质记录。

③不同载体、不同保管期限和不同年度的业务档案，应分别存放、编号。做到排列有序号，查找方便。

④鉴定业务档案的保管期限分为永久、长期和短期三类。

属于刑事案件的，或社会影响重大的，具有长远研究、查考和利用价值的，作为证据保存的鉴定业务档案，列为永久保管。

鉴定业务档案目录登记簿、移交登记簿、销毁登记簿、销毁批件列为永久保管。

具有长期研究、查考和利用价值，作为证据保存的鉴定业务档案，列为长期保管。

具有短期研究、查考和利用价值，作为证据保存的鉴定业务档案，列为短期保管。

鉴定业务档案的保管期限，从该鉴定事项结束后的下一年度起算。

（2）司法鉴定档案的查阅和借调

①鉴定机构人员因工作需要借阅档案的，履行借阅登记手续后，可以借阅鉴定业务档案。

②鉴定机构外人员查阅、借调档案的，应出具正式查卷函件，经相关负责人批准后办理查阅、借调手续。

（3）司法鉴定档案的销毁

①鉴定机构应对超过保管期限的鉴定业务档案的保存价值定期进行鉴定。

②司法鉴定档案的销毁工作由鉴定机构负责人、档案管理人员、本案鉴定人等组成鉴定小组共同进行。

③经鉴定，对仍有保存价值的案卷，应延长其保管期限。无保存价值的应登记造册，经机构负责人签字后，除鉴定文书外，其他卷内材料按规定予以销毁。

④保留的鉴定文书应按年度顺序、鉴定业务类别、编号顺序进行整理立卷。

⑤销毁鉴定业务档案时，应由两人以上负责监督销毁，监销人员应在销毁清册上签名确认。

二、技术性证据审查一般操作规程

【定义1】技术性证据是指为解决诉讼活动中的专门技术问题，鉴定人或具有专门知识的人运用科学技术手段和方法，收集、鉴别证据所形成的鉴定书、检验报告等证据材料。

【定义2】技术性证据审查是指检察技术部门根据案件承办部门委托，指派检察技术人员或聘请有专门知识的人对办案中涉及的技术性证据的合法性、科学性、客观性、规范性等进行审查，并提出审查意见的活动。

（一）技术性证据审查主体要求

1. 检察技术部门接受委托后，应当指派具备相应资格的专业技术人员承办，必要时可聘请其他有专门知识的人参加；

2. 同一案件的鉴定人不得担任该鉴定意见的审查人；

3. 审查鉴定意见应当由取得相应专业鉴定资格的技术人员承担。

（二）技术性证据审查办理工作原则

1. 客观公正、依法办案原则；

2. 独立鉴定、回避原则；

3. 严守办案纪律、责任追究原则。

（三）技术性证据材料的种类

1. 鉴定书及检验报告，主要指法医类检验鉴定、物证检验鉴定、司法会计检验鉴定和声像资料检验鉴定；

2. 勘验、检查笔录；

3. 视听资料。

（四）审查的一般操作规程

1. 审查的启动

存在以下情形时，应进行技术性证据审查：

（1）对案件定罪、量刑起关键作用的技术性证据与其他证据之间存在明显矛盾且不能排除的；

（2）同一案件中对同一专门性问题，有两个或两个以上不同意见的；

（3）犯罪嫌疑人、被告人、上诉人及其辩护人，被害人及其诉讼代理人提出异议，案件承办人认为应当审查的；

（4）其他有必要进行审查的。

2. 程序审查

（1）审查原委托、受理等是否符合法定程序。

（2）审查鉴定机构和人员是否具备相应的资质资格。

（3）审查检材、样本的收集、固定、保管等是否符合有关技术规范、标准等，检材、样本是否充足、可靠。

（4）审查检验鉴定程序、方法等是否符合本专业的检验鉴定规程和技术方法要求。

（5）审查鉴定意见的论证是否符合逻辑关系，鉴定意见的依据是否确实充分、客观科学。

（6）审查检验鉴定事由、委托人、日期、盖章、签名等相关项目内容是否齐全，文书制作是否规范。

（7）审查勘验检查、侦查实验笔录是否客观完整，有无遗漏勘验检查项目和内容。

（8）审查其他需要审查的内容。

3. 专业审查

具体操作规程参照分章节。

4. 制作技术性证据审查文书

（1）注明委托单位，委托要求，送检人，送检时间，简要案情，送检检材和样本的名称、数量。

（2）简要说明审查的方法和过程。

（3）简要论述对审查情况的综合评断，阐明据以作出审查意见的依据，可以附图加以说明。

（4）针对审查要求，简要明确地表述审查意见。对涉及检验鉴定的送审材料，审查人应当明确提出同意原鉴定意见、不同意原鉴定意见、建议退回补充材料三种审查意见，并在审查意见书中阐明其理由。

（5）制作附件，包括所有检材的复制件，所有样本或者部分重要样本的复制件。如检验中发现的与鉴定意见有关的重要事项，应当以图表形式展示。

（6）签发与送达

①签发

意见书应当由审查人签名，并加盖"技术性证据审查专用章"，同时附上鉴定机构和审查人的资质证明；

审查意见书应制作一式三份，一份正本、二份副本。其中一份正本、一份副本交送审部门，一份副本由检察技术部门存档备查。

②送达

文书应在印发后3天内送达给委托人；

文书应与回执单一并发出，委托人在案件终结后，应当将技术性证据审查意见在工作中所起到的作用填写在回执单上，返还给检察技术部门。

5. 技术性证据审查立卷、归档、管理

技术性证据审查卷内材料排列顺序：

（1）案卷封面；

（2）卷内目录；

（3）委托技术性证据审查书；

（4）受理技术性证据审查登记表；

（5）技术性证据审查意见书及签发稿；

（6）受理审查的技术性证据材料影印件、复印件；

（7）其他；

（8）备考表；

（9）卷底。

立卷归档的操作规程可参考检验鉴定卷。

三、技术协助一般操作规程

【定义】检察技术协助是指检察技术人员依法参与办案，配合检察业务部门，并运用专业技术手段，发现、提取、固定证据，分析、判断证据，提供技术支持的活动。

（一）技术协助工作原则

1. 科学性原则；

2. 独立性原则；

3. 回避原则；

4. 鉴定人责任追究原则。

（二）检察机关受理技术协助案件的范围

1. 在对案件的初查、侦查、申诉复查中，需要依靠技术手段发现案件线索，提供侦查方向，收集、固定或完善证据的；

2. 对已立案侦查的国家工作人员利用职务实施犯罪的案件和检察机关受理的其他案件中，涉及与案件有关的人身、尸体、物证、书证、财务会计资料和视听资料等专门性技术问题需要解决的；

3. 在审查民事行政申诉案件过程中，根据办案工作需要或发现有国家工作人员职务犯罪线索时，为查明情况，需要进行技术鉴定的；

4. 有技术需求单位或部门对收集的痕迹、物品、文件、财务会计资料等需要进行检验鉴定的；

5. 发生人身伤亡案件需要进行活体、尸体检验或剖验的，或者发生渎职侵权、贪污贿赂案件需要进行现场勘验的；

6. 需要参与侦查机关重、特大案件现场勘验的；

7. 对侦查机关出具的重、特大案件的现场勘验、检验鉴定结果必须进行重新勘验、检验鉴定或补充勘验、检验鉴定的；

8. 对侦查机关出具一般案件的现场勘验、检验鉴定结果持有异议需要进行重新勘验、检验鉴定或补充勘验、检验鉴定的；

9. 进入人民监督员监督程序的案件，涉及专门性技术问题需要解决的；

10. 其他需要勘验、检查或需要提供技术协助的。

（三）不予受理检察技术协助案件

1. 案件不具备技术协助办案条件的；

2. 要求协助办案内容不属于专门性技术问题的；

3. 现在技术条件难以实现委托目的的；

4. 具有不宜由鉴定机构或技术部门受理的其他情形的。

（四）检察技术协助工作范围

1. 现场勘验、检查；

2. 司法会计检查；

3. 提取电子数据；

4. 录音录像（不包括讯问职务犯罪嫌疑人同步录音录像）；

5. 心理测试；

6. 调取、收集视听资料；

7. 其他发现、提取、固定、分析、判断技术性证据需要提供技术支持等。

（五）技术协助程序

1. 前期准备

（1）了解案件性质及其他诉讼情况。

（2）听取送检人介绍有关案情，说明技术协助具体工作要求。

（3）确定是否符合技术协助办案条件。

（4）填写《检察技术协助受理登记表》，录入案卡，完成备案。

2. 指派技术协助人员

（1）检察技术部门接受技术协助委托后，应当及时指派具有相关技术能力的检察技术人员进行技术协助。

（2）本院技术力量不足或技术人员不具备相应技术能力的，可以请求上级检察技术部门支持。

（3）必要时，经委托部门负责人同意后，检察技术部门可以聘请其他具有相应技术能力的人员进行技术协助。

3. 确定技术协助类型

（1）取证类技术协助主要指帮助办案部门收集和固定相关案件证据等工作。

（2）线索类技术协助主要指协助办案部门查找、发现案件线索等工作。

（3）其他类技术协助主要指为办案部门确定侦查范围、定性、立案等提供专业分析意见等工作。

4. 取证

（1）现场勘验、检查

检查被害人、犯罪嫌疑人的个体特征、伤害情况、生理状态或尸体的，由具有鉴定资格的法医进行；协助检查妇女身体的，应当由女性法医或女性工作人员进行。

①按照相关技术标准、规范进行固定、提取和保存现场勘验、检查中发现的与犯罪有关的物证、书证等。

②固定、提取、保存后，对现场提取的物证、书证，应当进行标识，标明案件名称、物证名称、物证数量、提取地点、提取方法、提取日期和时间、物证编号等。

③对现场勘验、检查进行必要的照相、录像、绘图。

④勘验、检查结束后，对勘验记录、检查笔录、照片和录像资料等，应当由侦查人员和技术人员共同签名。

（2）调取、收集视听资料

①调取视听资料原件，记录视听资料的制作人姓名和身份，制作时间、地点、条件以及制作方法。

②调取视听资料复制件，说明无法调取原件的原因，复制件的制作过程，原件存放地点，有无剪辑、增加、删改、编辑，并由制作人签名。需要制作复制件时，应当由两名以上制作人进行。

③侦查人员、技术人员、持有人、见证人员（必要时）在调取记录上签名。

④封存调取的视听资料原件或复制件。

（3）提取电子数据

①直接提取、编号封存存储介质或设备（适用于存储介质或设备处于关机状态或关闭电源不会改变内部数据等具备直接提取条件的）。

②进行数据内容提取（适用于直接提取存储介质或设备有困难，或保密要求不能直接提取的，不允许关闭电源或关闭电源会导致数据丢失、改变的，特殊网络环境要求，必须通过专门网络或网络终端才能访问的计算机、网络系统等情形）。

③制作提取记录。记录提取地点、现场环境、电子数据存储介质或设备的存放位置，电子数据存储介质或设备名称及编号、品牌、型号和序列号、提取封存时间、地点以及数据内容提取时的目标设备或系统名称、操作系统版本、系统时间及误差等信息，远程访问提取时的计算机品牌、型号、序列号及存储路径。提取记录应当由侦查人员、技术人员、持有人、见证人员（必要时）签名。

④提取电子数据应当进行必要的照相、录像，并对提取的电子数据进行封存。

5. 获取线索

（1）进行司法会计检查，为确认侦查范围、案件事实或犯罪嫌疑人提供分析意见，应于检查结束制作工作记录。

（2）根据办案需要，为确认侦查范围、案件事实或犯罪嫌疑人提供分析的，可以将检查过程、检查结果，按鉴定文书格式制作《检验报告》或《分析意见书》。

（3）司法会计检查中形成的检查报告，应当有两人以上参加检查的人员签名。

6. 其他类技术协助工作

（1）技术协助人员应及时记录确定分析意见的过程，形成《检察技术协助工作记录表》。

（2）必要时，可以将检查过程、检查结果，按鉴定文书格式制作《检验报告》或《分析意见书》。

7. 文书制作与送达

（1）技术协助案件的《检验报告》或《分析意见书》文书参照检验鉴定文书制作的操作规程。

（2）技术协助工作形成的报告、意见等有关材料除按规定由相关技术人员签名外，还应加盖检察鉴定机构的印章。

8. 立卷、归档与管理

（1）本年度所有技术协助案件按流水号装订成册。若个别案件归档材料较多，可单独另行装卷。

（2）相关归档排列顺序：

①案卷封面；

②卷内目录；

③本年技术协助案件流水台账；

④每件技术协助案件归档内容；

⑤《技术协助委托书》；

⑥《检察技术协助受理登记表》；

⑦《检验报告》或《分析意见书》；

⑧受理协助的技术证据材料影印件、复印件，或手抄件、计算机资料打印件；

⑨检验照片；

⑩备考表；

⑪卷底。

（3）技术协助案件的档案管理参照检验鉴定档案管理操作规程。

四、出庭作证操作规程

【定义】司法鉴定人员出庭作证是指司法鉴定人员依法定程序参与法庭调查，就鉴定意见向法庭进行陈述，解答法庭上对鉴定意见提出质疑的司法活动。

1. 出庭作证的启动

庭审过程中，出于查明案件事实的需要，法官向检察技术部门发出书面或电话通知司法鉴定人员出庭作证。如司法鉴定人员因故不能出庭，经法院批准可不出庭，司法鉴定人员可以进行书面说明，或进行庭外咨询。

2. 出庭前准备

（1）准备出庭所需的相关材料，包括：

鉴定资格证明：

①身份证：鉴定人（自然人）的身份证明；

②工作证：鉴定人所在鉴定机构合法性的证明；

③司法鉴定资格证：颁证机关授予鉴定人以及鉴定机构鉴定权的资格证明文件。

委托鉴定程序方面的证明：

①委托单位就案件提请司法技术鉴定的委托文书；

②鉴定人接受所在鉴定部门指派的证明；

③鉴定人就本案"无自行回避的法定理由"；

④双方当事人未对鉴定人提出回避申请的记录或说明。

（2）拟定出庭提纲

①与承办法官联系，详细了解当事人或委托代理人对鉴定意见提出的疑点、难点和争议点。

②回顾案情及有关鉴定资料、鉴定意见等情况，明确出庭作证的重点，以提纲的形式对重点问题的回答预设预案，必要时形成书面说明。

③对于自己解决不了的难题，及时会同相关部门或有关人员商议解决。

（3）做好其他准备

①司法鉴定人员出庭时要着装整齐，容貌端庄，仪表大方；

②在出庭作证过程中要听从审判长的指挥，遵守法庭纪律；

③对于"专家证人"可能提出的专业性、技术性很强的询问，应当做好充分准备，并认真耐心解答；

④保持独立性和公正性，以免当事人产生鉴定不公和偏向的感觉；

⑤回答问题时注意把握节奏，而且要仅限于回答委托鉴定范围的内容。

3. 出庭

（1）法鉴定人员准时出庭，并向法庭提供身份证明。

（2）对鉴定相关事项进行说明。

①说明送鉴材料的审查情况

送鉴材料的真实性经法庭作证、认证予以核实的情况；

委托单位提供的送鉴材料（或经补充收集后新的证据材料）与委托鉴定目的及要求是否相符，是否依法启动司法鉴定程序。

②对鉴定过程进行说明

组织相关专业的专家对案件涉及的专门性问题进行解答的情况；

聘请的相关专业的专家的基本情况及鉴定人员有无自行回避法定理由的情况；

双方当事人对参与本案鉴定的专业技术人员是否提出回避申请情况。

（3）对鉴定意见争议焦点进行详细阐述

①以司法鉴定意见书为基础，详细阐明该案的鉴定过程、鉴定方法、鉴定意见及其依据和必要的补充说明等。

②对提出的疑点、难点和争议点，制作答辩材料进行答辩。答辩应当做到条目清楚、依据充分、论证简明扼要并且语言通俗易懂。

（4）各方结束发问后，对于形成的开庭笔录进行核实、签名后，司法鉴定人员退庭。

4. 出庭后的工作

（1）鉴定人出庭作证结束后，应当向主管领导及时汇报出庭情况，并将出庭的发言稿、资料等归入鉴定档案。

（2）对出庭作证过程中的经验、教训进行总结和反思，以利于以后出庭水平的提高。

（3）如有必要可与案件承办法官取得联系，回访、反馈司法鉴定意见在案件审判中的作用，不断提升鉴定水平。

5. 出庭作证注意事项

（1）采取灵活多变的辩论方式，沉着应对来自各方的询问；

（2）在熟悉、掌握大量客观资料的基础上，运用语言逻辑学和答辩技巧，阐明鉴定意见的正确性与得出鉴定意见的客观依据；

（3）注意当事人及其代理人刁难性发问，采用反问式要求对方以浅显易懂的语言解释清楚，明了其真实含义后再进行简短而有针对性的回答；

（4）对于发问人所提与案件无关的提问、诱导式发问、威胁性语言、损害鉴定人人格尊严的语言等，可要求法官制止，不予回答；

（5）对于听不明白或未考虑成熟的问题不轻易回答，避免由于人为因素造成不良的答辩后果和被动局面；

（6）时刻保持理性，做到以法律事实为依据，客观公正，不偏不倚。

6. 对工作疏漏的补救

（1）勇于面对现实，不遮掩，不狡辩，如实说明造成失误的主、客观原因；

（2）需要进行补充鉴定的，在进一步补充收集证据材料的基础上，做好补充鉴定工作，力求鉴定意见的客观真实；

（3）确实需要重新鉴定的，应及时同意重新鉴定，主动承担因鉴定工作失误可能产生的法律后果。

第二章 技术性证据审查和
技术协作岗位操作规程

第一节 技术性证据审查操作规程

【定义】法医技术性证据审查是指具备法医鉴定资格的人员，受检察机关其他办案部门委托，就案件中涉及的法医学证据材料进行审查、判断，并提出审查意见的专门活动。

一、法医技术性证据审查操作规程

▶ 1. 法医技术性证据审查的委托

▶ 1.1 检察机关办案部门委托检察技术部门进行法医技术性证据审查的，检察技术部门应当受理。

▶ 1.2 检察机关办案部门委托法医学技术性证据审查应当通过统一业务应用系统进行流转。

▶ 1.3 委托部门应当填写《×××人民检察院委托技术性证据审查书》，经部门负责人批准后，连同技术性证据和相关案卷材料一并移送本院检察技术部门。

▶ 1.4 委托书中应明确提出审查要求，对审查要求不明确或暗示、强求审查人员作出某种倾向性审查意见的，检察技术部门可不予受理。

▶ 1.5 委托上级院或其他单位进行技术性证据审查的，由办案部门先将委托文书移送本院技术部门，再由技术部门向上级院或其他单位进行委托。

▶ 1.6 技术部门委托上级院或其他单位技术性证据审查的，应经部门负责人审核后报分管副检察长审批。

▶ **2. 法医技术性证据审查的受理**

▶▶ 2.1 技术性证据审查案件的受理统一由检察技术部门内勤负责。

▶▶ 2.2 技术性证据审查案件的受理，应当通过统一业务应用系统进行流转。

▶▶ 2.3 对于符合受理条件的案件，内勤人员登录统一业务应用系统，接收送审部门文书并创建新案件，生成并填写《技术性证据审查受理登记表》后，发送给部门负责人审批，发送审批后指定具备法医鉴定资格的技术人员承办。

▶▶ 2.4 对于不符合受理条件的案件，填写《不予受理通知书》，予以退回。具有以下情形之一的，应不予受理：

（1）违反委托程序要求的；

（2）超出审查范围的；

（3）送审材料不具备审查条件的；

（4）其他不应受理的情形。

▶▶ 2.5 需要补充材料的，填写《补充材料通知书》通知委托部门补充材料。

▶▶ 2.6 部门负责人审批同意受理后，将鉴定事项分配给承办人。

▶▶ 2.7 技术性证据的审查原则上由承办人独立完成，必要时可聘请其他有专门知识的人参加，并填写《×××人民检察院外聘专家申请表》。

▶▶ 2.8 同一案件的鉴定人不得再担任该案技术性证据的审查人。

▶▶ 2.9 本级检察技术部门不具备鉴定机构资质或没有具备法医鉴定资格的技术人员的，应当委托上级检察技术部门进行审查。

▶ **3. 法医技术性审查**

▶▶ 3.1 承办人开始审查后，可以向送审部门及案件承办人了解案件情况，明确委托事项和要求，接收并核对送审材料。

▶▶ 3.2 移送审查的材料包括：

（1）法医学鉴定文书；

（2）现场勘验报告；

（3）相关的医疗材料，如病历、诊断证明书、X 光片、CT 片及 MRI 片等；

（4）影像资料，如照片、视频等；

（5）其他相关的法医类技术性证据材料。

▶▶ 3.3 技术性证据的审查分为程序审查和实体审查

▶▶ 3.3.1 程序审查包括：

（1）鉴定机构和鉴定人是否具有合法的资质、资格；

（2）鉴定人是否存在应当回避而未回避的情形；

（3）鉴定程序是否符合法律及有关规定；

（4）鉴定所依据的资料、检材的来源、取得、保管、送检是否符合法律及有关规定，与相关讯问、询问、提取笔录以及扣押物品清单等记载的内容是否相符，资料是否客观、真实、全面，检材是否充足、可靠；

（5）鉴定意见、报告的形式要件是否完备，是否注明提起鉴定的事由、鉴定委托人、鉴定机构、鉴定要求、鉴定过程、检验方法、鉴定文书的日期等相关内容，是否由鉴定机构加盖鉴定专用章并由鉴定人签名盖章；

（6）技术性证据文书的制作是否规范。

■》 3.3.2 实体审查包括：

（1）检验鉴定项目是否有遗漏，过程是否全面、细致，步骤、方法是否科学合理；

（2）检验方法、过程是否规范、科学、完整；

（3）分析论证方法、步骤是否符合客观规律和相关学科的基本原理，因果关系是否清楚、明确，采用的技术标准是否准确、得当；

（4）鉴定意见、报告是否客观、合理、明确，引用或依据的标准条文是否准确、明晰；

（5）鉴定意见、报告与案件待证事实有无关联；

（6）鉴定意见、报告与其他证据之间是否有矛盾，鉴定意见与检验笔录及相关照片是否有矛盾；

（7）鉴定意见、报告是否依法及时告知相关人员，当事人对鉴定意见是否有异议；

（8）检验鉴定的时机、方法、步骤以及选用的仪器、设备是否先进、科学、合理；

（9）案件中相关的医疗材料，如病历、X 光片、CT 片、MRI 片等所反映的情况以及与本案的关系。

■》 3.4 审查内容

法医技术性证据审查的内容包括：

（1）检验鉴定材料是否全面完整，委托受理是否符合法定程序，鉴定人是否具有专门知识和鉴定资格，鉴定机构是否在其执业范围内开展鉴定工作；

（2）法医学检验鉴定检材、样本的收集、固定、保管等是否符合有关技术标准和规范，检材、样本是否充足、可靠；

（3）检验鉴定的程序、方法、步骤及仪器选用是否科学规范，检验是否全面细致；

（4）鉴定意见的依据是否科学客观，引用鉴定标准及条款是否恰当，是否符合委托要求，有无遗漏或者需要补充鉴定；

（5）审查保外就医罪犯所患疾病是否达到规定的医学条件；

（6）审查勘验检查笔录中涉及法医学的内容是否客观，有无遗漏勘验检查项目和内容，与检验鉴定是否一致；

（7）其他需要审查的内容。

▶ **4. 文书制作、送达与归档**

▶▶ 4.1 文书制作

▶▶▶ 4.1.1 审查完成后，检察技术部门承办人应制作《技术性证据审查意见书》，针对审查要求，明确提出同意、部分同意、不同意、建议重新鉴定或补充鉴定等审查意见，并说明理由。审查人之间彼此审查意见有分歧的，应当写明分歧的内容和理由，供委托部门参考。

▶▶▶ 4.1.2 鉴定文书制作等方面存在瑕疵的，如错别字、格式错误等，应当在文证审查意见书中予以说明。

▶▶▶ 4.1.3 审查人完善《技术性证据审查意见书》后，应填写《检察文书审批表》发送给部门负责人审批。

▶▶▶ 4.1.4 经部门负责人审批签发后，应当加盖"技术性证据审查专用章"，连同技术性证据及其他送审材料一并移送委托单位或部门。

▶▶▶ 4.1.5《技术性证据审查意见书》发现问题需修改的，应填写《鉴定文书修改审批表》，并经部门负责人审批后进行修改，并及时告知送审单位或部门，并收回原《技术性证据审查意见书》。

▶▶▶ 4.1.6《技术性证据审查意见书》发现重大问题需撤销的，应填写《撤销鉴定文书通知书》，并经部门负责人审批后进行撤销，并及时告知送审单位，收回原《技术性证据审查意见书》。

▶▶ 4.2 送达

技术性证据审查过程中生成的文书均通过检察机关统一业务应用系统以"文书"反馈的方式送达。

▶▶ 4.3 文书归档

▶▶ 4.3.1 承办人从受案开始就要根据技术工作规则的有关要求收集有关文书材料。

▶▶ 4.3.2 结案后要及时整理阅卷，做到归档的材料齐全、完整。如有遗漏或不符合要求的，应及时补齐。如无法补齐的，必须附说明材料。

▶▶ 4.3.3 案件办理完毕后，应按照办案程序将有关的文书、签发稿、重大疑难案件记录、纪要以及反映检验、鉴定过程的材料进行整理立卷。

▶▶ 4.3.4 卷内文书材料排列总的要求是：按照检验鉴定的客观进程和材料形成时间先后进行排列。

▶▶ 4.3.5 文书排列顺序：

（1）案卷封面；

（2）卷内目录；

（3）《委托技术性证据审查书》；

（4）《受理技术性证据审查登记表》；

（5）《技术性证据审查意见书》及签发稿；

（6）受理审查的技术性证据材料照片、复印件；

（7）其他材料；

（8）备考表；

（9）卷底。

▶▶ 4.4 档案按"一案一号"原则组卷，每卷厚度以不超过 2 公分为宜。材料过多的，可分册装订，每册必须填写卷内目录和编页号。

▶▶ 4.5 卷内材料除卷内目录、备考表外，均应按排列顺序依次用铅笔编写页码。

▶▶ 4.6 双面有字的材料正面在右上角，反面在左上角填阿拉伯数字页码。

▶▶ 4.7 粘贴照片或护理记录等是多折的，一折为一页，一页编一号。

　　▶ **5. 注意事项**

▶▶ 5.1 办案部门应当根据审查意见，结合案件事实和证据的具体情况，对送审的技术性证据材料综合评判决定作出采信、不采信、重新鉴定、补充技术性证据等相应的处理决定。

▶▶ 5.2 委托部门对审查意见有异议的，经部门负责人审批后，可以通过本院检察技术部门委托上级院检察技术部门进行复查；委托系统外单位审查的，应层报省级检察技术部门。

▶▶ 5.3 法医技术性证据审查意见是对原技术性证据所作的专业审查意见。结案时，应与其他案卷材料一并存入检察内卷以备核查，但《技术性证据审查意见书》本身不能作为证据使用。

▶▶ 5.4 送审部门未采信《技术性证据审查意见书》的意见，导致案件处理错误的，与审查人无关。

▶▶ 5.5 承担技术性证据审查的法医鉴定人应严格遵守相关办案纪律和保密规定，对送审材料及审查意见严格保密。发生送审材料丢失、泄密等事故的，按相关规章制度严肃处理。

▶ **6. 相关文书详见附录**

二、文件检验技术性证据审查操作规程

【定义】文件检验技术性证据审查是指检察机关具备文件检验鉴定资格的技术人员，受办案部门委托或者指派，就案件中涉及的文件检验技术性证据材料进行审查、判断，并提出审查意见的专门活动。

▶ **1. 委托与受理**

▶▶ 1.1 委托

案件承办部门委托检察技术部门进行技术性证据审查，应当：

（1）填写《委托技术性证据审查书》；

（2）提供需要审查的文件检验鉴定文书及附件；

（3）必要时提供历次鉴定文书及相关案卷材料。

▶▶ 1.2 受理

检察技术部门收到《委托技术性证据审查书》和送审材料后，应当：

（1）了解案件情况和送审要求，由部门负责人指定具备文件检验鉴定资格的技术人员承办；

（2）承办人要填写《技术性证据审查登记表》，如不具备受理条件的，应说明情况，并退回送审材料；

（3）本院没有具备文件检验鉴定资格的技术人员的，可委托上一级人民检察院检察技术部门进行审查。

▶ **2. 审查**

▶▶ 2.1 审查时限

（1）文件检验技术性证据审查应当在受理后 5 个工作日以内完成；

（2）特殊情况下，征得委托单位同意，可以适当延长时间。

▶▶ 2.2 审查人员资质

未取得文件检验鉴定资格的检察技术人员或同一案件的原检验鉴定人，不得担任审查人。

▶▶ 2.3 文件检验技术性证据审查主要包括程序性审查和技术性审查。审查的主要内容包括：

（1）鉴定条件是否充分；

（2）采用的鉴定方法是否科学、适用；

（3）鉴定的程序、操作过程是否符合文件检验鉴定规程和技术方法要求；

（4）检验是否全面、客观，分析论证是否科学、严谨，鉴定意见依据是否充分；

（5）鉴定文书的专业术语是否准确，相关标识是否规范；

（6）鉴定项目是否有明显遗漏，是否需要补充鉴定；

（7）其他应当审查的内容。

▶ 3. 文书制作、送达与归档

▶▶ 3.1 文书制作

▶▶ 3.1.1 审查完成后，应当出具《技术性证据审查意见书》。

▶▶ 3.1.2 审查人应在《技术性证据审查意见书》中明确提出"同意原鉴定意见"、"不同意原鉴定意见"、"建议重新鉴定（补充鉴定）"等审查意见，并说明理由。

▶▶ 3.1.3 《技术性证据审查意见书》应当加盖"技术性证据审查专用章"。

▶▶ 3.2 送达

▶▶ 3.2.1 《技术性证据审查意见书》应当与回执单一并发出。案件承办部门在案件终结后，应当将文件检验技术性证据审查工作所起到的作用填写在回执单上，反馈至检察技术部门。

▶▶ 3.2.2 对于重大、特殊、疑难案件，审查人可以适时回访。

▶▶ 3.3 归档

▶▶ 3.3.1 技术性证据审查意见归档材料及排列顺序：

（1）案卷封面；

（2）卷内目录；

（3）委托技术性证据审查书；

（4）受理技术性证据审查登记表；

（5）技术性证据审查意见书及签发稿；

（6）受理审查的技术性证据材料照片、复印件；

（7）其他；

（8）备考表；

（9）卷底。

>> 3.3.2《技术性证据审查意见书》为案件主管业务部门处置案件提供参考，其正本存入业务部门案卷，副本由鉴定机构按规定存档备案。

▶ **4. 出庭程序**

>> 4.1 根据案件承办部门的要求，审查人可以出庭就鉴定人作出的鉴定意见提出意见。

>> 4.2 审查人因在诉讼中作证，本人或者其近亲属的人身安全面临危险的，可以请求法律保护。

三、司法会计技术性证据审查操作规程

【定义1】司法会计技术性证据审查是检察技术部门根据案件承办部门委托，指派司法会计人员对办案中涉及的财务类技术性证据的合法性、科学性、客观性、规范性等进行审查，并提出审查意见的活动。

【定义2】财务类技术性证据是指为解决诉讼活动中的财务性问题，司法会计鉴定人或具有财务知识的人科学运用财务技术手段和方法，收集、鉴别证据所形成的鉴定书、检验报告等证据材料。

▶ **1. 受理**

>> 1.1 技术部门司法会计必须受理由检察机关办案部门委托的财务类技术性证据审查。

>> 1.2 各地各级检察机关的技术部门可以受理由各地公安、法院、军队、纪委、保卫、海关、保险等非检察机关单位提出的财务性技术证据审查请求。

>> 1.3 对财务类技术性证据审查的案件进行委托审查的环节，由检察技术部门内勤完成，司法会计不能直接参与委托环节。

>> 1.4 委托书中应明确提出审查要求，不得暗示或强求审查人员作出某种倾向性审查意见。

▶ 2. 受理程序

▶ 2.1 符合受理条件，且属于检察系统内部的案件，应从统一办案系统网上流转。由内勤接收送审部门文书并创建新案件。

▶ 2.2 符合受理条件，但不属于检察系统内部的案件，由内勤登录统一办案系统，直接创建新案件。

▶ 2.3 拟受理案件后，由内勤指定的具备司法会计鉴定资格人员承办案件。

▶ 2.4 该检察技术部门没有具有鉴定资格的司法会计人员的，应报送上一级检察技术部门进行审查。

▶ 2.5 案件中技术性证据的制作人不得担任审查案件的指定承办人。

▶ 3. 受理审查

▶ 3.1 承办人收到《技术性证据审查受理登记表》后，应及时接收送审单位移交的案卷及其他材料，并对材料进行审查。

▶ 3.2 送审人认为有必要，或对涉案财务性技术证据存在疑问的，委托技术部门司法会计进行审查的财务类技术性证据主要指以下四类：

（1）司法会计鉴定意见、检验报告；

（2）查账报告、财务分析报告；

（3）审计报告、资产评估、验资报告等；

（4）对案件定性有重要影响的其他财务会计资料。

▶ 3.3 有下列情况之一时，应受理技术性证据审查：

（1）对案件定罪、量刑起关键、重要作用的涉及财务问题的技术性证据；

（2）一案中同一财务问题，具有两个或两个以上不同结论的财务类技术性证据材料；

（3）同一份财务类技术性证据材料中的鉴定人意见不一致的；

（4）案件承办人对财务类技术性证据有疑问，犯罪嫌疑人、被告人、上诉人及其辩护人、被害人及其诉讼代理人提出异议，案件承办人认为应当审查的；

（5）对影响罪与非罪、此罪与彼罪的财务类技术性证据材料存有疑问的；

（6）对影响量刑幅度的财务类技术性证据材料存有疑问的；

（7）对其他财务类技术性证据材料存有疑问，有必要进行审查的。

▶ 3.4 具有以下情形之一的，指定承办人认为不符合受理条件，应不予受理：

（1）违反委托程序要求的；

（2）超出审查范围的；

（3）送审材料不具备审查条件的；

（4）其他不应受理的情形。

▶ **4. 受理审批**

▶ 4.1 经审查符合受理要求的，指定承办人应完善内勤填写的《技术性证据审查受理登记表》，填写承办人意见，并发送给部门负责人审批。

▶ 4.2 经审查发现送审案件不具备受理条件的，指定承办人应及时填写《不予受理通知书》，经部门负责人审批后交委托单位，退回送审材料，向送审部门说明情况。

▶ 4.3《技术性证据审查受理登记表》经部门负责人审批返回后，进入该案件"在办文书"栏，在案件受理向导栏中点击"完成"按钮，生成全院统一业务流水"统一受案号"，并生成案卡。

▶ 4.4 案件受理完成后，指定承办人对照收到的案卷材料与财务资料，及时填写《材料移交清单》。

▶ 4.5 指定承办人在对送审案件的案卷及其他材料进行审查时，应针对审查要求重点审查案件送审检材的充分性和必要性。发现材料不全需补充的，应填写《补充材料通知》，并及时通知送审单位。

▶ 4.6 受理流程结束后，指定承办人勾选在办文书名称后点击"入卷"图标，确认后，完成文书的批量入卷工作。

▶ **5. 审查**

▶ 5.1 指定承办人自受理审查之日起，可以了解相关案件情况或者要求补充相关材料，核对送审材料的名称、数量，了解其来源、收集方法、形成过程等情况。

▶ 5.2 指定承办人应根据委托要求，对技术性证据材料的合法性、科学性、客观性、规范性等进行全面审查。

以审查司法会计鉴定意见为例，审查内容主要包括：

（1）审查送审的司法会计鉴定书委托、受理等是否符合法定程序；

（2）审查鉴定机构和人员是否具备司法会计资质资格；

（3）审查鉴定人员的财务背景是否与案件财务难易程度相适应；

（4）审查鉴定中检材、样本的收集、固定、保管等是否符合有关技术规范、标准等，检材、样本是否充足、可靠；

（5）审查鉴定中检验鉴定程序、方法等是否符合司法会计的检验鉴定规程和技术方法要求；

（6）审查鉴定意见的论证是否符合逻辑关系，鉴定意见的依据是否确实充分、客观科学；

（7）审查检验鉴定事由、委托人、日期、盖章、签名等相关项目内容是否齐全，文书制作是否规范。

▶▶ 5.3 审查通常包括形式审查和实体审查两部分

▶▶ 5.3.1 审查应先从形式审查开始，具体包括：

（1）审查证据制作机构和制作人是否具备相应的资质、资格；如证据制作机构的鉴定资格证、专业职称等。例如，送审资料中涉及单位财务税收方面的专业技术等更专业的财务领域时，除审查鉴定机构及鉴定人是否具有普通司法会计鉴定资格外，还应审查是否具有办理涉税业务司法鉴定资格。

（2）审查证据文书制作是否规范。例如，审查送审鉴定文书的格式是否符合规定，验资报告形式是否符合领域一般要求等。

（3）审查证据制作、形成过程是否合法。例如，证据制作单位受理案件过程、制作时间等问题是否合法。

（4）审查证据中检验鉴定程序是否符合法定要求。

（5）审查财务事实定性是否准确。

▶▶ 5.3.2 进行实质性审查，具体包括：

（1）审查送审证据中要求检验鉴定的项目是否有遗漏，过程是否全面、细致，步骤、方法是否科学合理；

（2）审查送审证据中分析论证方法、步骤是否符合客观规律和相关学科的基本原理，因果关系是否清楚、明确，采用的技术标准是否准确、得当；

（3）审查送审证据中形成的结论性意见是否客观、合理，引用或依据的标准条文是否准确、明晰；

（4）审查其他需要审查的内容。

▶▶ 5.3.3 以审查司法会计鉴定意见为例，一般审查的要素包括但不限于以下问题：

（1）鉴定中涉及的财务事实是否存在；

（2）鉴定中作为检材的财务资料是否充分、可靠；

（3）鉴定中所采用的财务检验方法是否得当；

（4）鉴定中的分析论证是否逻辑严谨；

（5）通过严谨的论证是否得出鉴定意见；

（6）鉴定中认定数额的计算是否准确无误；

（7）鉴定意见与其他财务证据材料是否有矛盾；

（8）鉴定人是否具有解决鉴定问题的专业水平；

（9）鉴定意见是否解决了委托单位提出的鉴定要求；

（10）综合评断整个技术性证据意见形成行为所应具备的要素是否齐全、是否规范。

▶ 5.4 必要时，在案件承办人主持下，指定承办人可以讯（询）问案件当事人，送审部门应当协助与配合。

▶ 5.5 经审查发现，案件属于重大复杂的，可聘请其他有财务知识的外单位专家参加。聘请时应填写《外聘专家申请表》和《聘请书》，经审批后《聘请书》送被聘请人。

▶ 5.6 一般技术性证据审查应在检察技术部门决定受理之日起 15 个工作日内完成。

▶≫ 5.6.1 要求补充材料的，自收到补充材料起计算。

▶≫ 5.6.2 视财务资料的多少和财务资料繁杂程序，可适当延长 5 天。

▶≫ 5.6.3 确系疑难、复杂案件的审查，还可适当延长。但以不影响送审部门完成其工作进度为限。

▶≫ 5.6.4 需延期办理的，案件承办人填写《延期办理申请表》，应通过部门负责人审批后，及时告知委托审查部门承办人。

▶ 5.7 有以下原因，无法完成送审技术性证据的审查时，应及时向部门负责人报告。经同意后，案件承办人填写《终止办理通知书》，经部门负责人审批后，及时送交委托单位，并耐心向送审部门说明情况，退回送审材料。

（1）指定承办人在审查时发现经补充材料后财务资料仍过少；

（2）对案情全面了解后，发现自身财务专业情况无法完成本次技术性证据审查等。

▶ **6. 文书制作**

▶≫ 6.1 审查完成后，审查人应制作《技术性证据审查意见书》，对送审的技术性证据作出明确的审查意见，并说明理由。

审查一般包括以下情况：

（1）同意；

（2）部分同意；

（3）不同意；

（4）建议重新鉴定；

（5）建议补充鉴定。

▶ 6.2 虽同意检验鉴定意见，但检验鉴定程序或文书制作等方面存在瑕疵的，应当在技术性证据审查意见书中予以说明。

▶ 6.3 审查发现送审案件中虽有大量财务资料，但未进行司法会计鉴定的，若有必要，可提出建议进行司法会计鉴定的审查意见。

▶ 6.4 专业技术人员之间审查意见有分歧的，应当写明分歧的内容和理由。

▶ 6.5 指定承办人制作《技术性证据审查意见书》后，应拟制《检察文书审批表》发送给部门负责人审批。

▶ 6.6 经部门负责人审批并返回的《技术性证据审查意见书》，经指定承办人刷新"在办文书"栏后，再打开将自动生成文书编号，勾选入卷图标并确定后，完成批量入卷。

▶ 6.7《技术性证据审查意见书》应由承办人签名，经部门负责人审批后，加盖检察技术部门印章，连同技术性证据及其他送审材料送交委托部门。

▶ 6.8 发现问题，需修改《技术性证据审查意见书》的，应填写《鉴定文书修改审批表》，经部门负责人审批后进行修改，并及时告知送审单位，并收回原《技术性证据审查意见书》。

▶ 6.9 发现重大问题，需撤销《技术性证据审查意见书》的，应填写《撤销鉴定文书通知书》，经部门负责人审批后进行撤销，并及时告知送审单位，并收回原《技术性证据审查意见书》。

▶ 7. 文书归档

▶ 7.1 承办人从受案开始应根据技术工作规则的要求，收集有关文书材料，负责案件的立卷归档。

▶ 7.2 结案后应及时整理阅卷，做到归档的材料齐全、完整。如有遗漏或不符合要求的，应及时补齐。如无法补齐的，必须附说明材料。

▶ 7.3 案件办理完毕后，应按照办案程序将有关的文书、签发稿、重大疑难案件记录、纪要以及反映检验、鉴定过程的材料进行整理立卷。

▶ 7.4 卷内文书材料应按照检验鉴定的客观进程和材料形成时间先后进行排列。

▶ 7.5 文书排列顺序：

（1）案卷封面；

（2）卷内目录；

（3）《委托技术性证据审查书》；

（4）《技术性证据审查委托受理登记表》；

（5）技术性证据审查意见书及签发稿；

（6）受理审查的技术性证据材料影印件、复印件；

（7）审查阶段形成的表格及图表；

（8）审查材料照片；

（9）备考表；

（10）卷底。

▶ 7.6 档案按"一案一号"原则组卷，每卷厚度以不超过 2 公分为宜。材料过多的，可分册装订，每册必须填写卷内目录和编页号。

▶ 7.7 卷内材料除卷内目录、备考表外，均应按排列顺序依次用铅笔编写页号。

▶ 7.8 双面有字的材料正面在右上角，反面在左上角填阿拉伯数字页号。

▶ 7.9 粘贴照片或自己设计的表格、图表是多折的，一折为一页，一页编一号。

▶ **8. 其他注意事项**

▶ 8.1 对审查意见有异议的，经部门负责人审批后，可以通过本院检察技术部门委托上级院检察技术部门进行复查；委托系统外单位审查的，应层报省院检察技术处。

▶ 8.2 送审部门认为技术性证据材料存在瑕疵的，要求侦查机关重新鉴定或补充鉴定的或送审自行提请重新鉴定、补充鉴定。审查部门应按《司法会计检验鉴定操作规程》具体操作。

▶ 8.3 技术性证据审查意见是对原技术性证据所作的专业审查意见。结案时，应与其他案卷材料一并存入检察内卷以备核查，但《技术性证据审查意见书》本身不能作为证据使用。

▶ 8.4 送审部门未采信《技术性证据审查意见书》意见，导致案件处理错误的，与审查人无关。

▶ 8.5 承担技术性证据审查的司法会计鉴定人应严格遵守相关办案纪律和保

密规定，对送审材料及审查意见严格保密。发生送审材料丢失、泄密等事故的，按相关规章制度严肃处理。

▶ **9. 相关法律文书详见附录**

四、电子数据技术性证据审查操作规程

【定义】电子数据技术性证据审查是指检察技术部门中具备电子数据相关专业技能并获得司法鉴定资格的人员，受检察机关办案部门委托或指派，对刑事检察、刑事执行检察、控申检察和民事行政检察等办理案件中已有的作为证据使用的电子数据鉴定材料或涉及作为证据使用的电子数据技术性证据材料进行审查、判断，并提出审查意见的专门活动。

▶ **1. 委托与受理**

▶ 1.1 委托

▶▶ 1.1.1 进行电子数据技术性证据审查，委托人应当提交以下材料：

（1）委托技术性证据审查书。委托人必须填写委托技术性证据审查书，该文书须由委托单位部门正职审批。文书格式应当参照最高人民检察院下发的格式式样，参考附录一：《委托技术性证据审查书》。

（2）材料移交清单。委托人应当提供记录所有送审材料的名称、数量、品牌、型号、序列号等信息的清单。必要时委托人可以在委托时当场制作材料清单。最高人民检察院提供的格式样本，参考附录二：《材料移交清单》。

（3）待审查的电子数据鉴定意见书。

（4）委托说明，包括检材的来源、真实完整、合法取得、固定及封存情况等。

（5）其他所需材料。

▶▶ 1.1.2 鉴定机构接受委托后，应当听取案情，并对以下事项进行重点审查：

（1）委托主体和程序是否符合规定；

（2）委托审查内容是否符合技术性证据审查范围；

（3）核对送审材料的名称、数量、品牌、型号、序列号等是否与材料移交清单记录一致；

（4）审查送审材料是否具备技术性证据审查条件；

（5）送审材料是否齐全，内容是否完整。

▶▶ 1.1.3 鉴定机构对委托的审查应该在受到委托之日起 2 个工作日内作出，

并及时告知委托人可能得到审查意见的时间。

▶ 1.2 受理

▶》1.2.1 接到委托后，应听取送检人介绍案件情况，明确委托事项和要求，接收并核对送检材料。符合受理条件的，应当受理。

▶》1.2.2 鉴定机构收到委托，应当对委托的事项进行审查，对属于本机构技术性证据审查业务范围，委托审查事项的用途及要求合法，提供的审查材料真实、完整、充分的委托，应当予以受理。

▶》1.2.3 确定受理的，应当制作《技术性证据审查受理登记表》，该表用最高人民检察院颁发的受理登记表的格式，由检察技术部门正职审批。

▶ 1.3 不受理

▶》1.3.1 具有以下情况之一的，应当不予受理：

（1）超出受理范围的；

（2）违反委托程序要求的；

（3）不具备技术性证据审查条件的；

（4）其他不应受理的情形。

▶》1.3.2 不予受理的委托，应予退回，并说明理由，及时出具《不予受理通知书》。

2. 电子数据技术性证据审查

▶ 2.1 审查期限

技术性证据审查应该在检察技术部门负责人批准受理后五个工作日内完成。

▶ 2.2 电子数据技术性证据审查内容

▶》2.1.2 程序审查的内容包括：

（1）鉴定机构是否在其执业范围内开展鉴定工作；

（2）鉴定人是否具有专门知识和鉴定资格；

（3）委托受理是否符合法定程序；

（4）送审材料是否全面完整；

（5）其他需要审查的程序。

▶》2.1.3 实质性审查的内容包括：

（1）电子数据检验鉴定检材、样本的收集、固定、保管等是否符合有关技术标准和规范，检材、样本是否充足、可靠；

（2）检验鉴定的程序、方法、步骤及仪器选用是否科学规范，检验是否全面细致；

（3）鉴定意见的依据是否科学客观，引用鉴定标准及条款是否恰当，是否符合委托要求，有无遗漏或者需要补充鉴定；

（4）审查勘验检查笔录中涉及电子数据的内容是否客观，有无遗漏勘验检查项目和内容，与检验鉴定是否一致；

（5）其他需要审查的内容。

▶▶ 2.3 电子数据技术性证据审查的结论

▶▶▶ 2.3.1 若鉴定意见真实可靠，应作出对鉴定给予认可的审查意见；

▶▶▶ 2.3.2 对鉴定意见存有异议的，应作出对鉴定不给予认可的审查意见。为确保案件质量，还应该提出复核鉴定、重新鉴定、补充鉴定或提出退查意见。

▶▶▶ 2.3.3 对发出的审查意见应跟踪监督落实。

▶ 3. 电子数据技术性证据审查的文书制作

▶▶ 3.1 技术性证据审查意见书的格式

▶▶▶ 3.1.1 标题。标题包括单位名和文书名两个部分：单位名为"××人民检察院"，采用小二号字宋体，居中排列；文书名为"技术性证据审查意见书"，采用二号字宋体加黑，居中排列。

▶▶▶ 3.1.2 文书号。文书号包括单位简称、部门简称、文书简号、用〔 〕括起来的年份和编号，形如"×检技审〔××××〕××号"，文书号采用四号楷体，居右排列。文书号上需要加盖"技术性证据审查专用章"。

▶▶▶ 3.1.3 绪言。绪言标题用三号字仿宋体加黑，其后文字用四号字仿宋体，两端对齐。绪言内容一般包括：

（1）送审单位；

（2）送审日期；

（3）送审人；

（4）送审材料；

（5）送审要求；

（6）审查开始日期。

▶▶▶ 3.1.4 正文。正文标题用三号字仿宋体加黑，其后文字用四号字仿宋体，两端对齐，首行缩进 2 字，行间距固定为 1.5 倍行高。正文一般包括以下内容：

（1）案情摘要。对案情进行简要的陈述，以有助于说明审查结果。

（2）资料摘要。从司法机关立案卷宗、书证材料、鉴定意见书、口述材料中摘要出有助于说明技术性证据审查结果的内容。引用的材料应客观全面，所有的摘要须注明出处。

（3）审查意见。根据客观事实检查的结果和说明的理由，得出有科学根据的结论或意见及其依据。

➡》3.1.5 结尾。

（1）在文书的最后要签署技术性证据审查意见说明人的技术职称和签名。

（2）在签名后注明技术性证据审查意见书的制作时间。

➡》3.1.6 附件。附件包括图片、照片、音像资料、退还的检材和参考文献等。

➡》3.2 文书签发

➡》3.2.1 技术性证据审查文书的最低审批签发权为检察技术部门正职。

➡》3.2.2 技术性证据审查文书打印出来为一正两副共 3 份，其中一个副本留技术部门装卷，一正一副共 2 份送还给委托人。

➡》3.3 文书送达

➡》3.3.1 文书应在印发后 3 天内送达给委托人。

➡》3.3.2 文书应与回执单一并发出，委托人在案件终结后，应当将技术性证据审查意见在工作中所起到的作用填写在回执单上，返还给检察技术部门。

➡ **4. 电子数据技术性证据审查的档案管理**

➡》4.1 材料收集

接收到委托技术性证据审查书后，应当根据档案管理的要求，收集有关的文书材料，结案后及时整理归档。

➡》4.2 立卷

➡》4.2.1 归档立卷的要求：

（1）遵循文书材料的形成规律和特点，保持文书材料之间的有机联系，区别不同种类，集中保管；

（2）文书材料收集要齐全，分类要合理，保管期限划分明确，案卷封面填写清楚，装订规范美观。

➡》4.2.2 技术性证据审查档案应以一案一卷为原则，同一案号的材料要放在一起。

▶≫ 4.2.3 卷内文书材料应当按照排列顺序，在有文字的每页材料上填写页号，并填写卷内文书材料目录和备查表。

▶≫ 4.2.4 案卷材料的排列顺序为：

（1）案卷封面；

（2）卷内目录；

（3）委托技术性证据审查书；

（4）技术性证据审查受理登记表；

（5）材料移交清单；

（6）技术性证据审查意见书签发稿；

（7）技术性证据审查意见书（副本）；

（8）与技术性证据审查有关的其他材料；

（9）备查表。

▶▶ 4.3 归档

▶≫ 4.3.1 案卷封面应当逐项填写清楚，案卷题名要简明，确切反映卷内文书材料的内容。

▶≫ 4.3.2 案卷所有页面按左边和下边对齐，将上边和右边超出的部分折起，采用标准的方法装订整齐。

▶≫ 4.3.3 档案管理人员对接收的各类档案，应当以卷宗为单位，按不同门类和保管期限排列，编制案卷序列号。

▶≫ 4.3.4 非纸质的音像资料和其他多媒体资料，也要标明档案号，在备查表中注明与其他案卷材料的关系。

▶≫ 4.3.5 技术性证据审查档案的保管期一般为短期保存。

▶▶ 4.4 借阅

▶≫ 4.4.1 技术性证据审查档案的借阅、复制，需要履行登记手续，并严格遵守有关规定。

（1）应建立档案借阅、复制登记簿。

（2）需要借阅、抄录、复制档案的部门或单位，应持本部门或单位的介绍信并说明原因，经检察技术部门负责人批准后，办理相关手续；

（3）律师请求借阅、抄录、复制档案的，须持律师执业证和律师事务所介绍信，手续不全的不予接待。

▶≫ 4.4.2 抄录、复制档案仅限于原始文证材料和技术性证据审查意见书原文，不包括检察技术部门内部讨论分析的记录。

▶▶ 4.4.3 抄录、复制档案内容中涉及保密的，按照有关保密规定办理，不得泄密。

▶▶ 4.4.4 对借阅、复制的技术性证据审查档案要及时收回，如果发现案卷有破损、文书材料短缺、涂改、增删、污损等情况，应立即向检察技术部门负责人汇报并及时追查处理。

▶▶ 4.4.5 档案管理人员必须严格遵守保密制度，保守机密，不得违反制度向任何人提供档案，不得向他人泄露档案的内容。

▶ **5. 电子数据技术性证据审查的相关文书、表格详见附录**

第二节　技术协助类操作规程

一、法医技术协助操作规程

【定义】法医技术协助是指检察机关法医技术人员依法参与办案，配合检察业务部门的需要，运用专业技术手段，发现、提取、固定证据，分析、判断证据，提供技术支持的活动。

▶ **1. 法医技术协助的委托**

办案部门需要技术协助时，应填写《委托技术协助书》，经部门负责人批准后提交检察技术部门。情况紧急下，经部门负责人同意可以口头提出技术协助需求，并在委托后三日内补办书面委托文书。

▶ **2. 法医技术协助的受理**

▶▶ 2.1 对于决定受理的法医技术协助委托，检察技术部门应做好以下工作：

（1）了解案件性质及其他诉讼情况；

（2）听取送检人介绍有关案情，说明技术协助具体工作要求；

（3）确定是否符合技术协助办案条件；

（4）填写《检察技术协助受理登记表》，录入案卡，完成备案。

▶▶ 2.2 技术部门或技术人员对有下列情况之一的协助委托，应当报请部门负责人批准不予受理，并向委托部门说明理由：

（1）委托案件不具备技术协助办案条件的；

（2）要求协助办案内容不属于专门性技术问题的；

（3）现有技术条件难以实现委托目的的；

（4）具有不宜由鉴定机构或技术部门受理的其他情形的。

▶ 3. 法医技术协助的承办

▶ 3.1 检察技术部门接受委托后，应当及时指派具有相关技术能力的法医承担；本院技术力量不足或技术人员不具备相应技术能力的，可以请求上级检察技术部门支持。必要时，同时报经委托部门负责人同意，检察技术部门聘请其他具有相应技术能力的法医进行技术协助。

▶ 3.2 检察机关法医技术人员在办理技术协助案件中，应遵守《刑事诉讼法》关于回避的相关规定。

▶ 3.3 在办理案件中担任侦查人员的法医技术人员，不得再担任鉴定案件的承办人。

▶ 4. 法医技术协助

▶ 4.1 人身检查

（1）检查被害人、犯罪嫌疑人的个体特征、伤害情况、生理状态或尸体的，由具有鉴定资格的法医进行。

（2）协助检查妇女身体的，应当由女性法医或女性工作人员进行。

▶ 4.2 现场勘验

（1）勘验、检查中发现的与犯罪有关的物证、书证等，应当按照相关技术标准、规范进行固定、提取和保存。

（2）对现场提取的物证、书证，应当进行标识。标识内容包括：案件名称、物证名称、物证数量、提取地点、提取方法、提取日期和时间、物证编号等。

（3）勘验、检查应当进行必要的照相、录像、绘图。

（4）勘验、检查结束后，对勘验记录、检查笔录、照片和录像资料等，应当由侦查和技术人员共同签名。

▶ 4.3 在技术协助过程中发现需要进行鉴定的，应通知委托单位，依据《人民检察院鉴定规则（试行）》启动相关技术鉴定办案程序。

▶ 5. 文书制作

▶ 5.1 技术协助工作应及时记录确定分析意见的过程，形成《检察技术协助工作记录表》。

▶ 5.2 根据办案需要，为确认侦查范围、案件事实或犯罪嫌疑人提供分析的，根据办案需要，可以将检查过程、检查结果，按鉴定文书格式制作《检验报告》或《分析意见书》。

▶ 5.3 技术协助工作形成的报告、意见等有关材料除按规定由相关技术人员签名外，还应加盖检察鉴定机构的印章。

▶ **6. 归档**

技术协助文书排列顺序为：

（1）案卷封面；

（2）卷内目录；

（3）委托技术协助书；

（4）技术协助委托受理登记表；

（5）技术协助意见及签发稿；

（6）技术协助形成的相关材料及其复印件、声像资料等；

（7）备考表；

（8）卷底。

▶ **7. 注意事项**

检察法医技术人员在技术协助工作中应当严格遵守相关保密规定，保守案件秘密。

▶ **8. 相关文书详见附录**

二、文件检验技术协助操作规程

【定义】文件检验技术协助是指检察机关文件检验技术人员依法参与办案，配合检察业务部门的需要，运用文件检验专业技术手段，发现、提取、固定证据，分析、判断证据，提供技术支持的活动。

文件检验技术协助相关法律文书详见第一章第五节检察技术办案专用文书归类。

▶ **1. 受理委托**

▶ 1.1 办案部门需要技术协助时，应填写《委托技术协助书》，经部门负责人批准后提交检察技术部门。紧急情况下，经部门负责人同意可以口头提出技术协助需求，并在委托后三日内补办书面委托文书。

▶ 1.2 检察技术人员进行技术协助，依照法律程序、相关技术标准和规范进行。检察技术部门接受委托后，应做好以下工作：

（1）了解案件性质及其他诉讼情况；

（2）听取委托人介绍有关案情，说明技术协助具体工作要求；

（3）确定是否符合技术协助办案条件；

（4）填写《检察技术协助受理登记表》，录入案卡和统一应用业务软件，完成备案。

▶ 1.3 检察技术部门接受委托后，应当及时指派具有相关技术能力的文检工作人员承担；本院技术力量不足或技术人员不具备相应技术能力的，可以请求上级检察技术部门支持。必要时，报经委托部门负责人同意，检察技术部门聘请其他具有相应技术能力的文检技术人员进行技术协助。

▶ 1.4 技术部门或技术人员对有下列情况之一的协助委托，应当报请部门负责人批准不予受理，并向委托部门说明理由：

（1）委托案件不具备技术协助办案条件的；

（2）要求协助办案内容不属于专门性技术问题的；

（3）现有技术条件难以实现委托目的的；

（4）具有不宜由鉴定机构或技术部门受理的其他情形。

▶ **2. 技术协助**

▶ 2.1 文检技术人员在办理技术协助案件中，应遵守刑事诉讼法回避制度的相关规定。

▶ 2.2 文检技术人员在完成技术协助后，应填写《检察技术协助工作记录表》，如实记录协助内容。

▶ 2.3 取证类技术协助工作应如实记录收集或固定的证据名称、工作地点、工作工程，及时填写于《检察技术协助工作记录表》。

▶▶ 2.3.1 勘验、检查中发现的与犯罪有关的物证、书证等，应当按照相关技术标准、规范进行固定、提取和保存；

▶▶ 2.3.2 对现场提取的物证、书证，应当进行标识。标识内容包括：案件名称、物（书）证名称、物（书）证数量、提取地点、提取方法、提取日期和时间、物（书）证编号等；

▶▶ 2.3.3 勘验、检查应当进行必要的照相、录像、绘图；

▶▶ 2.3.4 勘验、检查结束后，对勘验记录、检查笔录、照片和录像资料等，应当由侦查和技术人员共同签名。

▶ **3. 文书制作和送达操作规程**

▶ 3.1 技术协助文书排列顺序为：

(1) 案卷封面；

(2) 卷内目录；

(3) 委托技术协助书；

(4) 技术协助委托受理登记表；

(5) 技术协助意见及签发稿；

(6) 技术协助形成的相关材料及其复印件、声像资料等；

(7) 备考表；

(8) 卷底。

▶ 3.2 整理编目

▶ 3.3 归档与排列编号

▶ 3.4 保管期限

三、司法会计查账操作规程

【定义】司法会计查账是指在涉及财务会计业务案件诉讼活动中，为了查明案情，由具有司法会计专业知识的人员，通过对案件中涉及的财务会计资料及相关财物进行检查，对存在的财务会计问题进行审查判断，并提供查账意见的一项活动。

▶ **1. 受理范围**

▶ 1.1 检察机关办案部门委托司法会计查账的，各地检察机关技术部门应通过统一业务应用系统流转，接收《_____人民检察院委托技术协助书》。

▶ 1.2 委托人是公安、法院等其他部门的，各地检察机关技术部门接收委托人填写的《_____（单位）委托技术协助书》，委托申请应该经其部门负责人批准。

▶ 1.3 对技术协助的案件进行委托审查的环节，由检察技术部门内勤完成，司法会计不能直接参与委托环节。

▶ 1.4 委托书中应明确提出查账的要求，但不得暗示或强求审查人员在查账报告中作出某种倾向性的意见。

▶ 2. 受理

▶ 2.1 受案标准

　　（1）委托单位符合要求；

　　（2）委托要求属于受案范围；

　　（3）送检资料可靠；

　　（4）技术和期限能够满足要求。

▶ 2.2 符合受理条件，且属于检察系统内部的案件，应从统一办案系统网上流转。由内勤登录系统，接收送审部门文书并创建新案件。

▶ 2.3 符合受理条件，但不属于检察系统内部的案件，由内勤登录系统，直接创建新案件。

▶ 3. 受理审查

▶ 3.1 收到《技术协助受理登记表》后，指定承办人应及时接收送审单位移交的案卷及其他材料，并对材料进行审查。

▶ 3.2 受案范围审查，一般司法会计查账的委托要求为：

　　（1）发现和收集破案线索；

　　（2）寻找、发现和收集证据；

　　（3）收集司法鉴定所需的检材。

▶ 3.3 经审查，具有以下情形之一的，应决定不予受理：

　　（1）送检案件不符合案件受理范围；

　　（2）送检资料来源不可靠或虚假；

　　（3）技术或人员条件不能满足查账要求；

　　（4）无法在办案期限内完成查账；

　　（5）不需要查账的事项。

▶ 4. 受理审批

▶ 4.1 委托案件不具备受理条件的，指定承办人应及时提出意见，经部门负责人审批后填写《不予受理通知书》，交委托单位，同时应向送审部门说明情况，退回送审材料。

▶ 4.2 指定承办人认为符合受理要求的，应完善内勤填写的《技术协助受理登记表》，填写承办人意见，并发送给部门负责人审批。

▶ 4.3 《技术协助受理登记表》经部门负责人审批后返回承办人。案件受理完成后，指定承办人对照收到的案卷材料与财务资料，填写《材料移交清单》。

▶ 5. 成立查账小组

▶▷ 5.1 鉴定机构受理审批完成后，承办人应尽快组织人员成立查账小组。

▶▷ 5.1.1 一般案件，最低由 2 名司法会计组成的查账小组进行查账工作。

▶▷ 5.1.2 对于疑难、复杂或者特殊的查账案件，可以指定或者选择多名司法会计人员成立查账小组，开展查账工作。

▶▷ 5.2 鉴定机构要根据实际情况，科学分配查账小组成员的职责和工作，作出职责分配表和工作分配表。

▶▷ 5.3 职责分配表和工作分配表要载明以下事项：

　　（1）查账人员姓名；

　　（2）查账人员工作内容和职责；

　　（3）工作进度和时间安排；

　　（4）讨论纪要。

▶▷ 5.4 查账组应确定一名业务负责人，查账负责人应具备以下条件：

　　（1）具有丰富的检验、查账经验；

　　（2）具有独立执行查账业务的能力和水平；

　　（3）具有中级以上专业技术职称；

　　（4）满足完成检验鉴定的时间要求。

▶▷ 5.5 检验鉴定过程中，遇有下列情况之一的，可以聘请具有专门知识的人员协助进行查账：

　　（1）查账涉及有争议的财务会计问题的；

　　（2）查账中查账人员对某些专门的问题无法解决或者对鉴定意见有疑义的；

　　（3）其他需要聘请专门人员的情形。

▶▷ 5.6 拟批准聘请的专家或有关专业人员，应对其影响客观性的因素、专业胜任能力作出评估后，填写《外聘专家申请表》。经部门负责人审核、检察长批准后，及时制作《聘请书》。

▶▷ 5.7 查账人员与案件当事人有影响独立性的利害关系的，应当自行回避，委托人也可以申请其回避。

▶ 6. 查阅案卷，了解案情

▶▷ 6.1 承办人应与委托人沟通，熟悉了解案件基本情况，进一步确定查账的目的和要求。

▶▶6.2 承办人应调查了解涉案单位和涉案人员的相关情况，为作出下列职业判断提供基础：

（1）确定职业判断适用的标准；

（2）判断可能存在的问题；

（3）判断问题的重要性；

（4）确定查账应对措施。

▶▶6.3 承办人可以从下列方面调查了解涉案单位和涉案人员相关情况：

（1）单位性质、组织结构；

（2）经营范围、业务活动及其目标；

（3）相关法律法规、政策及其执行情况；

（4）财政财务管理体制和业务管理体制；

（5）适用的业绩指标体系以及业绩评价情况；

（6）相关内部控制及其执行情况；

（7）相关信息系统及其电子数据情况；

（8）经济环境、行业状况及其他外部因素；

（9）以往接受财政、审计、税务等有关部门监管及其整改情况；

（10）涉案人员的职责范围；

（11）需要了解的其他情况。

▶▶6.4 承办人可以从下列方面调查了解涉案单位相关内部控制及其执行情况：

（1）控制环境，即管理模式、组织结构、责权配置、人力资源制度等；

（2）风险评估，即涉案单位确定、分析与实现内部控制目标相关的风险，以及采取的应对措施；

（3）控制活动，即根据风险评估结果采取的控制措施，包括不相容职务分离控制、授权审批控制、资产保护控制、预算控制、业绩分析和绩效考评控制等；

（4）信息与沟通，即收集、处理、传递与内部控制相关的信息，并能有效沟通的情况；

（5）对控制的监督，即对各项内部控制设计、职责及其履行情况的监督检查。

▶▶6.5 承办人可以采取下列方法调查了解涉案单位和涉案人员的相关情况：

（1）查阅案卷材料；

（2）与办案人员沟通；

（3）检查有关文件、报告、内部管理手册、信息系统的技术文档和操作手册；

（4）观察有关业务活动及其场所、设施和有关内部控制的执行情况；

（5）追踪有关业务的处理过程；

（6）分析相关数据。

▶ 7. 确认查账任务，制定方案

▶▶ 7.1 根据查账目的和被查单位的实际情况，运用职业判断确定调查了解的范围和程度，并对了解的有关情况形成《调查了解工作记录》。

▶▶ 7.1.1 《调查了解工作记录》应包括以下内容：

（1）对被查单位及其相关情况的调查了解情况；

（2）对被查单位存在重要问题可能性的评估情况；

（3）确定的查账事项及其查账应对措施。

▶▶ 7.1.2 对调查了解的情况，进行分析判断，初步确定重要风险领域和可能存在的问题，再根据委托要求拟定《查账实施方案》。

▶▶ 7.2 在充分了解案情和明确查账任务的基础上制定《查账实施方案》，应包括以下几个方面的内容：

（1）委托要求；

（2）查账所要达到的目标；

（3）查账的范围、内容、重点和应对措施；

（4）查账工作要求；

（7）查账需要的相关财务资料；

（8）编制日期；

（9）其他内容。

▶▶ 7.3 承办人针对查账事项应对措施包括：

（1）评估对内部控制的依赖程度，确定是否及如何测试相关内部控制的有效性；

（2）评估对信息系统的依赖程度，确定是否及如何检查相关信息系统的有效性、安全性；

（3）确定主要查账步骤和方法；

（4）确定查账工作进度和时间安排；

（5）确定执行的查账成员及其分工；

（6）其他必要措施。

▶▷ 7.4 根据拟定的《查账实施方案》与办案人员及时沟通，听取办案人员的意见和建议后决定是否修订，报部门负责人审批后实施。

▶▷ 7.5 指定承办人应针对查账要求审查已有资料的充分性和适当性。发现材料不全需补充的，应填写《补充材料通知》，并及时通知委托单位。

▶▷ 7.6 必要时承办人可以协助办案人员一起调取，也可以根据委托单位的要求到被查单位进行现场查账。

▶ **8. 内部控制测试**

▶▷ 8.1 根据案情和被查单位的具体情况，对拟信赖的内部控制采取适当和有效的方法进行测试，获取内部控制是否有效的证据，确定和评价内部控制风险和内部控制保证程度。

▶▷ 8.2 认为存在下列情形之一的，应当测试相关内部控制的有效性：

（1）某项内部控制设计合理且预期运行有效，能够防止重要问题的发生；

（2）仅实施实质性审查不足以为发现重要问题提供适当、充分的证据。

▶▷ 8.3 计划内部控制测试

（1）确定测试对象；

（2）明确证据要求；

（3）计划测试范围；

（4）明确可接受的控制风险或要求达到的控制保证程度。

▶▷ 8.4 采取适当的内部控制测试方法

（1）询问并检查相关的内部控制管理报告；

（2）询问并检查交易和业务凭证；

（3）询问并实地观察未留下审计轨迹的内部控制运行情况；

（4）重新实施相关内部控制程序。

▶▷ 8.5 获取内部控制测试证据

测试中，应获得如下证据，来证明控制活动是否有效：

（1）内部控制按计划运转；

（2）内部控制持续运转；

（3）内部控制涵盖所有交易；

（4）内部控制能修正和发现错误。

▶▶ 8.6 内部控制测试结果的记录

实施内部控制测试后，应记录如下内容：

（1）测试的对象；

（2）采取的测试程序和方法；

（3）测试结果；

（4）测试结论；

（5）查账建议、测试时间、测试人。

▶▶ 8.7 内部控制测试结果的评价

（1）对内部控制测试的结果进行汇总分析、评价，进一步确定重要风险领域和重点风险环节。

（2）根据测试和评价的结果，调整或确认进一步实质性测试的程序、范围和重点，修改查账方案。

▶▶ 8.8 决定不依赖某项内部控制的，或被查单位规模较小、业务比较简单的，可以对查账事项直接进行实质性审查。

▶ **9. 查账系统的运用**

▶▶ 9.1 可以运用司法会计查账系统或审计查账系统等查账工具对被查单位的电子数据进行审查，但应对被查单位信息系统进行检查，确保其有效性和安全性。

▶▶ 9.2 可以从下列方面调查被查单位信息系统控制情况：

（1）一般控制，即保障信息系统正常运行的稳定性、有效性、安全性等方面的控制；

（2）应用控制，即保障信息系统产生的数据的真实性、完整性、可靠性等方面的控制。

▶▶ 9.3 在检查被审计单位相关信息系统时，可以利用被审计单位信息系统的现有功能或者采用其他计算机技术和工具，检查中应当避免对被查单位相关信息系统及其电子数据造成不良影响。

▶▶ 9.4 被查单位的信息系统不可靠或不安全时，不能运用查账系统进行审查。

▶ **10. 实质性测试**

▶▶ 10.1 实质性测试是指为了实现具体查账目标，对会计报表项目的余额和交易进行详细检查和分析性复核。

▶▶ 10.2 实质性测试应重点关注被查单位经济业务事项的真实性、完整性和合法性，根据账户特点和复式记账原理，确定实质性测试具体目标。

（1）对借方账户（如资产、成本和费用），主要检查存在性、完整性、准确性、所有权、高估和截止日推后等类型的差错；

（2）对贷方账户（如负债、所有者权益和收入），主要检查完整性、低估和截止日提前等类型的差错。

▶▶10.3 查账人员根据实际情况，可以在查账事项中选取全部项目或者部分特定项目进行审查，也可以进行抽样审查。

▶▶10.4 存在下列情形之一的，查账人员可以对查账事项中的全部项目进行审查：

（1）查账事项由少量大额项目构成的；

（2）查账事项可能存在重要问题，而选取其中部分项目进行审查无法提供适当、充分的查账证据的；

（3）对查账事项中的全部项目进行审查符合成本效益原则的。

▶▶10.5 查账人员可以在查账事项中选取下列特定项目进行审查：

（1）大额或者重要项目；

（2）数量或者金额符合设定标准的项目；

（3）其他特定项目。

选取部分特定项目进行审查的结果，不能用于推断整个查账事项。

▶▶10.6 在查账事项包含的项目数量较多，需要对查账事项某一方面的总体特征作出结论时，查账人员可以进行查账抽样。

▶▶10.7 实质性审查中可以利用审计机关、社会中介机构、内部审计机构等有关部门对被查单位出具的审计报告等作出的工作结果，但应当对下列方面作出判断：

（1）工作结果是否与查账目标相关；

（2）工作结果是否可靠；

（3）工作结果是否与其他证据相符。

▶▶10.8 查账人员应以下列标准作为查账判断依据：

（1）法律、法规、规章和其他规范性文件；

（2）国家有关方针和政策；

（3）会计准则和会计制度；

（4）国家和行业的技术标准；

（5）预算、计划和合同；

（6）其他标准。

▶▶ 10.9 在实质性审查过程中，应重点关注下列因素：

（1）是否属于法律法规和政策禁止的问题；

（2）是否属于故意行为所产生的问题；

（3）是否属于涉嫌犯罪的问题；

（4）可能存在问题涉及的数量或者金额。

▶▶ 10.10 查账人员可以采取以下方法进行实质性审查：

（1）审阅法：是指通过阅读被查单位的原始凭证、记账凭证、会计账簿、会计报表等财务会计资料，检查其反映的财务会计业务的真实性和合法性；

（2）复算法：是指以手工方式或者使用信息技术对财务会计资料中有关计算结果进行重新计算，验证其正确性；

（3）核对法：是指对财务会计资料中的两个或两个以上具有同一关系或勾稽关系的财务会计记录、数值进行审核对照，确认其是否一致或相符；

（4）分析法：是指研究财务数据之间、财务数据与非财务数据之间可能存在的合理关系，对相关信息作出评价，并关注异常波动和差异；

（5）比较法：通过对两个或两个以上财务数值或比率进行比较，寻找和确认查账重点的一种方法，包括数值比较法和比率比较法；

（6）询问法：是指以书面或者口头方式向有关人员了解关于查账事项的信息；

（7）调查法：是指向与查账事项有关的第三方进行调查，包括银行存款和单位往来账项的函证；

（8）观察法：是指察看相关人员正在从事的活动或者执行的程序；

（9）勘验法：是指通过对涉案现金、有价证券、存货、固定资产等财物进行现场勘查验证，查明涉案财物实际结存情况。

▶▶ 10.11 当查账人员发现因为任务时间、自身业务能力等原因无法独立完成查账时，可以外聘专家共同完成查账任务。

▶▶ 10.11.1 聘请专家事宜见 5.6。

▶▶ 10.11.2 有下列情形之一的专家，不得聘请：

（1）曾因故意犯罪受过刑事处罚的；

（2）被吊销执业资格证书的；

（3）与被查单位有经济往来的；

（4）与案件当事人有近亲属关系的；

（5）与案件有其他利害关系，可能影响公正审查的。

▶ **11. 查账证据的获取**

▶ 11.1 查账证据是指查账人员获取的能够为查账结论提供合理基础的全部事实，包括查账人员调查了解被查单位及其相关情况和对确定的查账事项进行审查所获取的证据。

▶ 11.2 查账人员应当依照法定权限和程序获取查账证据。获取的查账证据，应当具有适当性和充分性。

（1）适当性是对查账证据质量的衡量，即查账证据在支持查账结论方面具有的相关性和可靠性。相关性是指查账证据与查账事项及其具体查账目标之间具有实质性联系。可靠性是指查账证据真实、可信。

（2）充分性是对查账证据数量的衡量。查账人员在评估存在重要问题的可能性和查账证据质量的基础上，决定应当获取查账证据的数量。

▶ 11.3 查账人员对查账证据的相关性分析时，应当关注下列方面：

（1）一种取证方法获取的查账证据可能只与某些具体查账目标相关，而与其他具体查账目标无关；

（2）针对一项具体查账目标可以从不同来源获取查账证据或者获取不同形式的查账证据。

▶ 11.4 查账人员可以从下列方面分析查账证据的可靠性：

（1）从被查单位外部获取的证据比从内部获取的证据更可靠；

（2）内部控制健全有效情况下形成的查账证据比内部控制缺失或者无效情况下形成的查账证据更可靠；

（3）直接获取的查账证据比间接获取的查账证据更可靠；

（4）从被查单位财务会计资料中直接采集的查账证据比经被查单位加工处理后提交的查账证据更可靠；

（5）原件形式的查账证据比复制件形式的查账证据更可靠；

（6）案发前获取的证据比案发后获取的证据更可靠；

（7）证据之间能相互印证的证据链比单一的证据更可靠。

▶ 11.5 不同来源和不同形式的查账证据存在不一致或者不能相互印证时，查账人员应当追加必要的查账措施，确定查账证据的可靠性。

▬▷ 11.6 查账人员取得证明被查单位和涉案人员存在违法犯罪事实或其他违反国家规定的财政收支、财务收支行为以及其他重要查账事项的证据材料，应当由提供证据的有关人员、单位签名或者盖章；不能取得签名或者盖章不影响事实存在的，查账人员应当注明原因。

▶ **12. 查账工作记录**

▬▷ 12.1 查账工作记录是记录查账人员依据查账实施方案执行查账措施的活动。

▬▷ 12.2 查账人员对查账实施方案确定的每一查账事项，均应当编制《查账工作记录》。一个查账事项可以根据需要编制多份《查账工作记录》。

▬▷ 12.3 查账工作记录应包括以下内容：

（1）被查单位名称；

（2）查账事项；

（3）查账过程和结论；

（4）查账人员姓名及查账工作记录编制日期并签名；

（5）审核人员姓名、审核意见及审核日期并签名；

（6）索引号及页码；

（7）附件数量。

▬▷ 12.4 查账工作记录的查账过程和结论主要包括：

（1）实施查账的主要步骤和方法；

（2）取得的查账证据的名称和来源；

（3）查账认定的事实摘要；

（4）得出的查账结论及其相关标准。

▬▷ 12.5 查账证据材料应当作为调查了解记录和查账工作记录的附件。一份查账证据材料对应多个查账记录时，查账人员可以将查账证据材料附在与其关系最密切的查账记录后面，并在其他查账记录中予以注明。

▶ **13. 中止和终止查账**

▬▷ 13.1 查账过程中遇有下列情况之一的，指定承办人应中止查账，向技术部门负责人报告，并书面通知委托方。

（1）查账材料不足需要补充相关材料才能继续查账的，应制作《补充材料通知书》交办案人员调取补充，也可以协助办案人员调取；

（2）委托方因侦查需要要求中止查账的。

中止查账的原因消除后，应继续查账。

▶▶ 13.2 查账过程中遇有下列情况之一的，指定承办人应终止查账，向技术部门负责人报告，制作《终止办理通知书》，送达委托单位。

（1）补充的查账材料仍不足以完成查账要求，无法再次补充的；

（2）查账后无法作出明确结论的；

（3）委托方要求终止查账的；

（4）不能实现查账目标的其他情形。

▶▶ 13.3 复杂问题的处理

▶▶▶ 13.3.1 在查账过程中遇有下列情况之一的，指定承办人经部门负责人批准，可以报请上级技术部门组织司法会计人员进行会研：

（1）查账中涉及有争议的财务会计问题的；

（2）查账人员对某些专门问题无法解决或对查账结论有疑虑的；

（3）其他需要进行会研的情况。

▶▶▶ 13.3.2 会研应由受理委托查账的技术部门负责实施。会研前，组织会研的部门应当做好以下工作：

（1）指定会研主持人；

（2）确定会研参与人，会研参与人可以是司法会计人员，也可以聘请其他有专门知识的人员参与；

（3）准备会研资料。

▶▶▶ 13.3.3 会研人应当不少于三名，采取参与人分别独立审查、集体讨论的方式进行。

▶▶ 13.4 经会研对相关问题不能达成一致认识，不能实现查账目标的，指定承办人经报请部门负责人同意，应终止查账，并制作《终止办理通知书》送达委托单位。对虽不能达成一致意见，但不影响定性的，可以出具报告，但应在报告中说明有关情况。

▶▶ 13.5 查账过程中发现涉嫌犯罪的问题，应及时与办案人员沟通，按照办案人员的要求，确定是否需要调整查账的内容、范围和重点，并及时调整查账方案。

▶ 14. 证据复核

▶▶ 14.1 实质性审查完毕，主承办人应收集汇总查账工作记录和相关证据，对所有的工作记录进行复核，复核内容包括：

（1）查账的程序、方法是否正确；

（2）获取的证据是否充分、适当；

（3）判断标准是否恰当；

（4）是否存在影响查账人专业判断的不合理因素。

如有遗漏事项应进一步核实、取证。

▶▷ 14.2 对经复核的查账工作记录，按性质进行汇总和分类整理，编制《查账发现的问题汇总表》，并报送给办案人员。

▶▷ 14.3 经与办案人员沟通，在不影响侦查的情况下，与被查单位的财务负责人及有关人员对有关情况进行交换，听取被查单位的意见，并形成与被查单位交换意见工作记录。

▶▷ 14.4 对于被查单位作出的合理解释和有关说明，对相关的财务资料进一步进行审查，需要向其他单位和个人调查取证的，通知办案人员调查核实取证。

▶ **15. 查账期限**

▶▷ 15.1 一般司法会计查账协助应在检察技术部门决定受理之日起 20 个工作日内完成。

▶▷ 15.2 要求补充材料的，自收到补充材料起计算。

▶▷ 15.3 视财务资料的多少和财务资料繁杂程序，可适当延长 10 天；需延期办理的，填写《延期办理申请表》，应通过部门负责人审批后，及时告知委托人。

▶▷ 15.4 确系疑难、复杂案件的审查，还可适当延长。但以不影响送审部门完成其工作进度为限。

▶ **16. 文书的制作**

▶▷ 16.1 承办人应根据不同的查账目标，以查账认定的事实为基础，按照重要性原则，主要从真实性、合法性、完整性方面提出评价意见，出具《司法会计查账报告》。

▶▷ 16.2 承办人应当只对所审查的事项发表评价意见，对审查过程中未涉及、审查证据不适当或者不充分、评价依据或者标准不明确以及超越审查职责范围的事项，不得发表评价意见。

▶▷ 16.3《司法会计查账报告》应包括以下几方面的内容：

（1）委托单位；

（2）委托要求；

（3）查账范围、对象；

（4）查账过程；

（5）发现的问题性质、金额；

（6）处理建议；

（7）查账报告的使用范围、对象；

（8）查账范围受限制的情况等说明；

（9）编制日期。

▶▶ 16.4 查账报告报经技术部门负责人审批，重点对下列事项进行审核：

（1）查账目标是否实现；

（2）查账发现的重要问题是否在查账报告中反映；

（3）事实是否清楚、数据是否正确；

（4）证据是否适当、充分；

（5）定性、处理意见是否恰当，适用法律法规和标准是否适当；

（6）需要审核的其他事项。

▶▶ 16.5 指定承办人完善《司法会计查账报告》后，应拟制《检察文书审批表》发送给部门负责人审批。

▶▶ 16.6《司法会计查账报告》应由承办人签名，经部门负责人审批后，加盖检察技术部门用章，送交委托部门。

▶▶ 16.7《司法会计查账报告》发现问题需修改的，应填写《鉴定文书修改审批表》，并经部门负责人审批后进行修改，并及时告知送审单位，并收回原《司法会计查账报告》。

▶▶ 16.8《司法会计查账报告》发现重大问题需撤销的，应填写《撤销鉴定文书通知书》，并经部门负责人审批后进行撤销，并及时告知送审单位，并收回原《司法会计查账报告》。

▶ **17. 归档**

▶▶ 17.1 查账完成后，应按《材料移交清单》与委托人办理退还检材的手续，并及时按照技术档案的要求收集整理有关资料和证据，整理案卷材料，装订成册后存档。

▶ **18.** 承办人对在查账过程中知悉的有关案情、商业秘密和个人隐私负有保密的义务

四、司法会计咨询操作规程

【定义】司法会计咨询是指在诉讼活动中，由具有司法会计专业知识的人员，根据国家现行的财经法律法规、会计准则、会计制度等，对案件中涉及的财务会计问题进行分析、判断，向咨询人作出专业解释、解答的一项活动。

▶ **1. 委托**

▶▷ 1.1 司法会计提供专业咨询的方式主要是交谈、参与相关案件研究或讨论、提供专家咨询意见等口头形式，诉讼主体有特殊要求的也可以提供书面咨询。

对于咨询人咨询的内容简单，不需要作出书面答复的，可以不经过委托，由被咨询人当场提供口头咨询，可由未经司法会计鉴定授权的司法会计人员办理。

▶▷ 1.2 咨询人要求作出书面答复的，对符合法律规定和办案程序的委托，经技术部门负责人批准受理，并指派一名已具有司法会计鉴定资格的司法会计鉴定人员办理。

（1）咨询人是检察机关办案部门的，应通过统一业务应用系统流转，网上填写《_____人民检察院委托技术协助书》，并经其部门负责人批准后，连同有关案卷材料和涉案财务资料一并移送检察技术部门；

（2）咨询人是非检察机关办案部门的，应填写《_____（单位）委托技术协助书》。委托申请经其部门负责人批准后，连同有关案卷材料和涉案财务资料一并移送检察技术部门。

▶▷ 1.3 对技术协助的案件进行委托审查的环节，由检察技术部门内勤完成，司法会计不能直接参与委托环节。

▶▷ 1.4 委托书中应明确提出咨询要求，但不得暗示或强求审查人员作出某种倾向性的意见。

▶ **2. 受理**

▶▷ 2.1 受案标准

（1）委托单位符合要求；

（2）咨询内容属于受案范围；

（3）送检资料可靠；

（4）技术和期限能够满足要求。

▶ 2.2 符合受理条件，且属于检察系统内部的案件，应从统一办案系统网上流转。由内勤登录系统，接收送审部门文书并创建新案件。

▶ 2.3 符合受理条件，但不属于检察系统内部的案件，由内勤登录统一办案系统，直接创建新案件。

▶ 2.4 拟受理案件后，应指定司法会计人员承办。

▶ 2.5 收到网上内勤流转来的《技术协助受理登记表》后，指定承办人应及时接收送审单位移交的案卷及其他材料，并对材料进行审查。

▶ 2.6 具有以下情形之一的，指定承办人认为不符合受理条件，应不予受理：

（1）违反委托程序要求的；

（2）委托事项不属于财务专业范畴的；

（3）承办人业务专业能力无法胜任的；

（4）送审材料不具备咨询条件的；

（5）其他不应受理的情形。

▶ 2.7 经审查，发现送审案件不具备受理条件的，指定承办人应及时填写《不予受理通知书》，经部门负责人审批后交委托单位，应退回送审材料并耐心向送审部门说明情况。

▶ 2.8 符合受理要求的，指定承办人应完善内勤填写的《技术协助受理登记表》，填写承办人意见，并发送给部门负责人审批。

▶ 2.9 《技术协助受理登记表》经部门负责人审批后，案件受理完成，指定承办人及时对照收到的案卷材料与财务资料完成《材料移交清单》填写。

▶ 2.10 指定承办人在对送审案件的案卷及其他材料进行审查时，应针对咨询要求审查材料的充分性和适当性。发现材料不全需补充的，应填写《补充材料通知》，并及时通知送审单位。

▶ **3. 审查**

▶ 3.1 指定承办人自受理技术协助之日起，可以了解相关案件情况或者要求补充相关材料，核对送审材料的名称、数量，了解材料来源、收集方法、形成过程等情况。

▶ 3.2 需审查的案件属于重大复杂的，必要时可聘请其他有财务知识的外单位专家参加。指定承办人应填写《外聘专家申请表》和《聘请书》，经部门负责人审核后送分管副检察长审批，并将《聘请书》送被聘请人。

▶ 3.3 承办人在熟悉案件基本情况和财务资料后，与咨询人沟通，进一步确定咨询的目的和需要解决的财务会计问题。

▶ 3.4 对咨询人提出的财务会计问题，应审查提供的相关资料，查找有关依据，进行分析判断，并以下列标准作为分析判断和作出答复的依据：

　　（1）法律、法规、规章和其他规范性文件；

　　（2）国家有关方针和政策；

　　（3）会计准则和会计制度；

　　（4）国家和行业的技术标准。

　　必要时，在案件承办人主持下，指定承办人可以讯（询）问案件当事人，送审部门应当协助与配合。

▶ 3.5 指定承办人对于提供的资料不能得出唯一的结论，需要其他证据予以证实的，向咨询人提出补充证据的建议，应填写《补充材料通知》，并及时通知送审单位。

▶ 3.6 指定承办人认为可能涉嫌犯罪，需要进一步查账证实的，向咨询人提出查账的建议。

▶ 3.7 指定承办人认为案情比较复杂，可能涉嫌犯罪的，可以向咨询人提出司法会计鉴定、司法会计检验等建议。

▶ 3.8 对于现行法律法规没有相关规定不能解答的问题，应向咨询人说明不能答复的原因、理由。

▶ 3.9 承办人作出答复前，应进行复核。复核的内容包括：

　　（1）分析、判断的方法是否正确；

　　（2）判断的标准是否恰当；

　　（3）判断的依据是否充分；

　　（4）判断的结论是否准确。

▶ 4. 司法会计咨询期限

▶ 4.1 一般司法会计咨询审查应在检察技术部门决定受理之日起 5 个工作日内完成；要求补充材料的，自收到补充材料起计算。视财务资料的多少和财务资料繁杂程序，可适当延长 5 日；确系疑难、复杂案件的审查，还可适当延长，但以不影响送审部门完成其工作进度为限。需延期办理的，指定承办人填写《延期办理申请表》，应通过部门负责人审批后，及时告知委托审查部门承办人。

▶▷ 4.2 有以下原因无法完成本次咨询协助时，可依法终止办理：

（1）在审查时发现经补充材料后财务资料仍过少；

（2）对案情全面了解后，发现有基于自身财务专业知识或业务能力欠缺等原因不能解答的问题。

指定承办人应及时向部门负责人报告。经同意后，填写《终止办理通知书》，经部门负责人审批同意后，及时交委托单位，并耐心向送审部门说明不能答复的原因、理由，退回送审材料。

▶▷ **5. 文书制作**

▶▷ 5.1 复核完成后，指定承办人应及时出具《技术协助工作说明》，《技术协助工作说明》应包括以下内容：

（1）委托单位；

（2）委托要求；

（3）咨询问题；

（4）咨询过程；

（5）判断标准；

（6）咨询结果；

（7）意见和建议；

（8）使用的范围和限制；

（9）编制日期。

▶▷ 5.2 咨询协助中涉及进行司法会计鉴定、查账等具体建议的，《技术协助工作说明》中应清楚表明。

▶▷ 5.3 专业技术人员之间审查意见有分歧的，应当写明分歧的内容和理由，供委托单位参考。

▶▷ 5.4 指定承办人完善《技术协助工作说明》后，应拟制《检察文书审批》，由承办人签名，经部门负责人审批后，加盖检察技术部门印章，连同技术性证据及其他送审材料送交咨询部门。

▶▷ 5.5 《技术协助工作说明》发现问题需修改的，应填写《鉴定文书修改审批表》，经部门负责人审批后进行修改，并及时告知送审单位，收回原《技术协助工作说明》。

▶▷ 5.6 《技术协助工作说明》发现重大问题需撤销的，应填写《撤销鉴定文书通知书》，经部门负责人审批后进行撤销，并及时告知送审单位，收回原

《技术协助工作说明》。

▶ 6. 归档

咨询协助完成后，指定承办人应及时检查留存材料并及时按照技术档案的要求收集整理有关资料和证据，整理案卷材料，装订成册后存档。

▶ 7. 注意事项

▶ 7.1 承办人对在咨询过程中知悉的有关案情、商业秘密和个人隐私负有保密的义务。

▶ 7.2 对咨询意见有异议的，经部门负责人审批后，可以通过本院检察技术部门委托上级院检察技术部门进行复查；委托系统外单位审查的，应层报省院检察技术处。

▶ 7.3 司法会计鉴定协助意见是对涉案财务性资料所作的专业审查意见。结案时，应与其他案卷材料一并存入检察内卷以备核查，但《技术协助工作说明》本身不能作为证据使用。

▶ 7.4 送审部门未采信《技术协助工作说明》意见，导致案件处理错误的，与指定承办人无关。

五、司法会计侦查类协助操作规程

【定义】司法会计侦查类协助是指在诉讼活动中，由具有司法会计专业知识的人员，指导办案人员对与案件有关的财务会计资料进行甄别、收集、提取，以满足证据要求的一项活动。包括协助诉讼主体寻找、收集案件线索或财务会计资料证据、协助诉讼主体对案件涉及的财务会计资料及财产物资进行检查，制作检查笔录，固定检查结果等活动。

▶ 1. 委托

▶ 1.1 司法会计人员提供侦查类协助的方式主要是参与相关案件研究或讨论、提供专家取证书面意见等，诉讼主体有特殊要求的，也可以要求指派司法会计人员参与调查取证。

▶ 1.2 委托人要求作出书面答复的，对符合法律规定和办案程序的委托，经技术部门负责人批准受理，并指派一名已具有司法会计鉴定资格的司法会计鉴定人员办理。

（1）委托人是检察机关办案部门的，应通过统一业务应用系统流转，网上填写《＿＿＿＿＿人民检察院委托技术协助书》，并经其部门负责人批准后，连同基本案情等案卷材料和涉案财务资料一并移送本院检察技术部门。

（2）委托人是非检察机关办案部门的，应填写《_____（单位）委托技术协助书》。委托申请经其部门负责人批准后，连同基本案情案卷材料和涉案财务资料一并移送检察技术部门。

▶ 1.3 委托人要求指派司法会计人员参与调取证据，对符合法律规定和办案程序的委托，经技术部门负责人批准，并指派一名司法会计人员办理。

若司法会计人员参与调取证据，应以检察官身份在证据资料上签名。该司法会计人员即以侦查人员身份参与案件调查，以后不得以司法鉴定人员身份参与该案的鉴定案件或技术性证据审查案件的办理。

▶ 1.4 对技术协助的案件进行委托审查的环节，由检察技术部门内勤完成，司法会计不能直接参与委托环节。

▶ **2. 受理**

▶ 2.1 符合受理条件，且属于检察系统内部的案件，应从统一办案系统网上流转。由内勤登录系统，接收送审部门文书并创建新案件。

▶ 2.2 符合受理条件，但不属于检察系统内部的案件，由内勤登录系统，直接创建新案件。

▶ 2.3 指定承办人收到网上内勤流转来的《技术协助受理登记表》后，应及时接收送审单位移交的案卷及其他材料，并对材料进行审查，全面了解案情。

▶ 2.4 经审查，发现案件不具备受理条件的，指定承办人应及时填写《不予受理通知书》，经部门负责人审批后交委托单位，并耐心向送审部门说明情况，退回送审材料。

▶ 2.5 符合受理要求的，指定承办人应完善内勤填写的《技术协助受理登记表》，填写承办人意见，并发送给部门负责人审批。

▶ 2.6 《技术协助受理登记表》经部门负责人审批后返回，进入该案件"在办文书"栏，在案件受理向导栏中点击"完成"按钮，生成全院统一的业务流水号"统一受案号"，并生成案卡。

▶ 2.7 案件受理完成后，指定承办人及时对照收到的案卷材料与财务资料完成《材料移交清单》填写。

▶ 2.8 指定承办人在对送审案件的案卷及其他材料进行审查时，应针对审查要求有的放矢地审查材料的充分性和必要性。发现材料不全需补充的，应填写《补充材料通知》，并及时通知送审单位。

▶▶ 2.9 受理流程结束后，指定承办人勾选在办文书名称后点击"入卷"图标，确认后，完成文书的批量入卷工作。

▶ **3. 实施**

▶▶ 3.1 侦查类协助范围

司法会计提供侦查类协助主要针对与案件有关的财务会计资料和相关财物。具体如：

（1）协助侦查部门调取涉案单位账证，查询、冻结涉案款项；

（2）协助侦查部门对案件涉及的财务会计资料及财产物资实施检查；

（3）协助侦查部门就专门的财务会计问题讯问犯罪嫌疑人、询问证人；

（4）协助侦查部门就涉及财务会计事实的案情，向有关单位和领导汇报；

（5）协助侦查部门收集、整理案件涉及的财务资料，审查、完善、固定财务证据；

（6）针对协助侦查过程中发现的发案单位财务管理漏洞，协助侦查部门提出检察建议，帮助发案单位整章建制，预防犯罪；

（7）其他需要协助的情况。

▶▶ 3.2 承办人应查阅案卷材料，熟悉了解案件基本情况，与委托人沟通，进一步确定以下内容：

（1）需要查明的具体案情；

（2）需要获取的证据范围；

（3）具体的检查期间与检查项目；

（4）发现线索的处理方法。

▶▶ 3.3 承办人员应以下列标准作为指导取证的判断依据：

（1）法律、法规、规章和其他规范性文件；

（2）国家有关方针和政策；

（3）会计准则和会计制度；

（4）国家和行业的技术标准；

（5）预算、计划和合同；

（6）其他标准。

▶▶ 3.4 在熟悉掌握上述情况后，根据具体的委托目的和要求，进行职业判断，拟定取证方案。

▶▶ 3.5 取证方案应包括以下内容：

（1）委托要求；

（2）取证所要达到的目标；

（3）取证的范围、内容；

（4）取证的步骤和方法；

（5）取证工作进度和时间安排；

（6）取证人员及其分工；

（7）编制日期；

（8）其他内容。

▶≫ 3.5.1 取证的实施步骤主要包括：

（1）调取并检查日记账或明细账；

（2）调取并检查会计凭证；

（3）调取并检查其他相关财务会计资料。

▶≫ 3.5.2 调取证据的方法主要有：

（1）固定原件：将原件固定于专用书证粘贴纸上，并在下方预留出位置填列提取笔录，内容包括原存放地点、取证人签名、持有人签名、见证人签名、提取日期。

（2）复印固定：复印财务资料证据应当采用 A4 号纸张，原资料中含有红字记录的数字的，应在复印件上标注说明。对复印件应当检查，确认复印的文字、数据、章讫清晰无误后，并在下方预留出位置填列提取笔录，内容包括原存放地点、取证人签名、持有人签名、见证人签名、提取日期。

（3）拍照固定：如有特殊需要，可以在复印固定的同时对原件实施拍照固定，或在没有复印条件的情况下，必须采用拍照固定的，应当将原件置于 A4 号纸张的中央，下面预留出的位置中先注明提取笔录（包括原存放地点、取证人签名、持有人签名、见证人签名、提取日期）。

（4）绘制固定：在不具备前述三种固定方法的情况下，可以采取绘制方法固定。也应制作提取笔录，注明原件存放地点、提取日期，并由取证人员、持有人签名。

▶≫ 3.5.3 电子数据形式保存的财务资料固定与提取

对于未用纸质资料保存，而是以电子数据形式保存的财务资料的固定提取方式主要有：

（1）打印后固定；

（2）扣押计算机储存设备，应由计算机专业人员协助固定；

（3）单独固定电子数据，可以刻录、拷贝等，同一份资料应当同时刻录两张光盘，并应当场进行密封，由取证人、持有人等签名。

▶ 3.6 拟定的取证方案及时交由办案人员实施，并对办案人员进行具体指导，对送案人员因业务能力的限制无法独立完成取证的，或送案部门有特殊要求的，也可以指派司法会计人员参与取证与证据调查。

▶ 3.7 在取证过程中，对送案人员提取的证据，及时进行审查分析，对于需要进一步补充的证据，向送案单位提出。

▶ 3.8 根据证据实际提取的情况，需要调整取证的范围、内容和方法的，及时修改取证方案后交送案单位实施。

▶ 3.9 办案人员完成取证后，对收集的证据进行汇总、分析，重点对证据的合法性、相关性和完整性进行审查，对不能满足要求的，提请办案人员补充收集。

▶ 3.10 对侦查类协助的过程、获取的财务资料和取证的结果应形成相应的工作记录。

▶ 3.11 一般司法会计取证协助应在检察技术部门决定受理之日起 10 个工作日内完成；要求补充材料的，自收到补充材料起计算。视财务资料的多少和财务资料繁杂程序，可适当延长 5 日；确系疑难、复杂案件的审查，还可适当延长，但以不影响送审部门完成其工作进度为限。需延期办理的，填写《延期办理申请表》，应通过部门负责人审批后，及时告知委托审查部门承办人。

▶ 3.12 指定承办人在审查时发现经补充材料后财务资料仍过少，或对案情全面了解后，发现基于自身财务专业知识或业务能力欠缺等原因不能提供取证指导意见，无法完成本次协助任务时，应及时向部门负责人报告。经同意后，填写《终止办理通知书》，经部门负责人审批，及时交委托单位，并耐心向送审部门说明不能答复的原因、理由，退回送审材料。

▶ 3.13 承办人在作出书面回复前，应对指导取证工作进行复核，复核的内容包括：

（1）指导取证的方法是否正确；

（2）指导取证的程序是否合法；

（3）获取的证据是否充分、适当；

（4）判断的结论是否准确、唯一。

▶ **4. 文书制作**

▶ 4.1 复核完成后，指定承办人应及时出具《技术协助工作说明》，《技术协助工作说明》应包括以下内容：

（1）委托单位；

（2）委托要求；

（3）取证方式；

（4）取证步骤；

（5）编制日期。

▶ 4.2 指定承办人完善《技术协助工作说明》后，应拟制《检察文书审批表》发送给部门负责人审批。

▶ 4.3 经部门负责人审批并返回的《技术协助工作说明》，经指定承办人刷新"在办文书"栏后再打开将自动生成文书编号，勾选入卷图标并确定后，批量入卷完成。

▶ 4.4《技术协助工作说明》应由承办人签名，经部门负责人审批后，加盖检察技术部门印章，连同委托材料送交咨询部门。

▶ 4.5《技术协助工作说明》发现问题需修改的，应填写《鉴定文书修改审批表》，经部门负责人审批后进行修改，并及时告知送审单位，收回原《技术协助工作说明》。

▶ 4.6《技术协助工作说明》发现重大问题需撤销的，应填写《撤销鉴定文书通知书》，经部门负责人审批后进行撤销，并及时告知送审单位，收回原《技术协助工作说明》。

▶ **5. 归档**

侦查类协助完成后，应及时检查留存材料并及时按照技术档案的要求收集整理有关资料和证据，整理案卷材料，装订成册后存档。

▶ **6. 承办人对在侦查类协助过程中知悉的有关案情、商业秘密和个人隐私负有保密的义务**

▶ **7. 相关文书参阅附录**

六、电子数据技术协助操作规程

【定义】电子数据技术协助是指检察技术部门及其从事电子数据取证工作的专业技术人员，受检察机关办案部门委托或指派，对刑事检察、刑事执行检察、控申检察和民事检察等办理案件中涉及电子数据的问题提供技术帮助，协助其固定证据、发现线索。

▶ **1. 委托与受理**

▷ 1.1 委托

进行电子数据技术协助，委托人应当提交以下材料：

（1）委托技术协助书。委托人必须填写《委托技术协助书》。

（2）材料移交清单。需要的情况下，委托人应当提供记录所有附带材料的名称、数量、品牌、型号、序列号等信息的清单。必要时委托人可以在委托时当场制作材料清单。

（3）其他所需材料。

▷ 1.2 受理

（1）接到委托后，应听取委托人介绍案件情况，明确委托事项和要求，接收并核对送检材料。符合受理条件的，应当受理。

（2）技术部门收到委托，应当对委托的事项进行审查，对属于本部门技术协助业务范围，委托审查事项的用途及要求合法，提供的材料真实、完整、充分的委托，应当予以受理。

（3）确定受理的，应当制作《技术协助受理登记表》。

▶ **2. 检材的保存和管理**

▷ 2.1 检材的保存和管理的基本原则

（1）安全要求。受理机构接收委托人的技术协助委托，接收检材，有责任保证检材存放安全，避免检材在鉴定过程中退化、丢失和损坏。

（2）保密要求。受理机构应对检材及其他委托方提供的技术资料和数据采取保密的隔离保管措施。

▷ 2.2 检材保存要求

（1）委托技术协助的所有检材必须专人管理，做好登记，妥善保存，并填写《检材管理文档》；

（2）为检材粘贴上唯一标识，标明案号及检材号；

（3）对接收检材时的照片进行存档，照片一般应包含检材的特征，若不符合要求需要重新拍照留存；

（4）在不使用检材时，需要将检材存放在防潮、防震、防静电、防磁的电磁屏蔽环境中；

（5）检材应远离高磁场、高温、灰尘、积压、潮湿、腐蚀性化学试剂等。

▶▷ 2.3 检材管理要求

（1）司法鉴定实验室由档案管理人员负责检材的移交、保管、开封；

（2）原始检材和镜像盘必须保存在有安全控制措施的房间或保管柜中，人员及检材的出入必须留有记录；

（3）包装检材时，应填写检材管理文档，该文档用于记录检材管理的重要信息，主要包括提取检材的技术人员、借出时间、归还时间等；

（4）为确保检材传递环节的清晰明确，每次检材的借用都必须登记，填写《检材借用登记表》，经由技术部门负责人批准，由档案管理人员真实详细地填写《检材管理文档》，并由使用检材的技术人员和档案保管人员共同签名；

（5）不同的技术人员在使用检材前后都必须对照《技术协助委托介质收领单》核对检材的数量和标识；

（6）《检材管理文档》必须妥善保存。

▶ **3. 电子数据技术协助方法与过程**

▶▷ 3.1 数据恢复

▶▷▷ 3.1.1 准备工作：对送检的材料进行唯一性编号，并进行拍照；对具备保全条件的材料进行保全备份。

▶▷▷ 3.1.2 保全备份指对原始数据进行完整、精确、无损的备份。

▶▷▷ 3.1.3 仪器设备：符合电子数据检验标准的存储介质保全备份设备，具有只读接口的电子数据检验工作站，实现数据恢复的软件工具。正式恢复数据前，应对工作站系统进行病毒扫描查杀。

▶▷▷ 3.1.4 将存储介质（如有保全备份，就用保全的存储介质）通过只读接口连接到电子物证检验工作站，按照软件工具说明书将存储介质中删除的数据恢复出来。

▶▷▷ 3.1.5 将恢复出来的文件数据刻录到光盘上，对光盘进行唯一性编号和MD5值校验，做好标签，提交委托单位。

▶▷ 3.2 数据搜索

▶▷▷ 3.2.1 数据搜索指在送检的存储介质中查找已知内容或关键字，包括文件搜索和物理搜索两种方式。

▶▷▷ 3.2.2 准备工作：对送检的材料进行唯一性编号，并进行拍照；对具备保全条件的材料进行保全备份。

▣ >> 3.2.3 仪器设备：符合电子数据检验标准的存储介质保全备份设备，具有只读接口的电子数据检验工作站。正式恢复数据前，应对工作站系统进行病毒扫描查杀。

▣ >> 3.2.4 软件工具：数据搜索可采用 Encase、FTK、X - Ways、取证大师、Winhex 或系统提供的资源（文件）管理器等软件工具。

▣ >> 3.2.5 文件搜索指根据已知内容或关键字对送检存储介质中的数据文件进行搜索检验。

▣ >> 3.2.6 物理搜索指根据已知内容或关键字对送检存储介质中的二进制数据进行搜索检验。

▣ >> 3.2.7 将搜索出来的数据刻录到光盘上，对光盘进行唯一性编号和 MD5 值校验，做好标签，提交委托单位。

▣ > 3.3 技术性问题解答

技术性问题解答指回答在检察业务中遇到的与电子信息技术相关的名词和技术性问题。

▣ > 3.4 技术协助的结论和记录

▣ >> 3.4.1 电子数据技术协助完成后要按最高人民检察院规定的格式填写《技术协助工作说明》。

▣ >> 3.4.2 技术协助工作说明的内容包括：

（1）办案部门；

（2）案件名称；

（3）委托人；

（4）联系电话；

（5）协助日期；

（6）协助地点；

（7）委托内容；

（8）协助过程和结果；

（9）附件名称数量；

（10）备注。

▣ >> 3.4.3 对技术协助过程要做记录，技术协助检验结果要填写在工作说明中。

▶》3.4.4 对提取的数据文件的名称数量要记录,对刻制好的光盘或提取出来的文件应该记录其哈希值,防止篡改。

▶ **4. 电子数据技术协助的档案管理**

▶ 4.1 材料收集:接收到委托技术协助书后,应当根据档案管理的要求,收集有关的文书材料,结案后及时整理归档。

▶ 4.2 立卷

▶》4.2.1 归档立卷的要求是:

(1)遵循文书材料的形成规律和特点,保持文书材料之间的有机联系,区别不同种类,集中保管。

(2)文书材料收集要齐全,分类要合理,保管期限划分明确,案卷封面填写清楚,装订规范美观。

▶》4.2.2 技术协助档案应以一案一卷为原则,同一案号的材料要放在一起。

▶》4.2.3 卷内文书材料应当按照排列顺序,在有文字的每页材料上填写页号,并填写卷内文书材料目录和备查表。

▶》4.2.4 案卷材料的排列顺序为:

(1)案卷封面;

(2)卷内目录;

(3)委托技术协助书;

(4)技术协助受理登记表;

(5)技术协助工作说明;

(6)备查表。

▶ 4.3 归档

▶》4.3.1 案卷封面应当逐项填写清楚,案卷题名要简明,确切反映卷内文书材料的内容。

▶》4.3.2 案卷所有页面按左边和下边对齐,将上边和右边超出的部分折起,采用标准的方法装订整齐。

▶》4.3.3 档案管理人员对接收的各类档案,应当以卷宗为单位,按不同门类和保管期限排列,编制案卷序列号。

▶》4.3.4 非纸质的音像资料和其他多媒体资料,也要标明档案号,在备查表中注明与其他案卷材料的关系。

▶》4.3.5 技术协助档案的保管期一般为短期保存。

▶▷ 4.4 借阅

▦▷ 4.4.1 技术协助档案的借阅、复制，需要履行登记手续，并严格遵守有关规定。

（1）应建立档案借阅、复制登记簿；

（2）需要借阅、抄录、复制档案的部门或单位，应持本部门或单位的介绍信并说明原因，经检察技术部门负责人批准后，办理相关手续；

（3）律师请求借阅、抄录、复制档案的，须持律师执业证和律师事务所介绍信，手续不全的不予接待。

▦▷ 4.4.2 抄录、复制档案仅限于原始文证材料和技术协助意见书原文，不包括检察技术部门内部讨论分析的记录。

▦▷ 4.4.3 抄录、复制档案内容中涉及保密的，按有关保密规定办理，不得泄密。

▦▷ 4.4.4 对借阅复制的技术协助档案要及时收回，如果发现案卷有破损、文书材料短缺、涂改、增删、污损等情况，应立即向检察技术部门负责人汇报并及时追查处理。

▦▷ 4.4.5 档案管理人员必须严格遵守保密制度，保守机密，不得违反制度向任何人提供档案，不得向他人泄露档案的内容。

▶ **5. 电子数据技术协助的相关文书、表格详见第一章第五节检察技术办案专用文书归类**

七、执行全程同步录音录像操作规程

【定义】全程同步录音录像是指人民检察院办理直接受理侦查的职务犯罪案件，每次讯问犯罪嫌疑人时，应当对讯问全过程实施不间断的录音、录像。

▶ **1. 同步录音录像案件的受理**

▶▷ 1.1 本院办案部门承办案件的受理

▦▷ 1.1.1 本院办案部门需要对本部门承办的某个案件进行首次讯（询）问同步录音录像时，应提前制作相应的《同步录音录像通知单》，经审批生效后通过检察机关统一业务应用系统移送本院录制部门。

▦▷ 1.1.2 录制部门接收到《同步录音录像通知单》后，立即指派一名专职录制人员作为该案同步录音录像承办人。

▶≫ 1.1.3 承办人对案件进行受理审查，必要时向《同步录音录像通知单》上的联系人了解首次录制时间、地点、被讯（询）问对象姓名以及其他应当了解的案件及相关情况。

如果因为特殊情况，不能在首次讯（询）问要求的时间或地点进行的，承办人应马上告知办案部门，并与办案部门协商另行约定时间或地点。

▶≫ 1.1.4 承办人在业务应用系统中新建《同步录音录像受理登记表》，填写相关内容和承办人意见后，通过统一业务应用系统报录制部门领导审批。

▶≫ 1.1.5 《同步录音录像受理登记表》审批通过后返回给承办人，表明该案被录制部门正式受理，并将承办人姓名、联系方式告知办案部门。

▶≫ 1.1.6 案件被正式受理后，承办人需给案件登记一个案件号，案件号就是录制部门当年受理案件的流水号。以后对该案的每次同步录音录像都有一个对应的录制编号，录制编号格式为："X－Y－Z"。X代表案件号；Y代表该案中的录制对象号，录制对象号由承办人根据该案中每个被讯（询）问对象录制的先后次序进行流水编号；Z代表该录制对象的录制次数。如录制编号"1－2－3"就代表录制部门1号案件中的第2号对象的第3次同步录音录像。

▶≫ 1.1.7 办案部门需要首次进行讯（询）问同步录音录像的案件，如果不通过检察机关统一业务应用系统进行同步录音录像委托的，录制部门原则上不进行受理。

如遇到紧急情况，可以由办案部门负责人向录制部门负责人说明情况，录制部门负责人临时口头通知录制人员进行同步录音录像。

▶≫ 1.1.8 因紧急情况临时口头通知的，事后办案部门应当及时在统一业务应用系统中补办委托手续，录制部门则及时补办受理手续。

▶≫ 1.1.9 对于已被录制部门正式受理的案件，针对该案件后续的多次或多人的讯（询）问，如需进行同步录音录像，办案部门将本次录制开始时间、地点、被讯（询）问对象姓名以及预计持续天数等情况提前通知录制部门负责人或该案承办人即可，不再通过统一业务应用系统进行委托和受理。

▶≫ 1.1.10 本院侦查部门在案件初查阶段已通过统一业务应用系统进行询问同步录音录像委托，并被本院录制部门受理的，在案件正式立案后，一般情况下不需要再另行委托和受理。

录制部门承办人在统一业务应用系统的案卡的"附注"项中注明立案日期、立案文号等情况，以后的录制编号接着案件初查阶段的编号来编制。

如果初查后不予立案的，录制部门承办人在统一业务应用系统的案卡的"附注"项中注明不立案，在系统中的办案步骤改为"流程结束"节点。

▶▷ 1.2 非本院承办案件的受理

▶▷ 1.2.1 非本院承办案件的同步录音录像应当由承办院的办案部门向承办院的录制部门在统一业务应用系统中委托，承办院的录制部门受理后为主执行。

▶▷ 1.2.2 由于特殊情况，需要本院录制部门协助其他检察院完成少量讯（询）问同步录音录像任务时，能及时通过统一业务应用系统进行网上委托的，由承办院的录制部门向本院录制部门委托，本院录制部门受理。

不能通过统一业务应用系统进行网上委托的，由本院对口的办案部门向本院录制部门提出书面申请，录制部门负责人同意后通知录制人员执行。

▶ **2. 确定录制人员**

▶▷ 2.1 一般情况下默认承办人为录制人员，当工作需要时也可由录制部门负责人另行指派录制人员，录制部门应将指派的录制人员姓名和联系方式通知办案部门。

▶▷ 2.2 当有多个案件、多个对象要同时进行讯（询）问同步录音录像，而录制人员数量不足时，录制部门应当及时告知相关办案部门，由办案部门协商决定哪些案件或被讯（询）问对象的同步录音录像要优先保证；协商不成的，优先保证较早通知录制部门做好准备的讯（询）问。

▶▷ 2.3 实行讯（询）问人员和录制人员相分离的原则，担任同次讯（询）问的审讯人员不得同时兼任同次讯（询）问的录制人员。

▶▷ 2.4 对录制人员适用刑事诉讼法有关回避的规定。

▶ **3. 录制准备**

▶▷ 3.1 录制人员接到录制任务后，除紧急情况外，要依次做好如下准备工作：

（1）了解本次同步录音录像工作需要掌握的相关信息和录制要求；

（2）准备足够的录制用品；

（3）设备选择与检查调试工作；

（4）正式录制前的准备工作。

▶▷ 3.2 需了解的案件信息和录制要求

▶▷ 3.2.1 需了解的相关信息和录制要求主要有：

（1）本次讯（询）问起始录制编号；

（2）本次讯（询）问的办案部门及联系人；

（3）所办案件的案件编号和案由；

（4）讯（询）问人和被讯（询）问人姓名、翻译人员和其他在场人员姓名；

（5）讯（询）问开始时间、地点及预计持续天数；

（6）对本次录制有无特殊要求。

▶▶ 3.2.2 本次讯（询）问起始录制编号一般由承办人提供，协助完成非本院承办案件的录制任务时，由承办院录制部门提供。在紧急情况下，录制编号一时不清楚的可暂时空着不填，事后再及时补填。

▶▶ 3.2.3 其他需要了解的情况由办案部门联系人或讯（询）问人提供。

在情况紧急或需要临时保密等特殊情况下，部分信息办案部门可以在讯（询）问开始以后再告诉录制人员，但录制人员必须事先知道本次讯（询）问联系人、开始时间、地点、预计持续天数以及有无特殊录制要求。

▶▶ 3.3 录制用品

▶▶ 3.3.1 录制用品主要包括：

（1）录制资料存储介质；

（2）纸质的《同步录音录像工作说明》；

（3）《人民检察院讯问全程同步录音录像资料密封袋》；

（4）胶水或胶棒；

（5）签字笔；

（6）插线板等。

▶▶ 3.3.2 录制人员要根据预计持续天数准备充足的录制用品，如果到外地进行录制，还要适当多准备一些作为备用。

▶▶ 3.3.3 录制资料存储介质

（1）在目前技术条件下，录制资料正本和副本的存储介质一般默认为携带方便、容量适中且刻录完成后不能再对内容进行剪辑和修改的一次性光盘。

（2）目前使用硬盘作为录制资料的辅助存储介质。在刻录光盘的同时，原则上要同时将音视频信息记录在硬盘上备份，光盘刻录成功后，才允许删除在硬盘上的备份。

（3）因特殊情况还在使用磁带录像机作为记录设备的，目前仍可使用录像带作为录制资料存储介质，但要尽快改为以双光盘同步记录为主、硬盘同步备份存储为辅的记录模式。

（4）光盘、硬盘和录像带均要选择质量较好且与录制设备相匹配的产品。特别是光盘，如果质量不好，不仅刻录时光盘易弹出报错，而且也严重影响刻录机的寿命。

3.4 设备选择与检查调试

3.4.1 设备选择的一般原则

（1）当同时有固定式设备和便携式设备可选时，首选固定式设备，便携式设备可以作为应急备用；

（2）选择使用便携式设备时，优先考虑自己所保管的或操作更熟练的设备；

（3）如果使用便携式设备到外地录制时，要尽量选择硬盘可录时间较长、系统稳定性好的设备。

3.4.2 使用便携式设备时的检查调试

（1）确定使用便携式设备录制时，录制人员应当及时到录制部门保管人员处领取设备，并与保管人员一起进行检查调试；如果是使用录制人员自行保管的便携式设备，录制前也应事先在办公室或设备间进行检查调试。

（2）便携式设备的检查调试分为以下几步：

①把拆分装箱的各部件组装在一起，检查配件是否齐全，连接是否牢固；

②通电运行，观看画面，监听声音，检查现场采集的图像和声音是否达标，画面是否显示同步时间，带温湿度显示功能的，还要检查温湿度显示是否正确；

③设置正确的系统时间和其他录像参数，然后用主机硬盘录像录制1分钟以上；

④回放录制的硬盘录像，观察录制的声音和图像质量是否达标，声音图像是否同步，是否同步显示正确的录制时间；如果所录制的画面是画中画模式，查看主画面和辅画面是否同步，如有温湿度显示，温湿度数据是否正确；

⑤如果设备两个月以上未进行过光盘刻录的，要还对设备进行双光盘同时刻录试机；在两台刻录设备都能正常刻录的情况下，一般刻录10分钟左右再封盘；然后检查同期刻录的两张光盘能否正确播放，所录制的内容是否一致，播放效果如何。

3.4.3 使用固定式设备时的检查调试

（1）对固定式设备进行检查调试时，录制人员要事先通知讯（询）问场所管理人员打开前端设备电源，然后在后端的录制操作间进行设备检查调试。

（2）固定式设备的检查调试过程分以下几步：

①开启录制操作间的所有要用到的设备，观察后端各个设备的运行状态，检查是否有设备报警；

②观察前端讯（询）问室的图像和声音的传输情况，是否有前端设备故障或传输故障；检查传过来的音视频信号是否符合要求；

如有多间讯（询）问室可选择，可以比较每间房间传过来的音视频信号（包括时间温湿度显示牌的清晰度），从中选择一间作为本次讯（询）问地点，并在正式讯（询）问前通知讯（询）问人员；

③检查录制主机中合成的画中画画面是否符合录制要求，主、辅画面以及声音之间是否有不同步现象；前端的时间温湿度牌信息是否准确，是否完整地显示在主画面中；

④校准前后端的时间和设置正确的录像参数，使用录制主机进行硬盘录像录制1分钟以上，然后回放并观察图像和声音效果；

如有多台录制主机可选，可对每台录制主机都进行硬盘试录，根据回放效果选择一台作为本次讯（询）问录制主机；

⑤如果刻录设备两个月以上未进行过光盘刻录的，要还对设备进行双光盘同时刻录试机，刻录试机过程与便携式设备相同。

▰≫ 3.4.4 录制人员在检查调试设备中发现问题要及时进行处理，并将发现的问题和处理情况记录下来，事后告知设备保管人员。

对于发现的问题不能自行解决时，录制人员要及时通知设备保管人员或厂家前来维修。

▰≫ 3.4.5 若发现准备使用的设备有问题且短时间内修不好，则立即改用其他备用设备。除紧急情况外，备用设备在使用前也要进行检查调试。

▰≫ 3.4.6 若无其他备用设备或备用设备也存在短时间内修不好的故障，致使本次讯（询）问不能如期进行同步录音录像的，录制人员应立即通知办案部门。

▰≫ 3.5 正式录制前的准备工作

▰≫ 3.5.1 使用便携式设备正式录制前的准备工作

（1）便携式设备经检查调试合格后，录制人员应在正式录制前提前携带设备进入讯（询）问地点进行现场录制准备。

（2）使用便携式设备现场录制准备工作主要有：

①观察讯（询）问室房间大小、讯（询）问人员和被讯（询）问人员准备坐的位置、电源位置、室内光照度、室内回音等情况。

②根据现场情况和同步录音录像的要求，设计摄像头、拾音器、录制主机等主要部件的架设位置：

a. 摄像头应架设在符合录制画面要求且录制效果较好的位置；

b. 拾音器应放置在靠近被讯（询）问人的位置；

c. 录制主机应尽量放在房间角落或其他不影响讯（询）问且讯（询）问人员走动时不易碰到的地方。

③按照设计位置架设好设备并开机进行调试，根据开机后观察到的画面和监听到的声音再进行设备位置和设备参数的调整，以达到较佳的同步录音录像效果。

④校准时间，放入录制光盘，等待录制开始。

▶▶ 3.5.2 使用固定式设备正式录制前的准备工作主要有：

（1）提前将前后端设备电源打开，对于气候环境特别潮湿的情况，需要至少提前1个小时以上打开前端电源；

（2）打开录制操作间通风设备，必要时打开空调，然后再开启录制操作间的其他相关设备；

（3）对录制操作间设备进行调试，根据实时情况调整和设置有关参数；

（4）校准时间，放入录制光盘，等待录制开始。

▶ **4. 录制**

▶▶ 4.1 录制时录制人员要遵循的基本原则

（1）全程同步的原则

全程是指录制每次讯（询）问从开始到结束的全过程。

同步是指录制过程和讯（询）问过程同时进行，不间断。

全程和同步是要求每次录制过程行为的连贯性及时间的完整性，不允许讯（询）问人员和录制人员随意取舍或断章取义进行录音录像。

（2）程序规范的原则

录制人员应当严格按照刑事诉讼法、《人民检察院讯问职务犯罪嫌疑人实行全程同步录音录像的规定》和《人民检察院讯问职务犯罪嫌疑人实行全程同步录音录像技术工作流程（试行）》的规定程序操作，切实防止程序违法和程序疏漏。

（3）客观真实的原则

同步录音录像要求录制的内容真实、客观、全面。任何人不得对原始资料擅自进行剪辑或技术处理。

（4）严格保密的原则

同步录音录像资料属于重要的案件机密，必须切实加强各个环节的保密工作，严防泄露、流失。录制人员要做到：

①严格遵守保密规定和办案纪律，不得向无关人员泄露讯（询）问活动的有关情况；

②不得私自复制、传输录音录像资料；

③不得让无关人员进入同步录音录像操作间；

④案件资料移送归档后，应及时将录制在硬盘中的录制资料删除或转存到设置了保密操作权限的专门存储系统，不得私自留存。

▶▶ 4.2 录制质量要求

▶≫ 4.2.1 录像图像应达到色彩饱和、清晰无畸变。

▶≫ 4.2.2 录像声音要反映原声，清晰可辨不失真。

图像与声音要保持同步，不得有明显的延迟。

▶≫ 4.2.3 录制画面要求

（1）同步录音录像画面的一般要求是：

①以画中画方式显示。

②主画面反映被讯（询）问人的正面中景，全程反映被讯（询）问人的体态、表情，并显示同步录像时间。

辅画面反映讯问场所全景，原则上要包括讯（询）问人员、被讯（询）问人和其他在场人员。

在检察院讯问室讯问的，主画面还应当显示温度和湿度。

③主、辅画面应当同步显示，画面间不能有明显延迟。

（2）特殊情况下，使用不具备画中画功能的便携式设备录制时，画面主要反映被讯（询）问人中景，同时兼顾讯（询）问场所全景，并同步显示时间。

（3）对讯问过程中使用的证据，被讯问人辨认书证、物证、核对笔录、签字和捺手印的过程应当以主画面反映。

（4）主画面为全屏显示的画面。辅画面位置要处于主画面的一个角落且画幅要适中，不能影响主画面中被讯（询）问人的正面中景的完整性。

（5）被讯问人的正面中景一般至少要录到被讯问人膝盖以上；受到讯问室条件制约的，则至少要录到被讯问人的上半身。

被询问人的正面中景一般是被询问人的上半身。

（6）显示温度和湿度的方法有两种：

①在被讯（询）问人员后方安装一个带时钟的时间温湿度显示牌，用摄像机对准被讯（询）问人的同时将显示牌也摄进主画面；

②在主画面上叠加数字的温湿度感应信息。

使用固定设备在检察院办案工作区和看守所检察专用讯问室录制时，一般用第①种方法，注意要将讯（询）问室的时间温湿度显示牌完整地在主画面中显示出来，显示的信息应清晰。

带温湿度显示功能的便携式设备一般是采用第②种方法。

（7）辅画面要全面反映讯问场所，尽量减少视角盲区。

主辅画面拍摄方向一般要相向。

当使用便携式设备时，在讯（询）问房间条件所限或金属防护网的制约等情况下，也可主辅画面拍摄方向相同，但要将讯（询）问人员、被讯（询）问人及翻译人员等讯（询）问参与人员尽量反映在辅画面中。

■▶ 4.3 录制人员在录制过程中的任务

（1）记录本次讯（询）问的起止时间，记录本次录制中每个光盘等存储介质所录制的时间段，时间精确到分钟；

（2）全程监控录音录像系统设备的运行状态；监视录制画面，监听录制声音；

（3）及时处理在录制过程中出现的各种问题并将问题和处理情况客观地记录在《同步录音录像工作说明》中。

■▶ 4.4 录制的起止时间，以讯（询）问工作准备就绪，被讯（询）问人进入讯问场所后开始时进行录制；以被讯（询）问人核对讯（询）问笔录、签字捺手印后停止录制。

■▶ 4.5 更换存储介质时的处理

■▶ 4.5.1 录制人员在录制过程中发现正在录制的光盘等存储介质快录满时，应提前准备好新的存储介质，等待更换。

▶▶ 4.5.2 对于因更换存储介质需要暂停录制的，录制人员要提前告知讯（询）问人员，讯（询）问人员宣布暂停讯（询）问后，录制人员停止录制并抓紧时间进行存储介质的更换。

更换完成后录制人员马上通知讯（询）问人员并继续录制。

录制人员将录制中断的时间、原因以及再次录制的时间记录在《同步录音录像工作说明》中。

▶▶ 4.5.3 对于更换存储介质时，前后两个介质所录内容能够连贯无中断的，则不需要暂停讯（询）问，只要记录更换完成时的时间点即可。

▶▶ 4.6 出现技术故障时的处理

▶▶ 4.6.1 出现小的技术故障或报警，但不影响本次录制的，录制人员应当记录出现的故障现象或报警信息，等录制结束后进行维修或报有关单位和人员维修。

▶▶ 4.6.2 出现必须暂停录制的技术故障或报警时的处理

▶▶ 4.6.2.1 必须暂停录制的技术故障或报警主要有以下几种情形：

（1）主要录制设备突然停止工作或死机；

（2）由于电源线路故障、设备过热保护等原因造成的设备突然断电或关机；

（3）录制人员在监控中发现前端的声音或图像信号丢失或录制的音视频质量突然下降，达不到基本要求；

（4）出现严重的设备报警信号，必须关机处理的；

（5）录制人员认为必须暂停录制的其他情况。

▶▶ 4.6.2.2 出现 4.6.2.1 所列的情况时，录制人员应当暂停录制，立即通知讯（询）问人员暂停讯（询）问并告知原因。

对于暂停前正在录制的光盘，能够立即封盘的则进行封盘操作，不能封盘的则以后再封盘或利用备份在硬盘中的音视频数据进行补刻。

▶▶ 4.6.2.3 录制人员要及时进行故障排除

如果故障原因明确，则进行有针对性的故障排除。

如果原因不明，可以先将所有设备关闭，休息几分钟后再开机重启，大部分软故障都可以用此方法排除。

若重启后解决不了问题，则要通过排查寻找原因。

录制人员本人找不到原因或排除不了故障的，要立即通知有关单位和人员协助排除故障。

■>>> 4.6.2.4 故障排除后立即告知讯（询）问人员，放入新盘后继续同步进行讯（询）问和录制工作。

录制人员将录制中断的时间和原因以及再次录制的时间记录在《同步录音录像工作说明》中。

■>>> 4.6.2.5 技术故障一时难以排除的，有备用设备的立即使用备用设备进行录制。录制人员将录制中断的时间和原因以及使用备用设备录制的时间记录在《同步录音录像工作说明》中。

没有可用备用设备的，录制人员要及时告知讯（询）问人员，并记录在《同步录音录像工作说明》中。

■>>> 4.6.3 刻录光盘出错时的处理

■>>> 4.6.3.1 刻录光盘出错时一般不需要暂停讯（询）问。

■>>> 4.6.3.2 在录制过程中因光盘质量或光盘与刻录设备不匹配导致的刻录失败，如果录制主机带有追刻功能，则换上新的或匹配的光盘进行追刻即可。

如果没有追刻功能，但同时刻录的另一个光盘正常，则等待讯问结束后，对刻录正常的光盘进行复制；如果同时刻录的两个光盘都刻录失败，则等待讯问结束再利用备份在硬盘中的音视频数据进行补刻。

■>>> 4.6.3.3 在录制过程中如果一个光盘刻录设备出现故障，另一个同时进行刻录的设备仍在正常工作，则等待讯问结束后，用刻好的光盘作为正本复制一个复制盘即可。

如果同时工作的两个刻录设备均出现故障，则等讯问结束后将备份在硬盘中的音视频数据拷贝出来，导入其他刻录设备中进行补刻。

■>> 4.7 出现突发外界因素时的处理

■>> 4.7.1 外界突然断电时的处理

■>>> 4.7.1.1 突然断电时，如果有较大容量的备用电源，录制人员则只需告知讯（询）问人员外界断电情况和目前备用电源可用时长，由他们自行安排讯（询）问节奏。

■>>> 4.7.1.2 备用电源容量较小时，录制人员应当：

（1）立即告知讯（询）问人员停止讯（询）问；

（2）立即进行光盘的封盘处理，然后再关闭所有设备；

（3）将停止录制并中途封盘的时间和原因记录在《同步录音录像工作说

明》中。

▶▶▶ 4.7.1.3 如果没有备用电源，断电后讯（询）问和录制均无法进行，录制人员应当：

（1）关闭所有设备开关；

（2）并将断电致使录制停止的时间和原因记录在《同步录音录像工作说明》中；

（3）来电以后要将断电前未封盘的光盘进行封盘，光盘若因断电损坏则需要利用备份在硬盘中的音视频数据进行补刻。

▶▶▶ 4.7.1.4 断电且停止审讯后，如果来电后继续完成本次讯（询）问录制的，应在《同步录音录像工作说明》中注明来电后继续审讯的开始时间。

▶▶ 4.7.2 出现外界干扰信号时的处理

▶▶▶ 4.7.2.1 外界干扰信号不强，录制质量能达到最低要求以上的，则录制人员将情况反映给讯（询）问场所管理部门，不停止讯（询）问和录制。

▶▶▶ 4.7.2.2 外界干扰信号较强，录制的图像或声音受到严重影响的，录制人员不停止录制但要立即告知讯（询）问人员暂停讯（询）问，同时将情况反映给讯（询）问场所管理部门，配合他们寻找干扰源，消除或减小干扰。

待干扰消失或减弱后可以录制时，及时告知讯（询）问人员可继续讯（询）问，并将暂停讯（询）问的时间段和原因记录在《同步录音录像工作说明》备注栏中。

▶ **5. 录制结束后的现场处理**

▶ 5.1 本次讯（询）问结束后，录制人员对最后录制的光盘进行封盘，提醒讯（询）问相关人员等待录制资料正本的三方签封和《同步录音录像工作说明》的签字。

▶ 5.2 如因各种原因，需要进行光盘补刻的，要告知讯（询）问相关人员需要补刻的原因及数量，请他们耐心等待。

▶ 5.3 如因刻录设备故障且现场没有备用设备，致使不能对录制资料正本在现场进行补刻的，录制人员把相关情况告诉本次讯（询）问相关人员，约定待补刻完成后另找时间进行录制资料正本的三方签封和《同步录音录像工作说明》的签字。

录制人员应把未当场进行三方签封和签字的原因记录在《同步录音录像工作说明》备注栏中。

■➤ 5.4 如因补刻时间较长而讯（询）问人员或被讯（询）问人员有特殊情况不能等待的，也可约定另找时间进行录制资料正本的三方签封和《同步录音录像工作说明》的签字。

录制人员应把未当场进行三方签封和签字的原因记录在《同步录音录像工作说明》备注栏中。

■➤ 5.5 本次讯（询）问已录制完成光盘的现场处理

■➤➤ 5.5.1 录制结束后录制人员对已刻好的光盘进行如下处理：

（1）对每个光盘进行回放检查；

（2）确定光盘正本和副本；

（3）对每个光盘分别进行编号并标明录制起止时间；

（4）对光盘正本进行三方签封；

（5）对光盘副本进行移交。

■➤➤ 5.5.2 录制人员对刻好的每个光盘进行一分钟以内的回放，如能正常播放且声音图像合格则检查过关。

若该光盘不能正常播放或声音图像不合格，则需要找同时刻录的另一张盘进行复制或从硬盘备份中补刻。

如果录制的音视频文件是非通用格式的，还要检查刻好的光盘中是否有相应的播放软件。

■➤➤ 5.5.3 一般情况下，录制时都是同时刻录两张光盘，这两张光盘录制的内容是完全相同的，所以录制人员可以任选其中一张为正本，另一张则为副本。

如果两张光盘为一张正常，另一张由于种种原因需要复制或补刻的，则正常的那张为正本，后来复制或补刻的为副本。

当两张光盘都是利用备份在硬盘中的音视频数据进行补刻的，则可任选一张为正本，另一张为副本。

录制人员将本次录制的光盘正本和副本的数量分别填入《同步录音录像工作说明》中。

■➤➤ 5.5.4 录制人员根据本院录制部门的编号规则分别给每一张刻好的光盘正本和副本进行编号，并将这些编号分别填入《同步录音录像工作说明》中。

光盘编号应该是唯一的，且根据光盘编号可以区分出正本、副本、技术处理件和复制件。

将刻好的每个光盘装入光盘袋或光盘盒中，在光盘袋或光盘盒外面标明该光盘的编号和录制起止时间。

▶▶ 5.5.5 对光盘正本进行三方签封的过程

（1）录制人员应当将光盘正本交讯（询）问人员、被讯（询）问人确认，三方确认无异议则当场装入《人民检察院讯问全程同步录音录像资料密封袋》，并用胶水或胶棒将封口密封。

（2）在进行确认时，被讯（询）问人员可要求回放部分或全部光盘正本。对于要回放的光盘，录制人员应当向被讯（询）问人回放光盘开始和结束时的画面，中间有中断的，还应当回放中断前后的画面。

对于被讯（询）问人要求和确认回放的情形，在《同步录音录像工作说明》的备注栏中应予记载。

（3）录制人员填写当场密封的《人民检察院讯问全程同步录音录像资料密封袋》正面的录制编号、案件编号、案由、被讯（询）问人姓名、被讯（询）问人的第几次讯（询）问、录制资料正本的数量及每个正本的编号、首次密封时间等内容，并在录制人员栏签字后，交讯（询）问人员和被讯（询）问人员签字。

因情况紧急，录制编号、案件编号和案由暂不清楚的，可空着以后补填。

（4）被讯（询）问人员在正面签字处应捺指印，同时还要在封口骑缝处签字捺指印。

被讯（询）问人拒绝签字捺指印的，应当在《同步录音录像工作说明》的备注中注明。

▶▶ 5.5.6 录制人员一般将光盘副本在讯（询）问结束后当场交讯（询）问人员，接收光盘的人员应在《同步录音录像工作说明》中办案人员签收处签字并注明日期。

如果办案部门对该案规定了光盘副本的专门接收人员，也可以回去后交该接收人员签收。

光盘副本是用于随案移送的，不需要密封。

▶▶ 5.6 《同步录音录像工作说明》的补充完整

（1）除相关人员签字外，《同步录音录像工作说明》各栏目均由录制人员填写。

（2）录制结束后，录制人员应检查本次《同步录音录像工作说明》是否填写完整，该记录的事项是否记录全面。

因情况紧急，工作说明中的录制编号、案件编号和案由暂不清楚的，可空着以后补填，备注栏没有特别要说明的可不填，其他栏必须填写完整。

（3）除因特殊情况录制资料正本未进行三方签封外，录制人员将《同步录音录像工作说明》填写完整并签名后，应当场交讯（询）问人员、被讯（询）问人、翻译人员、其他在场人员签名，被讯（询）问人还应在签字处捺指印。

被讯（询）问人拒绝签字捺指印的，应当在《同步录音录像工作说明》的备注中注明。

（4）事后进行录制资料正本三方签封和在《同步录音录像工作说明》签字的，应在《同步录音录像工作说明》的备注中注明补签日期。

▶▶ 5.7 关闭设备和电源

（1）应先关闭设备然后再关闭相关的电源。

（2）关闭便携式录制设备后，要等设备散一会热再拆分装箱。

（3）关闭录制操作间的固定式录制设备后，要及时通知前端讯（询）问场所管理人员。

▶ 6. 返回办公室后的处理

▶▶ 6.1 录制人员返回办公室后的相关移交工作

▶▶ 6.1.1 录制人员返回办公室后，将密封好的《人民检察院讯问全程同步录音录像资料密封袋》（内装录制资料正本）和《同步录音录像工作说明》移交给录制部门的承办人。

如果是非本院承办案件的同步录音录像，则密封好的《人民检察院讯问全程同步录音录像资料密封袋》和《同步录音录像工作说明》一般由讯（询）问人员代领，然后转交案件承办院录制部门的承办人。

▶▶ 6.1.2 使用便携式录制设备的要及时将设备移交保管人员。

若是使用公用的便携式录制设备进行录制的，录制人员在光盘刻录完成且经检查不需要补刻的情况下，要及时删除本次录制的硬盘备份，需要事后补刻的，录制人员要及时补刻再删除硬盘备份。

▶▶ 6.1.3 录制人员要将录制中出现的设备故障或异常现象以及相关处理情况告知设备保管人员或维护人员。

▶▶ 6.2 承办人接收后的相关工作

▶▶ 6.2.1 承办人检查录制人员移交的《人民检察院讯问全程同步录音录像资

料密封袋》和《同步录音录像工作说明》，若签名不全则要求录制人员找相关人员补签，若填写不完整或不正确，则要求录制人员补全或更改。

■》6.2.2 录制人员移交的《人民检察院讯问全程同步录音录像资料密封袋》和《同步录音录像工作说明》经检查合格后，承办人在《同步录音录像工作说明》保管人员签收栏中签字并注明日期。

■》6.2.3 承办人将装有录制资料正本并密封好的《人民检察院讯问全程同步录音录像资料密封袋》存放于专门的录制资料档案柜内，并做到防尘、防潮、避免高温和挤压，以磁介质存储的录制资料正本要存放在防磁柜内。

■》6.2.4 承办人还要将纸质的《同步录音录像工作说明》通过扫描方式作为系统中对应建立的《同步录音录像工作说明》文书的附件上传到系统，附件名称建议重命名为："工作说明＋录制编号"模式。然后在业务系统中将填好的《同步录音录像工作说明》及其附件入卷。

■ 7. 同步录音录像技术处理与复制

■》7.1 同步录音录像技术处理

■》7.1.1 只允许对同步录音录像录制资料副本进行技术处理，任何人、任何时候都不得对同步录音录像资料正本进行技术处理。

■》7.1.2 对同步录音录像录制资料副本进行技术处理仅限以下情况：讯问过程中，犯罪嫌疑人检举揭发与本案无关的犯罪事实或者线索的，在移送审查逮捕、移送审查起诉和提起公诉时，由检察长决定将录有检举揭发内容的录音录像资料不移送，则由录制部门对录有检举揭发内容的声音进行技术处理后移送。

根据规定所允许的技术处理，只是对有可能涉及其他案件的重要内容的语音进行隐藏，而不是对同步录音录像的内容进行任何形式的剪辑和更改。

■》7.1.3 同步录音录像技术处理的受理

（1）本院办案部门需要对某案的部分录制资料副本进行技术处理时，在检察机关统一业务应用系统中新建《同步录音录像委托技术处理（复制）单》，经审批后移送本院录制部门。

（2）录制部门接收到《同步录音录像委托技术处理（复制）单》后立即指派该案同步录音录像承办人进行受理审查。

检查符合受理条件的，承办人新建《同步录音录像技术处理（复制）受理登记表》并填写相关内容，通过统一业务应用系统报录制部门领导审批。

（3）《同步录音录像技术处理（复制）受理登记表》经审批通过并返回后，承办人通知办案部门移送需要进行技术处理的录制资料副本。

▶▶ 7.1.4 同步录音录像技术处理过程

（1）准备进行技术处理时，录制部门承办人要通知办案人员到场，进一步明确委托技术处理的内容。

（2）在办案人员的主持下，录制部门承办人或其他技术人员以相关的录制资料副本作为信号源，进行相应的技术处理。

（3）技术处理常用方法有以下两种：

①将移送的录制资料副本作为母盘，将母盘上的内容输入电脑，用非线性编辑软件或其他软件将需要消声的地方的音频信号删除，然后再刻录在一张新光盘上。

②使用带光盘对录功能的特殊设备，将移送的录制资料副本作为母盘，将一张空白光盘作为目标盘，然后进行光盘对录，到了不需要声音的地方时，将音频插头拔去，直到需要录制声音时再接上。

（4）如因技术条件所限，需要再委托其他单位进行技术处理的，由办案人员和录制部门承办人共同移送相关单位，在办案人员的主持下，由相关单位技术人员进行技术处理，录制部门承办人进行现场监督。

（5）技术处理结束后，办案人员检查是否达到要求，达不到要求的，所得到的处理盘作废，重新进行技术处理。达到要求的，则及时删除存在技术处理设备上的录制资料。

▶▶ 7.1.5 技术处理后录制资料移交相关事项

（1）承办人对经过技术处理后的新盘根据本院录制部门技术处理盘编号规则进行统一编号，并在装该技术处理盘的光盘袋或光盘盒外面标记相应的技术处理光盘编号和抹去声音的时间段。

（2）承办人在统一业务应用系统新建《同步录音录像技术处理（复制）说明》并填写有关内容，在技术处理情况栏中，要写明作为信号源的原盘编号和对应的经过技术处理后的新盘编号，最后承办人签字。

（3）将《同步录音录像技术处理（复制）说明》打印出来，在移交原盘和新盘给办案人员后，办案人员在《同步录音录像技术处理（复制）说明》移交时间栏填写时间，在办案人员签收栏签名。

▶≫ 7.2 同步录音录像资料复制

▶≫ 7.2.1 同步录音录像复制的受理

（1）本院办案部门因特殊情况需要对某案的部分录制资料副本进行复制时，在检察机关统一业务应用系统中新建《同步录音录像委托技术处理（复制）单》，经审批后移送本院录制部门。

（2）录制部门接收到《同步录音录像委托技术处理（复制）单》后立即指派该案同步录音录像承办人进行受理审查。

（3）符合受理条件的，承办人新建《同步录音录像技术处理（复制）受理登记表》并填写相关内容，通过统一业务应用系统报录制部门领导审批。

（4）《同步录音录像技术处理（复制）受理登记表》审批通过并返回后，承办人通知办案部门移送需要进行复制的录制资料副本。

▶≫ 7.2.2 同步录音录像资料复制过程

（1）准备进行复制时，录制部门承办人要通知办案人员到场。

（2）在办案人员的主持下，录制部门承办人或其他技术人员以相关的录制资料副本作为信号源，在电脑或其他设备上进行整盘复制处理。

（3）复制结束后，由办案人员对复制盘进行回放检查，有问题则要重新进行复制，达到要求则及时删除存在复制设备上的录制资料。

▶≫ 7.2.3 复制结束后录制资料移交相关事项

（1）承办人对经过复制后的新盘根据本院录制部门复制盘编号规则进行统一编号，并在装该复制盘的光盘袋或光盘盒外面标记相应的复制光盘编号。

（2）承办人在统一业务应用系统新建《同步录音录像技术处理（复制）说明》并填写有关内容，在技术处理情况栏中，要写明作为信号源的原盘编号和对应的经过复制后的新盘编号，最后承办人签字。

（3）将《同步录音录像技术处理（复制）说明》打印出来，在移交原盘和新盘给办案人员后，办案人员在《同步录音录像技术处理（复制）说明》移交时间栏填写时间，在办案人员签收栏签名。

▶ 8. 同步录音录像录制资料档案调用

▶≫ 8.1 同步录音录像资料档案调用仅限于以下情况：当人民法院、被告人或者其辩护人对全程同步录音录像资料复制件（即副本）提出异议时，公诉人员需要从技术部门调出相应的原件（即正本），当庭启封质证。

■▶ 8.2 同步录音录像资料档案调用的受理

■▶▶ 8.2.1 本院公诉部门需要对录制部门保管的某案部分录制资料正本进行调用时，在检察机关统一业务应用系统中新建《同步录音录像资料档案调用单》，经审批后移送本院录制部门。

■▶▶ 8.2.2 录制部门接收到《同步录音录像资料档案调用单》后立即指派该案同步录音录像承办人进行受理审查。

■▶▶ 8.2.3 符合受理条件的，承办人新建《同步录音录像资料档案调用受理登记表》并填写相关内容，通过统一业务应用系统报录制部门领导审批。

■▶ 8.3 同步录音录像资料档案调用过程

■▶▶ 8.3.1 承办人找出所需要调用的装了相应正本的《人民检察院讯问全程同步录音录像资料密封袋》。

■▶▶ 8.3.2 承办人在统一业务应用系统新建《同步录音录像资料档案调用说明》并填写有关内容，然后打印出来。

■▶▶ 8.3.3 承办人将所找出的装有正本的《人民检察院讯问全程同步录音录像资料密封袋》移交公诉部门的调用人，调用人要在《同步录音录像资料档案调用说明》调用时间栏填写移交时间，在调用人签字栏中签字。

■▶ 8.4 公诉部门返还时的签收

■▶▶ 8.4.1 录制部门收到公诉部门返还的装有正本的《人民检察院讯问全程同步录音录像资料密封袋》后，由承办人进行核实签收。

■▶▶ 8.4.2 承办人首先检查《人民检察院讯问全程同步录音录像资料密封袋》密封情况，《资料密封袋》应当已重新密封，封口处有被告人签字并捺手印。

然后检查密封袋背面签字情况。背面应当填写启封和再次密封的时间，并由公诉人和被告人签名。

完全符合要求的，承办人才予以接收，并在《同步录音录像资料档案调用说明》接收人处签字，注明归还时间。

■▶▶ 8.4.3 若发现《资料密封袋》未密封，则要求公诉部门找到被告人当面封签；若发现填写内容或签字不全的，要求公诉部门进行补全或补签。

■▶ 9. 归档与制作技术协作卷

■▶▶ 9.1 在下列情况下，承办人应及时对所办同步录音录像案件进行归档并制作技术协作卷：

（1）侦查部门查办的职务犯罪案件一审开庭结束；

（2）侦查部门对案件进行初查后，不予立案的；

（3）该案移交其他院办理，办案部门已通知本院录制部门不需要再录制的。

▶▶ 9.2 归档

▶▶ 9.2.1 承办人对所保管的需归档案件的《人民检察院讯问全程同步录音录像资料密封袋》和纸质《同步录音录像工作说明》进行检查和整理，如发现其他录制人员手上还有录制资料正本和《同步录音录像工作说明》未移交的，要催促他们立即移交。

▶▶ 9.2.2 归档材料收集齐全后，承办人登录检察机关统一业务应用系统，查看需归档案件的办理情况。

对于每次录制，查看网上是否都有已入卷的《同步录音录像工作说明》和相关附件与其对应，内容是否填写完整正确，发现有缺少的要立即补全，发现有错误的要立即更正。

▶▶ 9.2.3 检查需归档案件案卡，如有漏填和错填的要及时进行补录和修改。

▶▶ 9.2.4 经检查，统一业务应用系统中所录入的案件信息全面、完整和准确，符合归档要求时，承办人在系统中执行电子归档操作。

▶▶ 9.2.5 承办人将本案的《人民检察院讯问全程同步录音录像资料密封袋》按顺序分装在若干录制档案资料盒中，在资料盒正面标注本盒装入的录制资料正本总数量及对应的录制编号范围。

▶▶ 9.2.6 将这些资料盒放入专门的已归档录制资料档案柜内，并做到防尘、防潮、避免高温和挤压，以磁介质存储的要存放在防磁柜内。

▶▶ 9.2.7 承办人还需登录检察机关统一业务应用系统，查看本案的录制资料是否存在技术处理（复制）和档案调用等情况。

如果存在，则查看每次技术处理（复制）和档案调用流程是否已结束。如果流程没有结束，要查看原因，并尽快完成有关步骤，将流程结束。

▶▶ 9.3 制作技术协作卷

▶▶ 9.3.1 原则上每个同步录音录像案件制作一个同步录音录像技术协作卷，如果案件录制次数较多，可以分成多卷，但不能多个案件制作一个技术协作卷。

▶▶ 9.3.2 同步录音录像技术协作卷按顺序排列主要有如下内容：

（1）同步录音录像技术协作卷封面；

（2）同步录音录像技术协作卷卷内目录；

（3）《同步录音录像通知单》；

（4）《同步录音录像受理登记表》；

（5）《同步录音录像工作说明》；

（6）《同步录音录像委托技术处理（复制）单》；

（7）《同步录音录像技术处理（复制）受理登记表》；

（8）《同步录音录像技术处理（复制）说明》；

（9）《同步录音录像资料档案调用单》；

（10）《同步录音录像资料档案调用受理登记表》；

（11）《同步录音录像资料档案调用说明》；

（12）同步录音录像技术协作卷卷内备考表；

（13）同步录音录像技术协作卷卷底。

▶▶▶9.3.3 同步录音录像技术协作卷封面格式由本院档案部门提供，承办人在档案部门的指导下填写。

要注意的是，案件受理日期一般填《同步录音录像受理登记表》上录制部门领导批准受理的日期，但事后在统一业务应用系统补办受理手续的，要填实际受理日期；完成日期填最后一次录制的日期。

录制人填所有参与该案录制的人员，如果人数较多可只填主要人员。

▶▶▶9.3.4 同步录音录像技术协作卷卷内目录格式由本院档案部门提供，目录填写及卷内材料的编号按档案制作的通用要求执行。

▶▶▶9.3.5 组卷的纸质《同步录音录像通知单》由委托部门提供，每案只有一张，应盖有相应的公章。

▶▶▶9.3.6 《同步录音录像受理登记表》每案也只有一张，不需要盖公章，由承办人从统一业务应用系统中打印出来。

▶▶▶9.3.7 《同步录音录像工作说明》是同步录音录像技术协作卷的主要组成部分，组卷使用的是每次录制时手工填写的纸质工作说明。

《同步录音录像工作说明》在技术协作卷内的排列顺序是：

（1）本案1号录制对象的第1次讯（询）问的《同步录音录像工作说明》、第2次讯（询）问的《同步录音录像工作说明》、……、最后一次讯（询）问的《同步录音录像工作说明》；

（2）本案2号录制对象的第1次讯（询）问的《同步录音录像工作说

明》、第 2 次讯（询）问的《同步录音录像工作说明》、……、最后一次讯（询）问的《同步录音录像工作说明》；

依此类推，最后是本案最后一位录制对象的第 1 次讯（询）问的《同步录音录像工作说明》、第 2 次讯（询）问的《同步录音录像工作说明》、……、最后一次讯（询）问的《同步录音录像工作说明》。

▶▶ 9.3.8《同步录音录像委托技术处理（复制）单》、《同步录音录像技术处理（复制）受理登记表》和《同步录音录像技术处理（复制）说明》不是同步录音录像技术协作卷的必要组成部分，只有对某案录制资料副本进行了技术处理或复制才有这些相应的文书。

同步录音录像技术处理和复制是合成一类来计算次数，复制被看作是一种特殊的技术处理，不分别计算次数。

▶▶ 9.3.9 对于每一次技术处理（包括复制），都有相应的《同步录音录像委托技术处理（复制）单》、《同步录音录像技术处理（复制）受理登记表》和《同步录音录像技术处理（复制）说明》。

（1）《同步录音录像委托技术处理（复制）单》由委托部门提供纸质文书，应盖有相应的公章；

（2）《同步录音录像技术处理（复制）受理登记表》不需要盖公章，由承办人从统一业务应用系统中打印出来；

（3）《同步录音录像技术处理（复制）说明》是由承办人从统一业务应用系统中打印出来并由承办人和办案人员分别签了字的纸质文书。

▶▶ 9.3.10 如果某案进行了多次技术处理（复制），则在技术协作卷内的排列顺序是：

（1）第 1 次技术处理（复制）的《同步录音录像委托技术处理（复制）单》、《同步录音录像技术处理（复制）受理登记表》和《同步录音录像技术处理（复制）说明》；

（2）第 2 次技术处理（复制）的《同步录音录像委托技术处理（复制）单》、《同步录音录像技术处理（复制）受理登记表》和《同步录音录像技术处理（复制）说明》；

依此类推，最后是本案最后一次技术处理（复制）的《同步录音录像委托技术处理（复制）单》、《同步录音录像技术处理（复制）受理登记表》和《同步录音录像技术处理（复制）说明》。

▶▶ 9.3.11 《同步录音录像资料档案调用单》、《同步录音录像资料档案调用受理登记表》和《同步录音录像资料档案调用说明》也不是同步录音录像技术协作卷的必要组成部分，只有对某案录制资料正本进行了调用才有这些相应的文书。

▶▶ 9.3.12 对于每一次资料档案调用，都有相应的《同步录音录像资料档案调用单》、《同步录音录像资料档案调用受理登记表》和《同步录音录像资料档案调用说明》。

（1）《同步录音录像资料档案调用单》由委托部门提供纸质文书，应盖有相应的公章；

（2）《同步录音录像资料档案调用受理登记表》不需要盖公章，由承办人从统一业务应用系统中打印出来；

（3）《同步录音录像资料档案调用说明》是由承办人从统一业务应用系统中打印出来并由调用人和接收人分别签了字的纸质文书。

▶▶ 9.3.13 如果某案进行了多次资料档案调用，则在技术协作卷内的排列顺序是：

（1）第 1 次资料档案调用的《同步录音录像资料档案调用单》、《同步录音录像资料档案调用受理登记表》和《同步录音录像资料档案调用说明》；

（2）第 2 次资料档案调用的《同步录音录像资料档案调用单》、《同步录音录像资料档案调用受理登记表》和《同步录音录像资料档案调用说明》。

依此类推，最后是本案最后一次资料档案调用的《同步录音录像资料档案调用单》、《同步录音录像资料档案调用受理登记表》和《同步录音录像资料档案调用说明》。

▶▶ 9.3.14 同步录音录像技术协作卷卷内备考表主要是本卷情况说明，然后是立卷人签名并标明立卷日期，检查人签名并标明立卷日期。立卷人是制作该卷的承办人，检查人是录制部门的领导或内勤。

对于本卷情况说明，如果内容较多，可另附纸书写或打印并入卷，如果没有需要说明或解释的，则注明本卷材料齐全。

▶ **10. 保管与移交**

▶▶ 10.1 对于已归档的同步录音录像录制资料正本和已装订完成的同步录音录像技术协作卷，交由录制部门专门保管人员保管，没有专门保管人员的，由承办人负责保管。

▶▶ 10.2 录制部门每年要指派一名专职录制人员对年度已归档的同步录音录像录制资料正本和已立卷的同步录音录像技术协作卷进行登记，并制作登记目录和相应的移交清单。

▶▶ 10.3 对于已归档的同步录音录像录制资料正本和已立卷的同步录音录像技术协作卷由录制部门在本院每年规定的时间内向本院档案部门移交，同步录音录像录制资料正本的保存期限与案件卷宗保存期限相同。

▶ **11. 交办、提办案件处理**

▶▶ 11.1 对于交办、提办的案件，由于同步录音录像工作在统一业务应用系统中没有相应的移交、接收流程，因此录制部门应按照本院委托、本院受理的原则来执行。

▶▶ 11.2 在案件前期办理中，原承办院办案部门通过统一业务应用系统向本院录制部门发出委托，本院录制部门受理后开始执行同步录音录像工作。

当办案部门通知录制部门案件已移交后，该案件在本院录制部门的办理流程结束，录制部门录办人对案件进行归档，并制作相应的技术协作卷。

▶▶ 11.3 案件移交后，接收案件的办案部门需要进行讯（询）问同步录音录像的，应通过统一业务应用系统向本院录制部门发出委托，接收院的录制部门收到委托后，应作为一个本院录制的新案件来受理，并在《同步录音录像受理情况》案卡的"附注"项中注明相应的交办或提办情况，然后按照新案件的同步录音录像操作步骤执行。

▶▶ 11.4 原承办院录制部门原则上应把已归档的同步录音录像录制资料正本和已立卷的同步录音录像技术协作卷移送给接收院的录制部门进行统一保管，但办案部门认为没有必要的，也可不移送。

▶ **12. 相关文书详见本书附录一检察技术办案文书归类**

八、心理测试操作规程

【定义】心理测试是使用一种记录人体多项生理参数变化的仪器，通过向被测试对象提出一系列问题，记录其在回答这些问题时的生理参数反应，得出其对相关问题的回答是否诚实的结论，从而判断被测试对象与所调查案件是否相关的一种方法或手段。

▶ **1. 心理测试申请与受理**

▶▶ 1.1 各地各级检察机关的办案人员或部门可以向本单位或其他检察机关的

心理测试部门提出心理测试要求。本单位或其他检察机关的测试部门应受理这种心理测试请求。

▶▶ 1.2 各地公安、法院、军队、保卫、海关、保险等非检察机关的办案人员或单位可以向各地各级检察机关的心理测试部门提出心理测试请求，各地各级检察机关的心理测试部门可以受理这种心理测试请求。

▶▶ 1.3 提出心理测试请求的办案人员或单位，应向所请求的检察机关的心理测试部门提供以下材料：

    （1）介绍信；

    （2）案情；

    （3）被测试对象的情况；

    （4）测试目的和要求。

▶▶ 1.4 申请方应当提供案卷有关材料，包括但不限于以下材料：

    （1）现场勘查材料（包括勘查报告、绘图、照片）；

    （2）犯罪物证鉴定报告材料；

    （3）被测试对象谈话或审讯笔录；

    （4）相关证人情况、谈话笔录、证词；

    （5）其他必要的调查材料。

▶▶ 1.5 各级检察机关心理测试部门或心理测试员在接到心理测试请求后，应让委托方填写《心理测试委托书》。《委托书》至少要包括以下内容：

    （1）委托时间；

    （2）委托单位、委托人；

    （3）案件名称和简要案情；

    （4）被测试对象的情况；

    （5）测试目的和要求；

    （6）领导审批意见；

    （7）预定测试时间；

    （8）受理人。

▶▶ 1.6 各级检察机关的心理测试部门或心理测试员在接受心理测试委托后，应填写本部门的《心理测试受理登记表》。《心理测试受理登记表》是心理测试员自我工作记录，用以定期统计心理测试情况和业绩，上报主管领导；还用以检查心理测试结果的准确率，以不断总结经验，提高业务水平。

该表至少应包括以下内容：

（1）委托时间、委托单位和委托人；

（2）案件名称；

（3）被测试对象的情况（年龄、民族、性别、文化、职业、职务等）；

（4）测试目的和要求；

（5）测试时间、地点；

（6）测试方法；

（7）测试结果；

（8）测试人；

（9）反馈情况（案件是否告破，测试结果是否正确）。

▶▶ 1.7 各地各级检察机关心理测试部门或心理测试员在接受委托单位的心理测试请求后，必须经过主管领导批准方可实施心理测试。

▶▶ 1.8 要进行心理测试的案件属重特大，或属紧急的，应优先安排测试。犯罪嫌疑人或涉案嫌疑人应优先安排测试。

▶ **2. 测试前的准备工作**

▶▶ 2.1 在进行每一次心理测试之前，心理测试员应当详细而准确地了解和掌握案件情节、被测试对象的情况、供述情况、调查情况等，做好充分准备工作，这是心理测试成功的重要基础。

▶▶ 2.2 测试前的准备工作一般包括以下内容：

（1）详细听取委托单位的办案人员介绍案情、案件调查情况、被测试对象的情况、测试目的和要求；

（2）阅读案卷材料，重点包括：现场勘查报告、现场绘图、照片等；物证分析鉴定书；被测试对象的情况、供述笔录；证人陈述笔录；受害人陈述笔录；其他有关的调查材料；

（3）如果有犯罪现场，应到现场实地观察，准确了解或核实犯罪情节；

（4）必要时，应访问第一个到达犯罪现场的人员，了解犯罪现场原始状态；

（5）在以上工作基础上，确定测试主题和方法，编好测试题目。编制的测试题目应当简单明了，意思表达准确，若考虑到被测试对象可能不懂普通话，用词应选用当地的方言、土语；

（6）同办案人员讨论测试题目。如果办案人员认为有不适宜的地方，可以作出修改。最后确定测试题目。

▶▷ 2.3 测试前谈话

▶▷▷ 2.3.1 在正式实施心理测试之前，心理测试员应同被测试对象心平气和地谈话，目的是让被测试对象了解心理测试是科学和可靠的，自愿接受心理测试，从而缓和被测人的紧张情绪，平静地接受测试。

▶▷▷ 2.3.2 测前谈话是心理测试过程的重要一环，谈话时间一般不应少于30分钟。

▶▷▷ 2.3.3 测前谈话至少应包括以下内容

（1）询问被测试对象自然情况和身体健康情况，以判断是否适宜进行测试。被测试对象自然情况包括姓名、年龄、籍贯、家庭、工作等有关情况；身体健康情况包括是否饥饿和疲惫、疾病、饮酒、吸毒、服药、精神病、心脏病和高血压等情况；如果被测试对象是已婚妇女，还要了解怀孕情况，填写好《心理测试测前谈话调查表》；

（2）向被测试对象介绍心理测试的科学原理和方法，使其相信心理测试是科学和可靠的，可以帮助其澄清问题；

（3）征得被测试对象同意自愿接受心理测试，填写《自愿接受心理测试同意书》，表明"自愿接受心理测试"，并签字（或捺手印）；

（4）向被测试对象说明他的权利：接受心理测试是被测试对象自愿的，如果拒绝测试，则不进行测试（已采取强制措施的除外）；

（5）从心理学和行为科学方面加以说明，使无辜的人心理状态完全放松下来，而使真正的嫌疑人内心更加紧张，以增加测试的信效度；

（6）向被测试对象说明心理测试的具体做法和要求；

（7）询问有关案件和所调查问题的情况和细节，将被测试对象的回答锁定下来。同时检验已编制好的测试问题是否合适。

▶▷▷ 2.3.4 在测前谈话中，如果发现已编制好的测试问题有不合适的地方，应当根据新情况加以修改。

▶▷▷ 2.3.5 测前谈话心理测试员守则

（1）测前谈话是心理测试员沟通被测试对象心理，为成功测试打下基础的心理谈话，必须认真对待，讲究方法和策略；

（2）一般情况下，不应以警察或办案人员的身份出现，而以公正的、帮助被测试对象的第三者身份出现；

（3）应坐在被测试对象对面，距离要近；

（4）应着便装；

（5）应是一个心理测试员与一个被测试对象一对一谈话，其他人员不要在场。谈话情况可以通过监视系统传送到其他房间，供有关人员观察，并应录像；

（6）谈话时应当态度和蔼，切忌生硬、粗鲁。

▶≫ 2.3.6 测前谈话时，被测试对象不应戴手铐、脚镣之类的东西，应让被测试对象穿够衣服，穿上鞋。

▶≫ 2.3.7 测前谈话可以另外派人在心理测试室内看守，同时应注意：

（1）看守人员应坐在被测试对象身后，远离被测人的地方；

（2）在整个测试谈话过程中，看守人员不要插话、走动和发出声音；

（3）看守人员不应是被测试对象见过面的办案审讯人员；

（4）测前谈话过程中，允许被测试对象喝水或抽烟。

▶ **3. 实施测试**

▶≫ 3.1 实施心理测试是完成一次心理测试的中心环节，应严格按照测试技术和方法的规则和标准去进行，确保测试结果的客观准确。

▶≫ 3.2 实施测试时，心理测试室内一般只应有心理测试员和被测试对象两人，其他人员均不得留在室内。可以有以下例外：

（1）需要时，可以有两名心理测试员参加测试；

（2）出于安全考虑，必要时可以派看守人员在场看守，要求同9.3.7；

（3）与被测试对象见过面的办案侦查或审讯人员不得作为看守人员留在心理测试室内；

（4）测试过程可以通过监视系统传到其他房间，供办案和领导人员观看，并应全程录像。

▶≫ 3.3 在测试时，心理测试员应按以下要求提出测试问题

（1）所有测试问题提问的声音大小、语调高低均应保持一致；

（2）所有测试问题提问的时间间隔均应保持一致，一般为 15 秒或 20 秒（或者按所使用仪器要求的时间间隔）；

（3）每次提问之后，一定要等待生理参数（主要是皮肤电）变化平稳（回到基线），再开始下一个问题的提问；

（4）在每一组测试问题开始测试之前，应先将所要问的问题向被测试对

象说明，让被测试对象理解所问的问题。如果被测试对象听不懂时，应将用语改为当地方言、土语或被测试对象能听懂的词汇。

▶ 3.4 在测试过程中，心理测试员应注意观察被测试对象的面部表情和身体动作，特别要注意反心理测试动作；应及时把被测试对象的动作、声音以及外界的干扰记录下来。

▶ 3.5 在测试过程中，如果被测试对象对相关问题作肯定回答时，应在这遍测试完之后及时询问，让被测试对象作出解释。

▶ 3.6 考虑到被测试对象的疲劳和生理参数的钝化现象，对一个被测试对象的单次测试时间不得超过 3 个小时。

▶ 3.7 考虑到心理测试员在疲劳后会影响测试结果，一天一个心理测试员只能进行两个被测试对象的测试。需要安排更多的被测试对象时，应取得心理测试员本人的同意并报主管领导批准。

▶ 3.8 对同一个被测试对象可以进行再测试；但再测试的时间间隔至少应在 24 小时以上。

▶ 3.9 如果被测试对象听不懂心理测试员的语言，可以请人作翻译。在测试时应由翻译人员提问测试问题。

▶ 3.10 如果在完成这次测试之前，被测试对象就对所测试的问题供认或坦白，应把测试视作完成，记录被测试对象的供认或坦白，报告给办案人员。

▶ **4. 图谱分析和结论**

▶ 4.1 应严格按照心理测试图谱分析标准进行测试图谱分析，采用数值评分方法综合评分。

▶ 4.2 对于被测试对象"诚实"和"说谎"的判断，心理测试员至少应根据对被测试对象三遍测试图谱的分析。这些测试中至少要有两次是语言回答测试（即回答"是"或"不"），每次测试至少应有两个相关问题。

▶ 4.3 应通过综合分析得出测试结论。

▶ 4.4 一次心理测试的结果有三种情况："诚实"、"说谎"和"不能得出结论"。心理测试员的任务就是要通过各种方法增加"诚实"和"说谎"结果的可靠性，减少"不能得出结论"的比率。

▶ 4.5 测试结果按以下要求表述：

（1）在用准绳问题测试法时，应表达为被测试对象对所调查案件的陈述或对相关问题的回答是诚实或说谎；

（2）在用犯罪情节测试法时，应表达为被测试对象对犯罪情节知情或不知情；

（3）在用紧张峰测试法测试时，应表达为被测试对象在回答某问题时呈现说谎或知情反应，提出分析意见，供侦查员参考；

（4）对不能下结论的情况，应表述为由于被测试对象不具备测试条件，致使所进行的测试不正常，这次测试结果不能得出"说谎"或"诚实"的结论。

▶▷4.6 在不能得出测试结果的情况下，应调整测试问题，进行复测。

▶▷4.7 在分析测试图谱、评分和得出结论时，心理测试员不能先入为主，不能有事先的倾向性或主观意向，也不能受外界干扰，应客观公正地进行分析判断。

▶▷4.8 测试结果应通知办案人员或委托单位，不能泄露给无关人员。

▶▷4.9 心理测试结论不能作为法庭诉讼证据使用，仅作为犯罪调查或审讯的参考或依据，是为侦查提供方向的一种重要辅助手段。

▶ 5. 测后谈话和审讯

▶▷5.1 测试结果"说谎"，表明被测试对象与所调查案件或问题相关时，应借"心理测试"造成的心理压力立即对被测试对象进行审讯或谈话。

▶▷5.2 测后谈话和审讯是被测试对象供认和取得被测试对象口供的关键阶段，是与被测试对象的心理较量，因此必须认真策划谈话或审讯方案，组织人力，利用心理测试结果和时机进行谈话或审讯。

▶ 6. 测试报告书、文件归档

▶▷6.1 每次测试完成之后，应出具测试报告书。

（1）测试报告书应称《心理测试报告书》或《多参量心理测试报告书》；

（2）测试人应在报告书上签名或盖章；

（3）测试报告书应有主管领导审批后，盖心理测试专用章才有效；

（4）测试报告书应一式两份，一份交给委托单位或委托人，另一份留档备存。

▶▷6.2 心理测试报告书应包括以下内容

（1）委托单位；

（2）委托日期；

（3）案由；

（4）被测试对象的情况，包括：简要案情及测试理由；测试题目；测试时间、采用的心理测试仪、测试指标及测前检查；测试过程及分析说明；测试结果；

（5）测试单位；

（6）测试人；

（7）测试报告完成日期。

▶▷ 6.3 应将所有测试材料收集在一起，归入一个卷宗，标明卷宗号、案件名称，存档备查。

▶▷ 6.4 归入一次测试的卷宗材料应有：

（1）心理测试委托书；

（2）心理测试测前谈话调查表；

（3）自愿接受心理测试同意书；

（4）心理测试受理登记表；

（5）心理测试报告书；

（6）案情材料（心理测试员整理的）；

（7）测试图谱和评分图谱。

▶▷ 6.5 心理测试卷宗材料应由各地各级检察机关专门保管案卷材料的部门长期保存。

▶▷ 6.6 心理测试卷宗应有的材料，有一部分遗失时，应有说明遗失情况和原因的书面材料，作为备忘录放入卷宗内。

▶▷ 6.7 如果一次心理测试卷宗的材料全部遗失时，应有说明遗失情况和原因的书面文件，作为备忘录放入标明案卷名称的卷宗内。

▶ **7. 操作禁忌**

▶▷ 7.1 被测试对象有以下情况时，暂时不安排心理测试

（1）饥饿；

（2）明显的疲惫；

（3）睡眠严重不足；

（4）寒冷，身体发僵；

（5）炎热，出汗过多；

（6）身体受伤或者正处于疼痛状态；

（7）有病（发烧感冒、咳嗽、肺结核等）；

（8）言行明显处于酒精或毒品作用之下；

（9）毒瘾发作时；

（10）精神病或精神病发作时；

（11）服用抑制神经的药物没超过十二小时；

（12）正遭受心理损伤或心灵创伤；

（13）刚进行过长时间的谈话或审讯；

（14）上述情况在采取相应处理措施或治疗措施解决不复存在后，可对被测人安排心理测试。

▶ 7.2 对于已经知道是怀孕的妇女不应安排心理测试，除非医生出具证明这位怀孕妇女可以进行心理测试。

▶ 7.3 对于心脏和血压状况不好的对象，不应安排心理测试。如果他本人要求或自称心脏和血压状况可以承受心理测试时，需要有医生签字、说明他可以进行心理测试的书面证明。

▶ 7.4 对于智商过低或呆傻的人，不应安排心理测试。

▶ 7.5 对于性犯罪的受害人不应安排心理测试。如果性犯罪的受害人要求进行心理测试，应有受害人签字的书面申请，才可安排心理测试。

▶ **8. 心理测试相关文书详见附录**

第三章 检验鉴定和勘验检查岗位操作规程

第一节 法医检验鉴定类操作规程

【定义】法医检验鉴定是运用法医学的理论和技术方法，对人身伤亡案件中涉及的尸体、活体及相关物品材料进行检验鉴定的专门技术。

一、法医检验鉴定一般操作规程

▶ **1. 法医检验鉴定受理、委托**

▶▶ 1.1 检察技术部门应当统一受理法医检验鉴定的委托。

▶▶ 1.2 检察技术部门接受鉴定委托，应当要求委托人出具鉴定委托书，提供委托人的身份证明，并提供委托鉴定事项所需的鉴定材料。委托人委托他人代理的，应当要求出具委托书。

▶▶ 1.2.1 法医鉴定材料包括检材和鉴定材料

（1）检材：是指与法医检验鉴定事项有关的生物检材和非生物检材；

（2）法医检验鉴定材料：是指存在于各种载体上与法医检验鉴定事项有关的记录。

▶▶ 1.2.2 鉴定委托书：应当载明委托人的名称或者姓名、拟委托的司法鉴定机构的名称、委托鉴定的事项、鉴定事项的用途以及鉴定要求等内容。委托鉴定事项属于重新鉴定的，应当在委托书中注明。

▶▶ 1.2.3 委托人应当向鉴定机构提供真实、完整、充分的鉴定材料，并对鉴定材料的真实性、合法性负责。

▶▶ 1.2.4 委托人不得要求或暗示鉴定机构和鉴定人按其意图或者特定目的提

供鉴定意见。

▶▶ 1.3 法医鉴定人员接到委托后，应当进行下列工作：

（1）听取送检人介绍案件情况，明确委托事项和要求，接收并核对送检材料；

（2）对委托的鉴定事项进行审查，对属于鉴定业务范围，委托鉴定事项的用途及鉴定要求合法，提供的鉴定材料真实、完整、充分的鉴定委托，符合受理条件的，应当受理；

（3）对提供的鉴定材料不完整、不充分的，可以要求委托人补充，委托人补充齐全的，可以受理；

（4）不符合受理条件的，予以退回，并说明理由。

▶▶ 1.4 法医学鉴定应当在受理后 15 个工作日以内完成。疑难复杂的案件，征得委托方同意，可以适当延长时间。进行毒物分析、组织病理学检验和其他特殊检验以及补充材料的时间，不计入鉴定时限。

▶▶ 1.5 具有下列情形之一的鉴定委托，检察技术部门不得受理：

（1）委托事项超出本机构鉴定业务范围的；

（2）鉴定材料不真实、不完整、不充分或者取得方式不合法的；

（3）鉴定事项的用途不合法或者违背社会公德；

（4）鉴定要求不符合鉴定规则或者相关鉴定技术规范的；

（5）鉴定要求超出自身技术条件和鉴定能力的；

（6）其他不符合法律、法规、规章规定情形的。

▶▶ 1.6 鉴定人在鉴定过程中，发现有下列情形之一的，可以终止鉴定：

（1）委托鉴定事项的用途不合法或者违背社会公德的；

（2）委托人提供的鉴定材料不真实或者取得方式不合法的；

（3）因鉴定材料不完整、不充分或者因鉴定材料耗尽、损坏，委托人不能或者拒绝补充提供符合要求的鉴定材料的；

（4）委托人的鉴定要求或者完成鉴定所需的技术要求超出本机构技术条件和鉴定能力的；

（5）委托人不履行司法鉴定协议书规定的义务或者被鉴定人不予配合，致使鉴定无法继续进行的；

（6）因不可抗力致使鉴定无法继续进行的；

（7）委托人撤销鉴定委托或者无法继续进行的；

（8）其他终止鉴定的情形。

▶▶ 1.7 有下列情形之一的，鉴定机构可以根据委托人的请求进行重新鉴定：

（1）鉴定意见与案件中其他证据相矛盾的；

（2）有证据证明鉴定意见确有错误的；

（3）送检材料不真实的；

（4）鉴定程序不符合法律规定的；

（5）鉴定人应当回避而未回避的；

（6）鉴定人不具备鉴定资格的；

（7）其他可能影响鉴定客观、公正情形的。

▶▶ 1.8 有下列情形之一的，鉴定机构可以根据委托人的请求进行补充鉴定：

（1）委托人增加新的鉴定要求的；

（2）委托人发现委托的鉴定事项有遗漏的；

（3）委托人在鉴定过程中又提供或者补充了新的鉴定材料的；

（4）其他需要补充鉴定的情形。

▶▶ 1.9 鉴定机构决定受理鉴定委托的，应当要求委托人填写《检验鉴定委托受理登记表》。《检验鉴定委托受理登记表》应当载明下列事项：

（1）委托人的基本情况；

（2）委托鉴定的事项及用途；

（3）委托鉴定的要求；

（4）委托鉴定事项涉及案件的简要情况；

（5）被检验鉴定对象的基本情况；

（6）委托人提供的鉴定材料的目录和数量；

（7）其他需要载明的事项。

▶▶ 1.10 因鉴定需要耗尽或者损坏检材的，或者在鉴定完成后无法完整退还检材的，应当事先向委托人说明，征得其同意或者认可，并在受理登记表中载明。

▶▶ 1.11 鉴定机构接受鉴定委托后，应当指派两名以上法医鉴定人员共同进行鉴定。根据鉴定需要可以聘请其他鉴定机构的鉴定人参与鉴定。

▶▶ 1.12 鉴定由分管副检察长批准，由人民检察院技术部门有鉴定资格的人员进行。必要的时候，也可以聘请其他有鉴定资格的人员进行，但是，应当征得鉴定人所在单位的同意。

▶ 2. 法医检验鉴定实施

▶ 2.1 实施法医检验鉴定前，法医鉴定人员应当查看《检验鉴定委托受理登记表》，核对受理鉴定的检材和样本，明确鉴定任务，确定鉴定方法，做好检验鉴定的各项准备工作。

▶ 2.2 鉴定机构应当严格依照有关技术规范保管和使用鉴定材料，严格监控鉴定材料的接收、传递、检验、保存和处置，建立科学、严密的管理制度。

▶ 2.3 鉴定应当严格执行相应的技术标准和操作规程。

▶ 2.4 需要进行实验的，应当记录实验时间、条件、方法、过程、结果等，并由实验人签名，存档备查。

▶ 2.5 法医鉴定人员进行鉴定，应当对鉴定过程进行实时记录并签名。记录可以采取笔记、录音、录像、拍照等方式。记录的内容应当真实、客观、准确、完整、清晰，记录的文本或者音像载体应当妥善保存。

▶ 2.6 遇有重大、疑难、复杂的专门性问题时，经检察长批准，鉴定机构可以组织会检鉴定。

▶ 2.7 会检鉴定人可以由本鉴定机构的鉴定人与聘请的其他鉴定机构的鉴定人共同组成；也可以全部由聘请的其他鉴定机构的鉴定人组成。

▶ 2.8 法医会检鉴定人应当不少于三名，采取鉴定人分别独立检验，集体讨论的方式进行。

▶ 2.9 法医会检鉴定应当出具鉴定意见。鉴定人意见有分歧的，应当在鉴定意见中写明分歧的内容和理由，并分别签名或者盖章。

▶ 3. 法医鉴定文书制作、送达、归档

▶ 3.1 法医检验文书包括尸体检验记录、法医学鉴定书、法医学检验报告等。制作法医检验文书应当语言规范、内容完整、描述准确、论证严谨、意见客观。

▶ 3.2 法医学文书应当由承办人签名。法医学鉴定书和法医学检验报告应当加盖鉴定机构"司法鉴定专用章"，同时附上鉴定机构和鉴定人的资质证明。

▶ 3.3 剩余的检材原则上应当退回送检单位。送检单位放弃剩余检材的，应当办理相关手续。

▶ 3.4 法医工作结束后，应当将案件有关材料、病历资料以及检验鉴定记录、图片或者照片等，按照人民检察院档案管理的相关规定制卷归档。

▶▶ 3.4.1 法医检验鉴定文书的排列顺序

（1）案卷封面；

（2）卷内目录；

（3）委托检验鉴定书；

（4）受理检验鉴定登记表；

（5）鉴定书、检验报告、分析意见及其签发稿；

（6）检验记录；

（7）检验照片；

（8）原鉴定材料、病历等有关材料（复制件）；

（9）备考表；

（10）卷底。

▶▶ 3.5 法医学文书应当与回执单一并发出。案件承办单位或部门在案件办理终结后，应当将法医工作所起到的作用填写在回执单上，反馈给检察技术部门。

对于重大、特殊、疑难案件，鉴定人可以适时回访，总结经验。

▶▶ 4. 法医鉴定人员出庭

▶▶ 4.1 接到人民法院的出庭通知，法医鉴定人员应当出庭。确因特殊情况无法出庭的，应当及时向法庭书面说明理由。

▶▶ 4.2 法医鉴定人员出庭前应当做好如下准备工作

▶▶ 4.2.1 熟悉鉴定意见。

▶▶ 4.2.2 向公诉人或者其他出庭检察员了解该案的进展情况及对鉴定意见的异议。

▶▶ 4.2.3 针对出庭可能遇到的问题，拟定解答提纲。

▶▶ 4.3 法医鉴定人员出庭，应当携带必要的材料，包括：

（1）委托书或者聘请书、受理检验鉴定登记表、送检材料照片或者复印件、检验记录、鉴定文书；

（2）反映有关物证、书证、勘验检查笔录、视听资料等获取、制作过程的有关材料；

（3）与该鉴定意见有关的学术著作和技术资料；

（4）鉴定机构及鉴定人资格证明，能够反映鉴定人专门知识水平与能力的有关材料。

▶▶ 4.4 法医鉴定人员出庭时，应当回答审判人员、检察人员、当事人和辩护人、诉讼代理人依照法定程序提出的有关检验鉴定的问题；对与检验鉴定无关的问题，可以拒绝回答。

▶▶ 4.5 法医鉴定人员、审查人员因在诉讼中作证，本人或者其近亲属的人身安全面临危险的，可以请求法律保护。

▶▶ 4.6 法医鉴定人员出庭作证应当遵守庭审纪律，衣着得体、语言文明、举止大方。

二、法医临床检验鉴定操作规程

【定义】法医临床，俗称活体损伤鉴定，是以活体为主要研究对象，运用临床医学的理论与技术，研究并解决涉及法律问题的人体伤、残及其他生理、病理等问题。主要内容包括：人身损伤程度鉴定、损伤与疾病关系评定、道路交通事故受伤人员伤残程度评定、职工工伤与职业病致残程度评定、劳动能力评定、活体年龄鉴定、性功能鉴定、诈病（伤）及造作病（伤）鉴定、致伤物和致伤方式推断等。

▶ **1. 个人特征的检查。包括性别、年龄、血型及生理、病理特征，提取用于 DNA 检测的生物检材等**

▶▶ 1.1 性别检查：性别检查包括性器官发育及异常检查、骨骼的性别判定、细胞学检查、性激素检查和基因检测等。通常从临床、性激素、染色体和基因检测四个方面进行检查，可以科学、全面、准确地作出性别鉴定。

▶▶ 1.2 年龄推测：主要包括如下内容：

（1）案情及个人生活史的调查。包括籍贯、民族、长期固定职业、生活饮食和体育锻炼习惯、左右利手以及既往病史和家族史等，以及了解严重影响骨骼生长发育的各种因素。

（2）一般状态观察。观测容貌、皮肤色泽和丰度、第二性征发育、身高和体重等，以评估个体营养发育情况。

（3）牙齿检查。观察齿列生长是否整齐，牙齿生长、乳恒牙更替、牙病及牙齿磨耗情况；全景牙齿 X 线摄片，记载、评估和证明牙齿生长、乳恒牙更替、牙根钙化和牙胚釉化及牙病等情况。

（4）骨发育检查。为提高年龄推断准确性，根据综合性原则，应联合观察多部位骨骼发育情况，以相互印证。目前推断骨龄的鉴定方法主要有乳恒牙交替萌出、牙齿钙化时间表、牙齿磨耗度标准、手腕骨发育计分法、手腕骨发育图谱法、四肢关节骨发育时间表和多元回归方程骨龄评测法等。

▶ 1.3 血型检查、提取用于 DNA 检测的生物检材（详见法医物证检验）。

▶ 1.4 生理特征的检查

生理特征的检查主要有形态学研究方法和现代科学技术手段，前者包括发育、营养、身高、体重、体格是魁梧或是瘦弱、容貌特征、指纹、体纹以及身上有无特殊的标志（如痣、胎记、瘢痕和异常的体毛等）；后者主要是指 DNA 技术、X 线、CT 和 MRI 等的应用。生理特征检查主要是进行个人识别和同一认定。在法医活体检查中还涉及生理状态的专门性问题，主要包括视觉功能、听觉功能和男性性功能的检查。视觉功能检查具体方法参考《SF/ZJD0103004 视觉功能障碍法医鉴定指南》；听觉功能检查应符合《GA/T914 - 2010 听力障碍的法医学评定》；男性性功能的检查具体方法参考《SF/ZJD0103002 男子性功能障碍法医学鉴定规范》。

▶ 1.5 病理特征的检查

▶ 1.5.1 病理特征的检查主要是确定是否患有疾病，为何种疾病，疾病的严重程度如何，疾病的严重程度是否危及生命或是否致使生活难以自理，以及有无诈病或造作病。

▶ 1.5.2 对于病理特征的鉴定应当遵守如下原则：一是病残诊断标准必须符合省级以上卫生行政部门规定的医学诊疗常规，最好应用国际或国家疾病分类及诊断标准。二是凡是确定诊断和确定脏器、肢体功能障碍必须具有诊疗常规所明确的相应症状、体征和客观辅助检查依据。三是确定有无诈病或造作病。

▶ 1.5.3 对病理特征进行检验、鉴定主要有以下事项：

（1）人民检察院在取保候审和监视居住工作中，法医确定犯罪嫌疑人是否患有严重疾病应参照《罪犯保外就医疾病伤残范围》进行。

（2）对罪犯确有严重疾病，必须保外就医的，由省级人民政府指定的医院诊断并开具证明文件；检察院法医在对保外就医医学条件进行审查和监督时，可以进行必要的医学检查，对指定医院开具的诊断证明有异议的，可建议委托另一家省级人民政府指定的医院进行诊断并开具证明文件。

（3）人民检察院在取保候审和监视居住工作中，可以委托法医对犯罪嫌疑人进行病理特征检查，以确定犯罪嫌疑人是否患有严重疾病。

（4）确定是否诈病或造作病，在进行病理特征检验鉴定工作中一定要以客观检查为主，探讨各种临床表现，对被检查者的陈述和症状进行审查，才能保证鉴定的客观、公正。

▶ **2. 人身损伤情况的检查。包括判断损伤程度，推断损伤性质、损伤时间、致伤工具、伤残程度等**

▶▶ 2.1 推断损伤性质

推断损伤性质即致伤方式的推断，主要是依据损伤的分布部位及特征等，推测是他伤、自伤、意外灾害和事故致伤等类型，必要时可以结合案情及现场勘查进行推断。

致伤方式推断在鉴别造作伤或自伤时意义重大。造作伤或自伤通常具有以下特点：

（1）有明确的目的，如诬陷他人、企图逃避责任、骗取荣誉等；

（2）造作伤部位的选择特点：暴露，容易被人发现，手可到达，右利手者多集中在身体左侧，无生命危险，不毁容，与目的有关等；

（3）多为机械性损伤，特别是锐器创；

（4）造作伤的形态特征：伤数多，伤形大小一致；密度大，间距小；排列整齐，方向一致；程度轻，浅表均匀；有试刀痕等，不符合打斗过程中形成损伤的特征；

（5）造作伤部位衣服多不破损，无血污等。

▶▶ 2.2 推断损伤时间

损伤时间的推测是指根据活体验伤时所见损伤的改变，推测损伤发生的时间，主要是根据成伤后至检查损伤期间发生的变化进行推测。不同损伤，变化不同，但均为损伤—炎性反应—修复过程的各阶段形态改变。由于这些局部变化可受致伤因素、损伤部位、损伤程度、个体素质以及有无并发症等多种因素的影响，目前尚无准确的推断损伤时间的方法，一般都是根据临床医学的理论和经验进行推测的。通常根据皮肤擦伤的形态、皮内及皮下出血的颜色变化、骨折的影像学片表现以及瘢痕的颜色及性质等进行损伤时间推测。

▶▶ 2.3 推断致伤工具

致伤物的推测或认定，主要是根据损伤的形态特征，如伤或创的形状、有无表皮剥脱、创缘是否整齐、创口的长度与创腔深度的关系、有无组织间桥、创腔内有无异物等，来区别是钝器还是锐器或火器损伤。衣服的痕迹和致伤物上附着物的检查对致伤物的推测或认定亦有重要价值。确定为钝器伤、锐器伤或火器伤之后，再进一步推断是哪种致伤工具。通常，根据损伤的形态特点，可提示致伤物的接触面，然后推测致伤物的形状、大小、长度、厚度、棱边、棱角或其他特征，像轮胎花纹、皮带铁扣、活动扳手突出的螺丝等可造成有特殊形状的表皮擦伤及皮下出血；"竹打中空"性皮下出血，提示是棍棒类长条状钝物打击形成。

▶ 2.4 判断损伤程度

损伤程度的评定是法医学鉴定的一项重要内容，目前我国对损伤程度的评定是依据 2013 年 8 月 30 日最高人民法院、最高人民检察院、公安部、国家安全部、司法部公告的《人体损伤程度鉴定标准》。

（1）重伤：是指使人肢体残废、毁人容貌、丧失听觉、丧失视觉、丧失其他器官功能或者其他对于人身健康有重大伤害的损伤，包括重伤一级和重伤二级。

（2）轻伤：是指使人肢体或者容貌损害，听觉、视觉或者其他器官功能部分障碍或者其他对于人身健康有中度伤害的损伤，包括轻伤一级和轻伤二级。

（3）轻微伤：是指各种致伤因素所致的原发性损伤，造成组织器官结构轻微损害或者轻微功能障碍。

（4）等级限度：重伤二级是重伤的下限，与重伤一级相衔接，重伤一级的上限是致人死亡；轻伤二级是轻伤的下限，与轻伤一级相衔接，轻伤一级的上限与重伤二级相衔接；轻微伤的上限与轻伤二级相衔接，未达轻微伤标准的，不鉴定为轻微伤。

▶ **3. 检查有无性侵害、妊娠、分娩以及性功能状态，协助查明有无性侵害犯罪方面的问题**

▶ 3.1 对于被害人的检查必须按照法定程序进行，对女被害人应当由女法医或者医师进行；检查未成年人身体时，应当有其监护人在场；人身检查应当邀请见证人在场。

▶ 3.2 性侵害的检查

（1）被害人检查：对被害人的活体检查应当明确：曾经发生暴力行为的事实，暴力行为在被害人身上所造成的损伤及该损伤的性状和部位以及被害人无能力反抗的事实等。

（2）性侵害证明：性侵害的证明主要检查内容包括：强奸过程中或猥亵

所造成的特殊部位的损伤,主要分布于被害女性的外阴部、阴道内、大腿、乳房、口腔和肛门。

(3)处女膜的检查:对被害人原则上不进行处女膜检查;必要进行检查的必须征得被害人同意;检查由两名以上女法医或妇产科医师进行,并应有见证人在场。

(4)精斑的证明:在被害人的外阴部、大腿内侧、下腹部、衣裤、床单、被褥以及现场等处均可有精液遗留,有时被害人的部分阴毛粘成一簇,可能是由于粘稠的精液粘合所致,可从根部剪下这簇阴毛作精斑检查。

(5)性成熟的女性被强奸后可能妊娠。妊娠 37 天后可检出胎儿 ABO 血型。

▶▶ 3.3 犯罪嫌疑人检查

对犯罪嫌疑人进行检查前,先了解其姓名、年龄、职业、与被害人的关系,性侵的目的、时间、地点、手段及过程,被害人有无反抗、抵抗情况,本人有无性病等,对比被害人的申诉是否一致,然后对嫌疑对象进行活体检查。

(1)一般检查

观察犯罪嫌疑人的身高、发育、营养及体格等一般状态。如为被害人不熟识的人,应注意观察其体形及个人特征与被害人陈述是否相符。

(2)外阴部检查及证物采集

检查外阴部的一般发育状况,阴毛特征(以便与被害人身上可能发现的阴毛进行对比),同时仔细检查外阴部有无与本人不同的毛发或其他异物;检查阴茎上是否沾染了被害者处女膜破裂时流出的血迹;检查龟头有无破损,包皮系带有无撕裂伤;用少量生理盐水冲洗阴茎,收集冲洗液,检查有无脱落的阴道上皮细胞,必要时进行性病检查。如发现相应的物证,应当按照中华人民共和国公共安全行业标准《法医学物证检材的提取、保存与送检(CA/T169 - 1997)》进行提取、保存与送检。

(3)损伤检查

由于被害人的防卫抵抗,也可在被害人及加害人身上造成防卫抵抗伤。检查有无因被害人的防卫、抵抗而留下的相应损伤,例如鼻尖、口唇、手指、肩部、上臂等处被咬损,或颜面、胸背、外阴部等处的皮肤被抓伤,上述损伤将留下具有特征性的表皮剥脱伴有皮下出血的牙齿印痕,以及颜面、胸背、外阴部等处的条状、片状或片条状的表皮剥脱伴有皮下出血。检查犯罪嫌疑人各部位有无损伤非常重要，有时即使只有手指上微小的咬伤或抓伤破损，往往足以证实其不法行为。

由于被害者防卫抵抗程度不同，所造成的损伤程度往往也不一致，一般地说，已婚或已经性交过的健康女性，如未检见明显的防卫、抵抗征象，则应考虑罪犯是否采用了心理威胁、药物中毒或其他手段。幼女被奸多无抵抗伤。

（4）衣着、现场物证的收集

对犯罪嫌疑人的衣裤也应仔细检查有无精斑或破损。还应在现场仔细检查衣裤、床单、被褥以及现场等处，寻找有无被害人或嫌疑人的阴毛、血痕、精斑或衣服碎片等物证。

▶▶ 3.4 妊娠的检查

妊娠是胚胎和胎儿在母体内发育成长的过程，卵受精是妊娠的开始，胎儿及其附属物自母体排出是妊娠的终止。临床将妊娠全过程共40周（平均280天）分为三个时期，妊娠12周末以前称早期妊娠，第13～27周为中期妊娠，28周以后为晚期妊娠。

▶▶ 3.4.1 早期妊娠的诊断

（1）症状及体征：①有停经史；停经6周开始恶心，伴呕吐即早孕反应；因子宫增大在盆腔内压迫膀胱而有尿频。②从妊娠第8周开始，乳房逐渐增大，乳头及乳晕着色加深。③妊娠后，阴道黏膜充血，呈紫蓝色或紫红色，孕6～8周时，子宫颈变软，随着孕期增长，子宫也相应增大，于妊娠5～6周时，宫体变为球形，以后逐周增大，3个月可达耻骨联合上缘。

（2）辅助检查：①妊娠试验：采用生物学方法或免疫学方法测定血、尿中绒毛膜促性腺激素含量，早孕者为阳性。②黄体酮试验：利用体内孕激素突然撤退引起子宫出血的原理，对疑为早孕的女子每日肌注黄体酮，连用3～5日，停药后3～7天内无阴道出血，早孕可能性大。③超声波检查：最早可在妊娠5周检测到胎心搏动和胎动。

▶▶ 3.4.2 中晚期妊娠诊断

（1）症状及体征：①有早期妊娠临床经过，并逐渐感到腹部增大及胎动。②妊娠18～20周可听到胎儿心音，20周以后可经腹壁触到胎体。③子宫按妊娠周数增大，可根据手测子宫底高度及尺测子宫长度，判断妊娠周数。

（2）辅助检查：①超声波检查：明确显示胎体、胎头、胎盘及胎心。②X线检查：妊娠18～20周以后，X线片可见到胎儿骨骼系统。

▶ 3.5 分娩的检查

妊娠 28 周后，胎儿及其附属物由母体娩出的过程称分娩，妊娠 37～41 周分娩者称足月分娩。针对某些伪装妊娠分娩、隐瞒妊娠分娩等问题，通过法医学鉴定解决是否妊娠分娩，以及分娩时间。妊娠的检验鉴定主要解决如下问题：

（1）是否有过分娩：法医学鉴定首先必须证明有 28 周以上的妊娠史，再结合产褥期的临床表现和体征确认分娩史。

（2）判断分娩时间：可根据恶露的颜色、成分、分娩时产道损伤局部修复程度、子宫复旧状态进行推断，但这只适用于产后时间不长的妇女。对于产后较长时间的妇女，则主要通过向有关人员包括医务工作者进行详细的调查、走访、取证（有关的病历资料及检查结果），了解当事人的妊娠史、分娩史，结合其妊娠分娩后体表遗留征象的状态，综合分析判断。

（3）某些被强奸后怀孕者，常在做完人流后才来鉴定，如人流时间不长，仍可通过测尿液中绒毛膜促性腺激素阳性诊断（妊娠中止后可持续 10 天之久）。对于送检的宫内排出物，鉴定时除做病理学检查以确定正常胚胎组织外，必要时还得做亲子鉴定。

▶ 3.6 性功能状态的检查

需进行性功能状态检查的情况通常有：

（1）在性犯罪案件中，犯罪嫌疑人以无性行为能力为由，否认犯罪事实，以逃避刑罚。

（2）在配偶之间，因一方性功能障碍而导致配偶间的纠纷和离婚诉讼中，为了确定是否存在性功能障碍。

（3）在亲权纠纷案件中，被指控男性以存在性功能障碍为由否认亲子关系。

（4）在医疗纠纷案件中，患者以性功能受到伤害为由，要求追究医疗机构及行为人的责任和获得赔偿。男性性功能的检查具体方法参考《SF/ZJD0103002 男子性功能障碍法医学鉴定规范》进行。

▶ **4. 查明人体有无中毒症状和体征，检查体内是否有某种毒物，并测定其含量及判断入体途径等**

▶ 4.1 查明人体有无中毒症状和体征

各类毒物具有不同的毒理作用，尽管它们产生的反应有的具有共同性，但又各有其特殊性，可反映出不同的中毒症状和体征，对诊断中毒很有意义。临床症状的分析，对判断是否中毒、何种毒物中毒是必不可少的。根据某些症状和体征特点，常可推测为某类型毒物而排除其他类型毒物，为进一步检验检查和毒物化验指示方向，以明确诊断，使中毒者得到及时救治。例如瞳孔缩小、肌纤维颤动、多汗和口吐白色泡沫等是有机磷中毒较特殊的症状表现；呕吐物和呼气中有电石气臭味及口渴则提示可能是磷化锌中毒；中毒者出现昏迷，就可设想是催眠、镇静、安定和麻醉剂或一氧化碳等中毒的反应，而排除士的宁、毒鼠强和异烟肼等毒物中毒。当然，不同的毒物中毒也可出现类似的中毒症状；某些疾病也可出现与中毒相似的症状，应注意鉴别。

▶▶ 4.2 检查体内是否有某种毒物，并测定其含量

确定体内是否有某种毒物及其含量是法医毒物分析的范畴。法医毒物分析在中毒的法医学检验鉴定中是一个关键性环节，它是确定是否中毒的重要证据，中毒的生物检材主要包括中毒者的血、尿、唾液、毛发等。对于中毒者生物检材的提取、包装、贮存、运送及送检必须按照行业标准《中毒案件采取检材规则》（GA/T193－1998）和《中毒案件检材包装、贮存、运送及送检规则》（GA/T194－1998）进行。

通过毒物检材的定性及定量分析可以检测毒物本身及其代谢物，以明确体内是否有某种毒物及是否可以引起中毒。严格遵守技术标准和技术规范是毒物分析检验报告科学可靠的重要保障，也是法律和技术规则的要求。

毒物分析结果对确定中毒与毒物的性质起决定性的作用，但不是唯一的证据。毒物化验结果的解释，不能单纯地从数字出发，还有许多因素影响化验的结果。除化验本身的因素外，还要仔细考虑中毒者的年龄、体重、有无固有的自然疾病、有无外伤、个体耐受的程度及有无过敏反应等。总之，中毒的法医学鉴定必须将案情、临床资料和化验结果等各方面材料加以综合评定，切不能单纯依靠毒物化验结果。

▶▶ 4.3 判断毒物入体途径

毒物必须经一定途径进入人体才能引起毒性作用，毒物作用的程度与人体的接触途径和方式有直接关系。因为接触途径和方式直接影响着毒物的吸收、分布速率，以及其在体内的作用剂量水平。

由于毒物进入机体的途径不同，吸收的速度亦有所不同。可将吸收的次序排列如下：静脉注射＞呼吸道吸入＞腹腔注射＞肌肉注射＞皮下注射＞口服＞

直肠灌注。此外，毒物还可经由皮肤（特别是损伤了的皮肤）、阴道黏膜、膀胱黏膜进入体内引起中毒。

毒物在体液中必须为可溶性方可进入血液，引起中毒。一般言之，液体状态毒物比固体的容易吸收。气态物质在肺内能迅速而完全地被吸收，溶解于血中，从而很快地发生作用。例如金属汞口服时，因不溶解于胃肠液中，可视为无毒，但汞的蒸气，经呼吸道吸入时，毒性就很大。某些毒物，例如苦杏仁素静脉注射无毒，而口服却有毒。反之，如蛇毒口服无毒，而皮下注射则有剧烈毒性。

判断毒物入体途径，可通过中毒的案情调查、中毒案件的现场勘验、中毒症状分析、活体检查、动物实验和毒物化验等综合分析确定。

▶ **5. 检查有关人的精神状态，必要时配合精神病学专家判断是否存在明显的精神异常表现**

▶▶ 5.1 在进行精神状况检查时，必要时需聘请精神病专家配合进行检查、会诊，以判断是否存在明显的精神异常表现。法律对鉴定人的资格有较严格的限定，进行精神状态的鉴定应当在具有司法精神病鉴定资格的机构，由两名以上具有司法精神病鉴定资格的人员进行。

▶▶ 5.2 精神状态的检查和精神异常的判断

▶▶ 5.2.1 精神状况检查

精神状况检查的一般原则：医生应以亲切、和蔼、同情、尊重病人的态度接触病人，进行精神状况检查。医生应耐心倾听并鼓励、引导和启发病人主动谈诉本人体验和有关情况，不得采用暗示、反驳和争辩方式。精神状态检查的方法包括采用自由交谈或询问式交谈的方式，可以根据实际情况加以应用。如受病态支配或其他原因，不主动暴露病情或不合作病人只能采用询问的方式。进行交谈时，还应观察病人谈话时的态度、面部表情、姿态动作，并可参考病人所写日记、文章、信件等资料。与病人交谈时可由一般问题谈起，如工作、学习、生活等方面开始，尽量避免采用生硬的方式方法。

▶▶ 5.2.2 精神异常的判断

（1）获取患者的病史及精神异常表现资料，全面仔细地阅读卷宗，并作摘录，如发现资料不全，可要求委托机关补充调查，必要时亲自到现场和到被鉴定人生活或工作的场所进行调查。通过询问患者本人以及对患者病情了解的知情人，获得患者的完整病史及精神异常的具体表现。

（2）通过全面、有效的精神状况检查，分析和总结出患者的精神症状。

（3）通过躯体检查、实验室检查和脑影像等检查对患者的躯体情况进行系统的评估。

（4）根据需要对被鉴定人作必要的心理测验，如智力测验、记忆测验、个性测验等。通过对上述获得的患者疾病信息进行全面分析和判断，即根据病前性格特征、发病特点、症状学表现和病程特征进行综合分析判断，根据中国精神疾病分类方案与诊断标准（CCMD－3）等通用的诊断体系得出精神疾病的疾病分类学诊断。

▶▶ 5.3 法定能力的判断

（1）在诉讼过程中，确定被鉴定人是否患有精神疾病，患何种精神疾病，实施危害行为时的精神状态，精神疾病和所实施的危害行为之间的因果关系，以及有无刑事责任能力。评定精神病人作案时的责任能力状态必须具有两个要件：一是医学要件，即必须是患有精神疾病的人；二是法学要件，即根据其实施危害行为时精神症状对其辨认和控制能力的影响。

（2）在诉讼过程中，出现精神异常，需确定被鉴定人的精神状态以及有无诉讼能力和受审能力。

（3）在服刑期间，出现精神异常，需确定被鉴定人的精神状态，以便根据精神疾病的性质和程度来决定刑罚的减免或保外就医。

（4）在民事诉讼中，如果怀疑当事人有精神疾病，需要进行鉴定，以确定有无行为能力或限制行为能力，是否需要确定监护人。

（5）如果对证人的证词的法律效力持有怀疑时，需要对证人的作证能力进行鉴定。

（6）确定各类案件的被害人等，在其人身和财产等合法权益遭受侵害时的精神状态，以及对侵犯行为有无辨认能力或者自我防卫、保护能力。主要是女性病人受到性侵害时，需对其性防卫能力进行鉴定。

（7）对依法不负刑事责任的精神病人，应确定是否需要强制医疗程序。

（8）怀疑犯罪嫌疑人伪装精神病时，也应由司法部门委托对精神状态进行鉴定。

▶▶ **6. 活体检查**

▶▶ 6.1 活体检查一般在法医活体检验室进行。根据办案需要，也可以在医院、住处或者监管场所等地进行。

▶▶ 6.2 活体检查应当由两名以上具有鉴定资格的法医进行。

▶▶ 6.3 检查未成年人身体时，应当有其监护人在场；检查妇女身体时，应当有女性工作人员在场。

▶▶ 6.4 活体检查时，案件承办人应当将被检人的临床资料及有关材料送交法医鉴定人，涉及临床医学专科问题，可以聘请医学专家共同进行检查。

▶ 7. 法医临床学鉴定文书制作

（1）前言：记录委托机关的名称，委托鉴定的目的和要求，委托日期，被鉴定人姓名、性别、年龄、职业、籍贯、工作单位、家庭住址、送检资料、检查时间、地点和在场人员姓名。

（2）案情摘要：包括事件发生的缘由、时间、地点、人物、致伤物、致伤经过、受伤部位及症状等。

（3）临床资料摘录：包括急诊、门诊及住院病历，各种辅助检查报告，疾病证明书、病情介绍及临床诊断、治疗经过及既往史，应注意记录医院名称、就诊日期、住院号、入出院日期、手术日期及名称。

（4）法医临床学检查记录：详细记录活体检查结果，在记录时要特别注意记录检查日期，用尺子测量创口大小并用厘米表示，损伤形状的描述要用几何学术语，损伤部位按解剖学记载，记录中不宜用诊断术语或结论性术语，辅助检查和特殊检查要分项记录。

（5）分析说明：根据活体检查结果，结合临床资料，按鉴定事项的要求进行实事求是有科学依据的分析，以解答委托机关所提出的鉴定问题。

（6）鉴定意见：根据检查结果和分析说明作出损伤程度、伤残程度及损伤性质的法医学鉴定意见。最后由鉴定人签名并加盖鉴定专用章。

▶ 8. 法医临床检验鉴定标准

（1）最高人民法院、最高人民检察院、公安部、司法部、国家安全部公告《人体损伤程度鉴定标准》

（2）GB18667《道路交通事故受伤人员伤残评定》

（3）GB/T16180《劳动能力鉴定职工工伤与职业病致残等级》

（4）GB/T26341－2010《残疾人残疾分类和分级》

（5）SF/JD0103003－2011《法医临床检验规范》

（6）GA/T914－2011《听力障碍的法医学评定》

三、法医病理检验鉴定操作规程

【定义】法医病理检验鉴定是指运用法医病理学的理论和技术，通过尸体外表检查、尸体解剖检验、组织切片观察、毒物分析和书证审查等，对涉及与法律有关的医学问题进行鉴定或推断。其主要内容包括：死亡原因鉴定、死亡方式鉴定、死亡时间推断、致伤（死）物判断、生前伤与死后伤鉴别、死后个体识别，通过骨骼、牙、毛发的检验推定死者的性别、身高、年龄、血型等。

死亡原因是指直接引起或间接促进死亡的各种疾病、损伤或生物因素，以及造成任何这类损伤的事故或暴力的情况。死亡方式是指死亡如何得以实现的形式。

死亡时间又称死后经历时间、死后间隔时间，即检验尸体时距死亡发生时的时间间隔。损伤时间是指受伤至死亡的时间，包括生前、死后伤的鉴别，伤后经过时间的推断。

▶ **1. 死亡原因分析方法**

判断人体是否死亡通常以心、肺功能停止作为标志，按心跳和呼吸停止发生的先后，有心脏死和肺脏死之分。

▶ 1.1 死亡原因分类

▶ 1.1.1 按死亡原因分类，可以分为单一死因和联合死因两种。

（1）单一死因：指导致死亡的原因只有一个。

（2）联合死因：又称合并死因或复合死因，是两种或两种以上互不联系的原因，共同作用导致死亡。

①病与病联合致死：几种自然疾病联合致死，一般在法律上争议较少；

②病与损伤联合致死：多种疾病、损伤联合致死，容易发生法律争端。因此，应当查清疾病与损伤之间的时间发展顺序、因果关系、相互作用关系、各伤病的严重程度及在死亡中所起的作用；

③损伤与损伤联合致死：两种或多种暴力因素联合致死，可能存在如下情形：性质和程度相同的损伤联合在一起构成死因；在受到一个可致命的损伤后，濒死之际又受另一致命伤而死亡；数种暴力同时作用，其中每种暴力因素都能通过各自不同的途径和机制，不同程度地作用于人体共同造成死亡；

④中毒与疾病、损伤联合致死：部分案件中，吸毒、醉酒或毒物中毒等与

损伤、疾病可共同作用导致死亡，应当进行综合分析。

≫ 1.1.2 按在死亡发生中的作用不同分类，可以分为以下四种。

（1）直接死因：指直接引起死亡的疾病或损伤。直接死因可以是一个或多个，需具体分析。

（2）根本死因：又称原发死因，是指直接导致死亡的一系列病态事件中最早的那个疾病或损伤，或者是造成致命损伤的那个事故或暴力的情况。

（3）辅助死因：是主要死因之外的自然性疾病或损伤，它们本身不会致死，与主要死因间也无因果关系，但在死亡过程中起到辅助、次要作用。

（4）死亡诱因：指诱发身体原有潜在疾病或损伤恶化而引起死亡的因素，包括各种精神情绪因素、劳累过度、吸烟、轻微外伤、大量饮酒、性交、过度饱食、饥饿、寒冷等。由于上述因素在疾病或损伤导致死亡过程中，是通过内在神经－内分泌因素，间接作用于原有的疾病或损伤而致死，因此仅有间接因果关系，又称间接死因。

≫ 1.1.3 按在死亡中作用大小分类，可以分为以下两种。

（1）主要死因：指在死亡发生中起了主要作用的损伤或疾病。

（2）次要死因：在有联合死因时，相对于主要死因而言，在死亡的发生中起次要作用的损伤或疾病。

≫ 1.1.4 依损伤或疾病后死亡发生的机会分类，可分为以下两种。

（1）绝对死因：指在任何情况下对所有人都必然致命的损伤或疾病。

（2）相对死因：又称条件性死因，指只有在某些条件存在的情况下才能致死的损伤或疾病，包括：

①个体性死因：指由于个体内在的因素，使对一般人来说不足以致死的损伤或疾病导致了死亡，如个体敏感性体质等。

②偶然性死因：指由于某些偶然的外在条件，使一般不足以致命的损伤或疾病引起了死亡。如环境温度过高或过低，边远、偏僻的地方得不到必要及时的救治，罕见的致病微生物感染等，都可以成为偶然条件死因。

▶ **2. 死因分析**

≫ 2.1 因果关系分析法

法医学因果关系研究的是引起人死亡、伤病、伤害的各种原因和条件，鉴定中通常有一因一果和多因一果之分。确定因果关系，可以从以下几方面入手：

（1）原因和结果间有时间先后顺序，一般原因发生在前，结果产生于后。

（2）原因和结果间有关联性，两者间有紧密联系。如果两者间出现中断现象，则必须要分析出现中断的原因以及对结果的影响。如损伤后发生并发症死亡，通常两者间有一个过程，其中有较多因素的参与和影响，此时损伤与并发症间的因果关系就会受多种因素的影响，从而出现多因一果的情形。

（3）原因和结果都必须是真实的，而不是虚构的，也即必须是客观真实的事实。这就要求法医死因分析必须基于客观的检验所见作出。例如在直接死因的鉴定中，外力作用于机体并直接引起死亡后果，没有其他因素的参与，此种外力与后果的关系就是直接因果关系，属一因一果，原因和结果都是唯一的，是必然结果。直接因果关系以原因和结果在时间上、空间上、距离上的远近作为判断标准，直观、简单，因而比较实用。直接原因时行为人常要承担全部责任。实践中，多因一果的情况比较多见，应当具体案例具体分析。

▶▶ 2.2 主次分析法（或强弱程度分析法）

▶▶ 2.2.1 主要死因和次要死因：主要死因是指在引起死亡结果发生的诸因素中起主导和决定作用的原因。次要死因是指在引起死亡结果发生的诸因素中起非主导和非决定作用的原因。无论是主要死因还是次要死因，死亡后果均是二者共同作用产生的，二者的合力和伤害后果之间存在或多或少的必然因果关系。

▶▶ 2.2.2 诱发死因：是指诱发和促进死亡结果的因素。诱发死因一般指与发病有关的应激事件、精神刺激、轻微外力作用及某些与慢性病发病有关的危险因素等。外力是否诱因首先遵循医学知识和经验来判断，其次应符合医学对诱因的描述，如外力是轻微外力而不是较大外力。

▶▶ 2.3 死因排除法

▶▶ 2.3.1 死因排除法是指在确定死因时，对所有阴性检验所见，进行客观综合分析，最终确定死因的方法。在法医死因鉴定时，即使有明确死因，仍然要进行死因排除，以明确是否有其他死因参与，如在有明确的足以致死的颅脑损伤情况下，仍然需要排除有无中毒、有无致死性疾病等。

▶▶ 2.3.2 对于少数没有足以致死的阳性所见，不能立即明确死因的案件，应先通过询问病史、了解案情，详尽的现场勘验、尸体检验、毒物分析等后，对所有的阴性所见进行分析，从而排除可能的常见死因，如机械性损伤、机械性窒息、致死性疾病等，之后进一步开展以下工作，明确有无可能的死因：

（1）再次对尸体进行复检，尤其是对全身皮肤仔细检验，查看有无可疑的电流斑痕，一些隐藏部位的针刺痕等；

（2）再次检验心脏，进一步对心脏传导系统检验，避免可能漏检的死因；

（3）对全脑重新检验，尤其是对脑干进行详尽检验，以明确可能的肉眼难以发现的出血灶；

（4）对收集的检材如心血、肝组织、胃及内容物等再次扩大毒物检验范围，从案情上分析是否存在生物毒素中毒可能；

（5）提取眼球玻璃体液进行生化分析，由于玻璃体液一般受死后变化影响较小，因此通过电解质、血糖等检验，以分析是否存在因电解质紊乱、低血糖等所致的死亡。

▶▶ 2.3.3 通过再检验，排除或寻找可能的死因。如仍有少数死因不明者，则应当根据案情、死亡经过、检验所见等进行循证分析，查阅类似死亡案例，推断出可能的死因。

▶ 3. 确定死亡方式

▶▶ 3.1 暴力性死亡（非自然死亡或非正常死亡）：指由于各种物理、化学或生物性外力或外部因素作用于人体所引起的损害而死亡。包括各种机械性损伤死、机械性窒息死、烧死、冻死、电击死、中暑死，以及各种不同外源性有毒物质所致的中毒死等。确定暴力死亡后，并没有完全解决法律问题，法医病理学还必须进一步解决死亡是如何得以实现的。

▶▶ 3.1.1 自杀：指蓄意地自己对自己施加暴力手段终止自己的生命。

▶▶ 3.1.2 他杀：指用暴力手段剥夺他人生命的事件。法律上根据加害人有无主观故意并追求所要达到的目的分为：

（1）他杀死：又称谋杀，指蓄意地用暴力手段剥夺他人生命。

（2）伤害死：指仅具有伤害他人身体而无预谋杀害的目的加害对方致人死亡；或无故意伤害的目的，而由于过失原因或处置不当，最后在客观上造成了他人的死亡。

▶▶ 3.2 意外死亡：指未曾预料到的、非故意的行为所造成的死亡。包括灾害死、意外事件死。

▶▶ 3.3 安乐死：指使不治之症痛苦折磨的人，安详无痛苦地死去。在我国仍被禁止。包括以下两种类型：

（1）主动安乐死：又称积极的安乐死，指医师或他人通过采取某种措施

（如给毒药）加速患者死亡。

（2）被动安乐死：又称消极的安乐死，指停止或放弃治疗措施，让患者自行死亡。

▶▶ 3.4 非暴力性死：又称自然死亡或正常死亡，包括以下两种类型：

（1）生理性死亡：是指机体各器官生理功能逐渐减退直至衰竭，尤其全脑、心或肺功能因老化而发生的自然衰竭，致不能维持生活功能而死，又称老死或衰老死。

（2）病理性死亡：是指由于各种疾病的自然发展、恶化而引起的死亡，简称为病死。

▶ **4. 推断死亡时间**

▶▶ 4.1 推断死亡时间的常用方法

▶▶ 4.1.1 早期死亡时间推断：指死亡后24小时内的死亡经过时间推断。

（1）利用早期尸体征象如尸斑、尸僵、角膜改变等推断死亡时间。

（2）利用尸温推断死亡时间。人体死亡后因新陈代谢停止无法维持正常体温，当环境温度低于体温时，体内温度会散失。尸温的下降具有一定的规律，并由于测量简便，常被应用于推断死亡时间。目前较为简便的估算方法为：以春秋季节为准，尸体颜面、手足等裸露部分有冷却感，为死后1~2小时或以上，着衣部分皮肤有冷却感，为死后4~5小时；死后最初10小时，尸体直肠温度每小时平均下降1℃；10小时后，每小时平均下降0.5~1℃；肥胖尸体在死亡后最初10小时，尸温每小时平均下降0.75℃，消瘦尸体每小时平均下降1℃，夏季尸冷速率是春秋季节的0.7倍，冬季是春秋季节的1.4倍；暴露在冰雪天气的尸体，尸温在死后数小时即降至环境温度。

（3）利用超生反应推断死亡时间。机体死亡后，许多组织和细胞尚能生存一段时间，并对多种刺激仍可产生反应，称为超生反应。目前，常根据机械、电刺激肌肉兴奋性或虹膜对药物反应推断死亡时间。

（4）利用离子浓度推断死亡时间。人体死亡后，由于细胞膜的破裂、物质死后再分布等原因，可造成某些体液中物质浓度有规律的改变，借助相关检测手段可推断死亡时间。如可测定血液、脑脊液、玻璃体液中的钠、钾、氯、钙等浓度，推断死亡时间。

（5）利用酶活性推断死亡时间。人体死亡后，细胞屏障消失，细胞质内的某些酶释放，其活性与死后经过时间存在一定的相关性，可用于死亡时间推断。如用组织化学或免疫组织化学方法检测死后肝脏、肌肉、脾脏中的乳酸脱氢酶、丁二酸脱氢酶等。

（6）利用遗传物质降解等推断死亡时间。DNA、RNA等遗传物质在人体死后会逐渐断裂、崩解、降解，可利用DAPI荧光法、流式细胞术、彗星电泳等方法检测遗传物质降解情况，推断死亡时间。

▶▶ 4.1.2 晚期死亡时间推断：指死后经过时间超过二十四小时的推断。

（1）利用晚期尸体征象如腐败静脉网、尸蜡、白骨化、尸体干化等推断死亡时间。

（2）借助法医昆虫学研究成果，根据尸体昆虫生长规律有助于推断死亡时间。

（3）利用植物生长规律推断死亡时间：

①尸体周边折断的植物：植物被折断或拔起后因养分终止而停止生长，保留当时生长特征（如发芽程度、叶子大小等），与周边同等条件植物对比，可推断植物折毁时的时间。

②尸体下被压的植物：植物被尸体压迫，叶面因缺少光照等颜色会发生改变，根据叶绿素的变化规律可作为推断死亡时间的依据。

③树根的生长情况：树根生长具有年轮特性，树根折断、或生长穿透尸体内时，均可根据树根相关断面年轮推断死亡时间或被掩埋时间，精度以年为单位。

④现场遗留物。现场的一些遗留物，如报纸杂志、摔坏的手表、印有日期的包装袋等，均有助于推断死亡时间。

▶▶ 4.2 相对死亡时间推断

（1）胃、肠内容物消化程度。人体食物消化具有一定的规律性，有助于推断死亡距末次进餐时间，一般成年人，胃内食物呈原始状态未消化，为进食不久死亡；胃内容大部分移向十二指肠伴相当程度的消化，约进食后二～三小时死亡；胃内容空虚或仅有少量消化物，十二指肠内含有消化物，约进食后四～五小时死亡；胃和十二指肠内均已空虚，为进食六小时以上死亡。但食物消化过程受个体差异、精神状态、食物性状、进食习惯、进食量等诸多因素影响，因此需综合分析。

（2）膀胱尿量。膀胱尿量有助于推断死亡距就寝的时间，但膀胱内尿量与饮水量、个体生活习惯、疾病等有关，同时需要注意，有些死者若在濒死期出现尿失禁，则无法准确判断膀胱内尿量。

▶ 4.3 死亡时间推断注意事项

根据尸体腐败变化规律，一般将死亡时间推断分为死后早期、死后晚期（腐败）、死亡时间推断及白骨化尸体死亡时间推断三个阶段。超生反应、尸温、体液离子浓度、组织酶学、遗传物质降解等方法多运用于死后 12 小时内的时间推断，早期尸体现象、体液离子浓度等方法有助于死后数天内的时间推断，晚期尸体现象及法医昆虫学等常应用于晚期死亡时间推断。

▶ 5. 推断损伤时间

损伤时间是指受伤至死亡的时间，包括生前、死后伤的鉴别，伤后经过时间的推断。推断损伤时间对于重建事件发生经过有重要的法医学价值。

▶ 5.1 根据目前已建立的各项技术方法，在鉴别生前伤和死后伤时，除尸体已高度腐败无法检查外，无论是机械性损伤或烧伤、电流斑，新鲜组织标本还是福尔马林固定的标本，均可作出明确结论。

▶ 5.2 生前损伤要推断从受伤到死亡所经过的时间，迄今尚无切实准确的方法。

▶ 5.3 推断损伤时间的理论基础是人体损伤后发生的生活反应，由于影响生活反应的因素很多，从受伤到死亡所经过的时间，根据目前的科学水平，只能作出大致的推测，还未能作出很精确的推断。

▶ 5.4 为了进一步提高推断生前伤所经过的时间，尚需要更细致的研究。要尽可能用人体材料，严密设计，考虑各种可能影响因素，寻求较稳定的有规律的生活反应变化指标，优选容易推广的方法。

▶ 6. 推断致伤物

在机械性损伤致死案件中，常常要解决是什么类型、特征的致伤物造成了该种损伤，即致伤物的推断；已知的可疑致伤物是否就是造成该损伤的工具，即致伤物的认定。

▶ 6.1 致伤物推断的常用方法

（1）根据损伤形态及特征推断致伤物种类及作用面特征：钝器、锐器、火器损伤具有特定的损伤类型，同时钝器接触面的大小、形态、花纹，锐器的长、宽、厚、单双刃，火器的种类、射击距离等均可呈现特殊的损伤形态或特征，有助于致伤物种类和作用面特征的推断。

（2）根据创内异物推断致伤物：创腔内残留木屑、碎石、金属碎片、火药颗粒可分别由木质、砖石、金属物、枪弹等形成；创腔内有油污、泥沙常提示致伤物表面性状。

（3）根据衣着损伤痕迹推断致伤物类型：衣着破口有助于推断钝器、锐器及致伤工具形态，衣着表面附着物或印痕有助于推断工具质地及形态特征。如衣着附着射击残留物或有轮胎印痕，则分别提示枪弹伤或车辆轮胎特征，并能进一步进行致伤物的认定。

（4）根据现场痕迹物证推断致伤物种类：如枪弹、爆炸等现场，一般均遗留弹壳或炸药成分，交通事故现场常有刹车痕和轮胎压痕等。

▶▶ 6.2 致伤物认定的常用方法

（1）根据损伤的形态特征与嫌疑致伤物的相关特征进行比对，观察是否完全符合，如咬痕与嫌疑人牙齿排列特征的比对，损伤花纹与犯罪嫌疑致伤物作用面花纹的比对等。

（2）根据创腔内提取的异物如铁屑、油污等与嫌疑致伤物相应部位在理化性状、元素组成上是否一致来认定。这需要应用特殊分析仪器如光谱分析仪，中子活化分析仪，紫外、红外能谱分析仪，能谱扫描电镜等。

（3）根据嫌疑致伤物上所粘附的血迹、毛发、组织块等进行血型、DNA等是否与死者完全同一来判断。应用此方法时，不能脱离嫌疑致伤物与损伤特征的比对，只有当两者特征基本相同，同时上述物证又是从该致伤物上提取才有意义。因为这些致伤物上的血迹、毛发等生物检材也可能是在现场被粘附或在提取、保存、转运等过程中被污染所致。

（4）根据嫌疑致伤物上的指纹、掌纹等比对，判断是否为同一人所留。但以此作为致伤物认定时应有一定的前提，即该嫌疑致伤物与损伤特征基本一致，并且是在现场提取或在犯罪嫌疑人指认或辨认下提取，且需排除有人伪造的情形。

（5）对于枪弹的认定，则可以通过对嫌疑枪支试验射击后弹头、弹壳上的痕迹特征，与现场或死者体内找到的弹头或弹壳上的痕迹比对，如完全一致，即可认定嫌疑枪支为致伤物。

▶▶ 6.3 致伤物推断应注意的问题

（1）致伤物推断应以一元论为基础和前提，但不排除多元论，即先假设一种致伤工具可形成其发现的所有种类损伤，若无法作出合理解释则增加致伤物的种类。

（2）由于打击力度、角度、运动轨迹的改变、着力部位及损伤部位的差别等各种因素的影响，损伤形态存在多种变异，因此实践中需要运用多种方法综合求证。

（3）目前法医学对致伤工具的推断还停留在大类的水平，如钝器、锐器、火器及爆炸物，致伤物的认定虽然有些可通过工具上的物证和指纹等认定，如血迹的 DNA 测定、指纹的比对等，有些可通过创口内微量元素的测定确定致伤物，如枪弹、电击斑，但要确定致伤物仍然受多种因素影响。

（4）致伤物是命案中最重要的实物证据，对于一个没有找到致伤物的命案来说，如果犯罪嫌疑人的供述与尸体损伤特征不符时，应当引起足够重视，并尽可能去寻找致伤物或进一步研究，以确定嫌疑人是否说谎或致伤物推断有误。

▶ 7. 尸体检验

▶ 7.1 尸体检验的范围

（1）检察机关渎职侵权检察、刑事执行检察等部门办理案件中涉及非正常死亡的。

（2）检察机关认为有必要进行补充鉴定或者重新鉴定的。

（3）按照相关规定接受其他司法机关委托，对案件中涉及的尸体进行检验的。

▶ 7.2 尸体检验应当由两名以上具有鉴定资格的法医进行。

▶ 7.3 尸体检验原则上应当在解剖室内进行。现场解剖的，应当设置防护隔离设施。

▶ 7.4 尸体检验的场所。尸体检验在解剖室内进行，根据《尸体解剖检验室建设规范》（GA/T830－2009）相关规定，法医尸体解剖实验室应配备相应的场所、仪器、器械（包括解剖台、解剖器械等），并提供符合规范的通风、照明、水电、温度、湿度、消毒、排污、人员维护、尸体运输、储存、组织固定、取材等系统，同时建立突发应急预案（如备用电源、应急照明、紧急消毒及救护等）。

▶ 7.5 现场尸体检验。开展现场尸检工作，首先要请承办案件的单位或部门指派专人组织人力、物力配合法医工作，明确分工、责任到人。

（1）应选择便于控制、相对隔绝、明亮或有充足照明的场所或处所尸检，并设专人防护，杜绝围观。

（2）要完成一例全面系统的解剖，一般要求搭设临时解剖台，如放在推尸车上、架起的门板上、利用泥土垒起一个高约 0.5 米的土台或在棺材盖上进行等。

（3）因解剖时需要清洗，因此现场检验应当放在便于取水的地方，但应当防止在河边、井边检验，因为一方面会导致水源污染，另一方面也应考虑当地群众的生活习惯。

（4）对于尸体检验后污水及废弃物的处理，应当就地消毒、焚烧、深埋和填埋清洗坑等。

▶▶ 7.6 尸体检验禁止有伤风化的行为。涉及少数民族尸体检验的，应当尊重其民族风俗。

▶▶ 7.7 尸体检验的要求。法医尸体检验是一种执行公务的行为，应当严格按照法律程序进行。法医工作者在进行尸检时，既要做好本身的防护工作，也要防止有伤风化的行为发生，并尊重当地的风俗习惯。

（1）尸体检验应当严肃认真，不得因尸体已经腐败，尸臭难闻、尸体不全等而借故不检验或马虎草率检验。检验时不得用粗俗的态度或语言对待尸体，禁止与在场人闲谈开玩笑。

（2）尸检前应当尊重死者家属意愿，有条件时尽量满足亲属见最后一面要求。亲属要求现场见证的，应当允许，但应当交代注意事项，如只能两人参加，参加者身体要健康等。亲属见面时，尸体应当衣着完整，尤其是女性尸体，防止裸尸见面。

（3）检验前应当商定解剖术式，主刀者应当熟练掌握操作技能，防止解剖中更改术式或解剖不熟练而引起死者亲属不满，操作应当规范，动作要轻巧，禁止使用暴力或不当的姿势解剖尸体。解剖时应当防止血液飞溅，随时清洗血污，保持工作面整洁。

（4）提取检材应当告知死者亲属，尤其是提取脏器进行病理检验时，应当告知保存期限及到期如何处理，对于亲属需要取回剩余标本的，应当在征得对鉴定无异议并签收后由办案单位取回。

（5）检验完后，应当仔细缝合尸体，尽量洗净尸体，给尸体着装等。

▶▶ 7.8 少数民族尸体的检验。对于少数民族尸体，检验前应了解少数民族的风俗习惯，聘请翻译人员与家属或见证人进行有效沟通，了解他们的诉求，宣讲法医解剖的法律规定及程序要求，获得少数民族的理解、信任。少数民族尸体检验时，注意言行举止，不说少数民族忌讳词语、称呼，不议论少数民族宗教信仰，不做带有歧视性、污蔑性的行为。根据相关要求，可采取特殊的检验、解剖方法，如进行 Y 字切口或 T 字切口防止颜面、颈部毁损，解剖取材准确适量，其余组织原位摆放，解剖结束后将切口细致缝合，并清洗体表污渍，根据相关风俗为死者穿戴入殓服饰、配饰等。

▶ 7.9 尸体检验包括尸表检验和解剖检验。尸体检验要全面、系统，应当按相关技术规范提取有关脏器和组织进行组织病理学检验，提取胃内容物、脏器、组织、血液、尿液等进行毒物分析或者其他检验。上述检材应当留取一定数量，以备复验或者重新鉴定。

▶ 7.10 尸体检验应当进行照相、录音录像。照相和录音录像应当由专业技术人员进行，未经办案部门批准，禁止其他人员照相和录音录像。

▶ 7.11 尸体检验应当形成全面客观的记录，尸体照相应当完整，阳性发现和重要的阴性表现均应当完整反映，细目照相应当有比例尺。

（内容详见第六章第三节）

▶ 7.12 尸体检验标准和方法：

（1）GA/T147－1996《法医学尸体解剖》

（2）GA/T148－1996《法医病理学检材的提取、固定、包装及送检方法》

（3）GA/T149－1996《法医学尸表检验》

（4）GA/T150－1996《机械性窒息尸体检验》

（5）GA/T151－1996《新生儿尸体检验》

（6）GA/T167－1997《中毒尸体检验规范》

（7）GA/T168－1997《机械性损伤尸体检验》

（8）GA/T170－1997《猝死尸体的检验》

（9）GA368－2009《道路交通事故尸体检验》

四、法医精神病鉴定操作规程

【定义】法医精神病鉴定是指运用司法精神病学的理论和方法，对涉及与法律有关的精神状态、法定能力（如刑事责任能力、受审能力、服刑能力、民事行为能力、监护能力、被害人自我防卫能力、作证能力等）、精神损伤程度、智能障碍等问题进行鉴定。

▶ 1. 法医精神病鉴定内容范围

▶ 1.1 刑事案件

（1）确定被鉴定人是否患有精神障碍，患何种精神障碍，实施危害行为时的精神状态，精神障碍与所实施危害行为之间的因果关系，以判定其有无刑事责任能力；

（2）确定被鉴定人在诉讼过程中的精神状态，以及有无受审能力；

（3）确定被鉴定人在服刑期间的精神状态，以及有无服刑能力；

（4）对服刑罪犯进行保外就医的司法鉴定；

（5）对被鉴定人（人身伤害案件的受害人）进行精神损伤程度的鉴定，即精神方面的轻重伤鉴定。

（6）性犯罪案件：对受性侵犯的女性，在怀疑其有精神异常时，确定其当时的精神状态，有无性自卫能力。

▶ 1.2 民事案件

（1）确定当事人精神状态是否正常，有无行为能力，从而确定有关的法律行为是否有效。如处理财产的能力，遗嘱能力，签订契约、合同、买卖的能力，婚姻能力，有无选举和被选举权，能否承担兵役或其他各项义务；

（2）确定被鉴定人在调解或审理阶段期间的精神状态，以及有无诉讼能力；

（3）确定被告（人身损伤案件的受害人）的精神伤残程度，精神症状与外力作用之间的因果关系等。精神损伤的休息、营养、护理期限的鉴定；

（4）确定当事人（患有精神疾病或出现精神损伤者）的劳动能力。

▶ 1.3 其他有关案件

在各类案件中，对案件的陈述人，如原告、证人、检举人的精神状态有怀疑时，需进行精神鉴定，确定其陈述的可靠性。即作证能力的鉴定。

▶ 2. 法医精神病鉴定适用情形

对可能患有精神疾病的下列人员应当进行鉴定：

（1）刑事案件的被告人、被害人；

（2）民事案件的当事人；

（3）行政案件的原告人（自然人）；

（4）违反治安管理应当受拘留处罚的人员；

（5）劳动改造的罪犯；

（6）收容审查人员；

（7）与案件有关需要鉴定的其他人员。

▶ **3. 法医精神病鉴定的程序**

▶▷ 3.1 由精神疾病司法鉴定人完成精神检查工作。精神检查应在比较安静的环境中进行，尽量避免外界干扰。

▶▷ 3.2 鉴定人在精神检查前要熟悉案卷材料，检查时应以材料中的异常现象和可能的病因为线索，有重点地进行检查，并根据被鉴定人表现及交谈中发现的新情况进行针对性检查，避免刻板、公式化。

▶▷ 3.3 鉴定人作精神检查时，应以平和、耐心的态度对待被鉴定人，以消除交流障碍，建立较为合作的关系；应根据被鉴定人的年龄、性别、个性、职业和检查当时的心理状态，采用灵活的检查方式以取得最佳的效果。

▶▷ 3.4 精神检查可以采用自由交谈法与询问法相结合的方式进行，一方面使被鉴定人在较为自然的气氛中不受拘束地交谈，另一方面又可在鉴定人有目的的提问下使其谈话不致偏离主题太远，做到重点突出。

▶▷ 3.5 精神检查时，既要倾听，又要注意观察被鉴定人的表情、姿势、态度及行为，要善于观察被鉴定人的细微变化，并适时描述记录。

▶▷ 3.6 精神检查时，要做到全面、细致，并适时做好记录，确保记录内容真实和完整，必要时可进行录像、录音。

▶▷ 3.7 鉴定人认为必要时，可进行相关心理测验或实验室检查。

▶▷ 3.8 被鉴定人合作情况下的精神检查

（1）一般情况：对意识状态、定向力、接触情况、日常生活进行检查；

（2）认知过程：

①知觉障碍：对错觉、幻觉、感知综合障碍进行检查；

②注意障碍：是否集中、涣散；

③思维障碍：对思维过程和思维逻辑、思维内容和结构进行检查；

④记忆障碍：有无记忆力减退（包括即刻记忆、近记忆及远记忆），记忆增强，有无遗忘、错构及虚构等，可辅助进行记忆测验；

⑤智能障碍：包括一般常识、专业知识、计算力、理解力、分析综合及抽象概括能力等方面，可辅助进行智力测验；

⑥自知力障碍：被鉴定人对所患的精神疾病是否存在自知力。

（3）情感表现：包括是否存在情感高涨、情感低落、情感淡漠、情感倒错、情感迟钝、焦虑、紧张等。并注意被鉴定人的表情、姿势、声调、内心体验及情感强度、稳定性，情感与其他精神活动是否配合，对周围事物是否有相应的情感反应。

（4）意志与行为活动：有无意志减退或增强，本能活动的减退或增强，有无木僵及怪异的动作行为。注意其稳定性及冲动性，与其他精神活动的关系及协调性等。

▶▶ 3.9 被鉴定人不合作情况下的精神检查。处于极度兴奋、躁动、木僵、缄默、违拗及意识模糊等状态的被鉴定人属于不合作被鉴定人。

（1）一般情况：

①意识：通过观察被鉴定人的面部表情、自发言语、生活自理情况及行为等方面进行判断。

②定向力：通过观察被鉴定人的自发言语、生活起居及接触他人时的反应等方面进行判断。

③姿态：姿势是否自然，有无不舒服的姿势，姿势是否长时间不变或多动不定，肌力、肌张力如何。

④日常生活：饮食及大小便能否自理，女性被鉴定人能否主动料理经期卫生。

（2）言语。被鉴定人兴奋时应注意言语的连贯性及内容，有无模仿言语，吐字是否清晰，音调高低，是否用手势或表情示意。缄默不语时是否能够用文字表达其内心体验与要求，有无失语症。

（3）面部表情与情感反应。面部表情如呆板、欣快、愉快、焦虑等，有无变化。周围无人时被鉴定人是否闭眼、凝视，是否警惕周围事物的变化。询问有关问题时，有无情感流露。

（4）动作与行为。有无本能活动亢进、蜡样屈曲、刻板动作、模仿动作、重复动作。有无冲动、自伤、自杀行为。有无抗拒、违拗、躲避、攻击及被动服从。动作增多或减少，对指令是否服从。

五、法医物证检验鉴定操作规程

【定义】法医物证检验是指以法医物证学理论为基础，运用化学、物理学、生物学、形态学、免疫学、生物化学及分子生物学、遗传学和电子计算机学等学科的理论和技术，对司法实践和社会生活中涉及到的生物性检材进行鉴定和分析，并得到相应实验结果和鉴定意见的一项技术。法医物证是指与案件有关的人体组织器官的一部分或者其分泌物、排泄物等。

▶ **1. 法医物证检验鉴定的目的**

法医物证检验主要解决司法实践和社会生活中涉及到的个体识别和亲缘关系鉴定问题，如：为刑事案件的侦查、审判提供证据、线索；为民事案件的调解提供解决办法的依据；为重大灾难事故遇难者确定身份等。

▶ **2. 法医物证检验鉴定的主要内容**

（1）血痕检验包括检验检材上是否有血及其种属，判断性别、血型、DNA 基因分型、出血部位等；

（2）毛发检验包括种属认定，确定其生长部位，脱落、损伤的原因，有无附着物，判断性别、血型和 DNA 基因分型等；

（3）精斑检验包括认定是否精斑，判断血型和 DNA 基因分型等；

（4）骨骼检验包括认定是否人骨，是一人骨还是多人骨，推断性别、年龄、身高和其他特征，判断骨骼损伤是生前还是死后形成以及致伤工具等；

（5）对其他人体生物检材的检验。

▶ **3. 血痕检验**

▶▶ 3.1 肉眼检查。主要通过肉眼或光学照射等方法，寻找、观察、测量和记录可疑血痕的大小、形状、颜色、数量、所在空间、范围和分布，并通过绘图、照相或摄像加以固定。

▶▶ 3.2 预试验。血痕的预试验是一类筛选排查性测试。预试验方法简便，灵敏度高，但特异性差，阳性结果只能证明检材上有血迹存在的可能性，而不能肯定就是血迹，阴性结果原则上可以排除有血迹存在的可能性。血痕的预试验包括：联苯胺试验、鲁米诺试验、血卟啉试验、酚酞试验等，以联苯胺试验、鲁米诺试验较常用。

▶▶ 3.2.1 联苯胺试验：该试验最常用，实验方法参考 GA/T383－2002《法庭科学 DNA 实验室检验规范》。联苯胺试验的灵敏度高，血液经过稀释50 万倍，试验仍可呈阳性结果，痕量的检材就已足够检出，因此用来剪取检材的器具必须擦拭干净，以防交叉污染。联苯胺能够破坏血痕，影响后续的检测，因此如果检材微量，试验时不要将试剂直接滴在全部检材的瘢痕上。联苯胺是致癌物，检测时应做好自我防护。

▶▶ 3.2.2 鲁米诺试验：血红蛋白中高铁血红素的过氧化酶作用可以使鲁米诺产生化学发光，适用于夜间或黑色地方寻找血迹。将鲁米诺溶液（鲁米诺0.1g，无水碳酸钠5g，30%过氧化氢15ml，蒸馏水100ml溶解制成）对可疑斑痕进行喷洒，立即呈现青白色发光现象则为阳性结果。本试验不会破坏检材中的DNA，因此现场环境中对潜血或潜血指（掌）纹等微量检材的检测可以考虑使用此试验。

▶▶ 3.2.3 注意事项：阳性结果表示可能是血痕，但存在假阳性的可能，如某些植物或人体分泌物等也能使血痕预试验呈阳性反应。

阴性基本可以起排除作用，但也存在假阴性可能，如日常生活中洗衣液等处理过的血痕可呈阴性；少数情况下，虽然预试验呈阴性，但因为不能排除其他人体组织、细胞的存在，所以不要轻易放弃对该检材的后续检验工作，可以直接转入遗传标记检测。

▶▶ 3.3 确证试验。确证试验的目的是证实检材是否血痕，主要有血色原结晶试验和吸收光谱检查等检测方法，但由于确证试验的灵敏度不高，可能存在假阴性结果等问题，检案实验室实际很少开展此项工作。

▶▶ 3.4 种属试验。种属试验是一类特异性试验，是血痕检验中的必需步骤，可明确血痕是否为人血，阳性表示为人血痕。

▶▶ 3.4.1 血痕种属试验主要有抗人血清沉淀反应和抗人血红蛋白胶体金试验，其中抗人血红蛋白胶体金试验（金标试纸）操作简便、快速，灵敏度高，特异性强，被大部分实验室采用。

▶▶ 3.4.2 抗人血红蛋白胶体金试验具体操作如下：

（1）将金标试纸条插入可疑血痕的蒸馏水浸泡液中5~10秒钟（注意液面不要超过试纸条上的标志线MAX线）；

（2）取出静置，5分钟内观察结果：①在测试区和控制区内分别出现红色线条为阳性结果，表明样本中含有人血红蛋白；②在测试区内未出现红色线条，仅在控制区内出现一条红色线条为阴性结果，表明样本中不含有人血红蛋白阳性；③在测试区和控制区内均无红色线条出现则为失效（详见GA765-2008《人血红蛋白检测金标试剂条法》）。

（3）应当注意有关情况：①用本方法做血痕种属试验，要用同一份检材的无斑痕处作为阴性对照，用已知人血痕作为阳性对照。②如果检材量有限，可以将检材浸泡液离心，上清液安排种属试验，沉渣部分进行下一步的DNA

检测。③陈旧性人血痕的种属试验结果可能不理想，因此即使呈阴性结果，仍建议继续下一步检测。

▶ 3.5 血型鉴定。血痕经确证试验确定为人血后，要对血痕的血型进行测定。血型系统遗传标记多达几十种，常用的有 ABO 和 MN 血型测定，但对于陈旧或污染严重的血痕，血型鉴定检出率很低，而且血型测定在人群中不能进行同一认定，因此，随着 DNA 遗传标记检测技术的发展，血型测定在法医物证鉴定中的应用也越来越少，基本已被 DNA 检测技术所替代。常用的血型测定技术有凝集法和解离法等技术，详见《GA656－2006 人血液（痕）ABO 血型检测凝集法、解离法》。

▶ 3.6 性别鉴定。血痕性别鉴定的方法有：X 和 Y 染色体核型分析，性激素测定和 DNA 分析，前两种方法的结果稳定性较差，且受到检材量的限制，较为少用；而 DNA 分析结果可靠，方法简便，是目前鉴定血痕性别的主要方法。DNA 分析主要采用的是同时扩增 X、Y 染色体的特异性片段或 Y 染色体特异性片段等技术，目前采用最多的是 SULLIVAN 法同时扩增 X 和 Y 染色体的 AMELOGENIN（编码牙釉质蛋白基因），X 染色体 AMELOGENIN 扩增产物为 106BP，Y 染色体 AMELOGENIN 扩增产物为 112BP。因此，女性 DNA 分析图谱只有一条 106BP 谱带，男性 DNA 分析图谱则有 106BP 和 112BP 两条谱带。该方法灵敏度高，检测快捷，常用于 DNA 分析的复合扩增体系中。

▶ 3.7 出血部位的判定。出血部位的判定，主要通过对血痕进行涂片染色镜检，观察其中混有的脱落组织、细胞形态特征来分析推断。如：鼻出血时可见纤毛柱状上皮细胞，偶见鼻毛；口腔出血可见扁平上皮细胞，有时可见食物残渣；肺出血可见纤毛柱状上皮细胞及口腔扁平上皮细胞；胃出血可见食物残渣、胃粘膜及口腔上皮细胞；内脏损伤出血可见脏器特有的组织碎片或细胞；阴道出血可见阴道上皮细胞，偶见阴道滴虫；月经血或女性生殖器出血可见子宫内膜细胞、阴道或宫颈鳞状上皮细胞，还可以通过检验纤维蛋白降解产物或纤溶酶活性来判断是否月经血。妊娠妇女血可用血清学检出妊娠结合球蛋白、耐热性碱性磷酸酶的方法与其他血进行鉴别。

▶ 3.8 DNA 基因分型。目前，血痕的 DNA 基因分型技术已经基本替代 ABO 血型分析等技术，成为被法医物证领域个体识别及亲缘鉴定所采用的主要技术手段，也是当前法律唯一认可的法医识别技术。DNA 遗传标记包括：常染色体 STR（短串联重复序列）基因座（具有共显性遗传特征）、性染色体 STR 基因座、线粒体 DNA 多态性（MTDNA）及单核苷酸多态性（SNP）。聚合酶链式反应（PCR）则是上述遗传标记检测的核心技术。血痕的 DNA 分析技术的关键步骤是：DNA 的提取、定量、扩增和结果分析。DNA 提取的主要方法有：有机溶剂提取法、CHELEX-100 提取法和商品试剂盒提取纯化法（实验方法参考 GA/T383-2002《法庭科学 DNA 实验室检验规范》）。

▶ 4. 毛发检验

▶ 4.1 毛发检验的内容包括是否为毛发及是否为人的毛发，人毛发的部位、脱落损伤情况和附着物检验以及毛发的个体识别。

▶ 4.2 通过肉眼、显微镜等可观察毛发表面有无染发剂、粉尘、渣屑等附着物，来获得其个人特征、职业特点或过往场所等信息。

▶ 4.3 观察毛发的受力部分、断面、端面等的形态学特征，可以推断毛发自然脱落或被损伤原因。

▶ 4.4 毛发的个体识别

▶▶ 4.4.1 血型鉴定。毛发是角化组织，血型物质可以长期保存，可采用解离试验测定毛发的 ABO 血型，原理与血痕相同，但与血痕相比，毛发的血型物质较少，因此 ABO 血型检测难度较高。检测的基本操作方法参考《GA655-2006 人毛发 ABO 血型检测解离法》。

▶▶ 4.4.2 性别鉴定。毛发的性别鉴定主要通过 DNA 遗传标记分析，对 X 和 Y 染色体中的牙釉质蛋白基因进行检测，其方法与血痕的性别鉴定相同。

▶▶ 4.4.3 DNA 基因分析。毛发的 DNA 多态性检验分为两种情况：带有毛囊的新鲜毛发可以直接进行 STR 基因座分析；仅有毛干的毛发或陈旧毛发 DNA 含量极少，宜进行线粒体 DNA（MTDNA）分析。毛发的 DNA 提取方法主要有：有机溶剂提取法、CHELEX-100 提取法、硅珠法和 PCR 缓冲液处理法等，其中 CHELEX-100 法在提取过程中检材不需要反复转移，可以避免 DNA 的丢失，因此是提取毛发的首选方法。具体步骤和实验方法参考 GA/T383-2002《法庭科学 DNA 实验室检验规范》。

▶ 5. 精斑检验

▶▶ 5.1 肉眼观察。陈旧或水洗过的精斑，肉眼不易辨别时，可借助紫外光在暗处进行观察，精斑中含有黄素，在紫外光下呈银白色荧光，边缘呈浅紫蓝色。阴道分泌物、唾液、鼻涕、乳汁等在紫外光下也能发出与精斑类似的荧光，因此紫外光检查阳性结果仅表示可能是精斑；如果精斑过于陈旧、稀薄或被污染，则此方法也不一定检测到结果，故阴性结果也不能排除精斑的存在。

▶5.2 预试验。精斑检验预试验的目的是筛选可疑精斑，方法有：酸性磷酸酶（ACP）检验、碘化碘钾结晶试验和苦味酸结晶实验。其中酸性磷酸酶检验最为常用，实验方法参考 GA/T383－2002《法庭科学 DNA 实验室检验规范》，该检验方法灵敏度高，陈旧精斑也可得到阳性结果。

▶5.3 确证试验。确证试验是检验精斑中的特有成分，结果阳性可确认精斑。检验方法有：前列腺特异性抗原（PSA 或 P30）检测法，常用抗人 PSA 金标试纸检验法（详见《GA766－2008 人精液 PSA 检测金标试剂条法》）和精子显微镜下检出法，实验方法参考《GA/T383－2002 法庭科学 DNA 实验室检验规范》。

▶5.4 个体识别。精斑的血型和 DNA 多态性等遗传标记都可用于个体识别，精斑中的精子含有大量 DNA，即使精斑中没有精子，由于精液中含有少量睾丸细胞、上皮细胞等，也可以提取出 DNA 进行检验。

▶ **6. 骨骼检验**

▶6.1 种属鉴定。种属鉴定的方法包括肉眼观察和组织学检查两种。

（1）肉眼观察：对于完整的骨骼，可将全部骨骼排列成人形，查看、比对各骨骼形态、大小、长短、粗细、牙齿等特征和状况，看是否符合人体骨架的特征和形态。由于人骨和兽骨在形态方面有较大的差异，因而鉴别起来并不困难。

（2）组织学检查：当检材为碎骨片，无法从外形上鉴别时，可将检材磨成薄片或制成骨组织片，置于显微镜下观察其组织结构。根据骨组织结构的差异，确定是人骨还是兽骨。

▶6.2 种族鉴定。确定骨骼是白人、黑人或黄种人。

▶6.3 确定是一人骨还是多人骨。在被检骨骼完整的情况下，可以将全部骨骼排列组装成人形，查看有无重骨和剩余之骨，左右两侧之骨是否对称。如果无重骨或剩余之骨，则可能系一人之骨，相反，则是多人之骨。

▶6.4 性别鉴定。确定骨骼性别主要是依据骨骼的生理特征及骨骼的表面形态。确定性别准确率最高的首先是骨盆，其次是颅骨及躯干骨，四肢骨骼的性别鉴定准确率也较高。任何单一骨骼的性别鉴定都有一定的误差，多骨骼的性别鉴定可以起到交叉校对的作用，能提高骨骼性别鉴定的准确性。通过骨骼表面特征的观察确定骨骼的性别，需要鉴定人员有较丰富的经验。对于性别特征不明显的骨骼，可根据人体测量学的方法对骨骼各项指标进行测量，将测量值代入相应骨骼性别判别分析方程式，进行性别判定，可使性别判定的准确性大为提高。

▶▶ 6.5 身高推断。骨骼完整的可用解剖学方法推断身高，即将发现的骨骼按解剖结构排列，加上关节软骨及椎间盘的厚度计算出身高。一般未成年人关节软骨及椎间盘厚度为 1～2cm，成年人的关节软骨及椎间盘厚度为 3～4cm。骨骼推断身高最常用的方法是用人体测量学的方法对骨骼进行测量，代入回归方程推断身高。应用此方法推断身高误差最小的是四肢长骨，四肢长骨中效果最好的是股骨。其他骨骼如颅骨、躯干骨也可推断身高，但误差较大。应注意的是，现在应用的回归方程大多是用 20 世纪 70 年代骨骼标本建立的，而近些年的研究表明中国人的平均身高明显增高，在实际应用中，用回归方程推断身高应结合案情，参照当地人不同年龄组人的平均身高综合分析。

▶▶ 6.6 骨龄推断。骨龄推断是指根据人体骨的生长、发育、成熟及衰老的规律来推断人的年龄。由于个体差异、地区及性别等不同，骨龄和实际年龄会表现出不一致，女孩误差更大一些，到成熟期骨龄趋于一致。对活体骨龄鉴定，多用于确定青少年犯罪嫌疑人的刑事责任年龄；对无名尸骨的年龄推断，可为尸源的查找提供侦查范围和线索。

▶▶ 6.6.1 根据骨骼大体形态特征推断年龄。最常用的骨骼年龄判断方法是耻骨联合面的年龄判别，误差相对较小；其次是胸骨、肋骨和锁骨的骨龄判定；用腭缝判定年龄在办案实践中应用较多；用颅缝推断年龄误差较大。

▶▶ 6.6.2 根据骨骼 X 线片特征推断年龄。根据骨骼影像学特征推断年龄的方法，多用于推断青少年犯罪嫌疑人年龄。根据骨骼的生长发育，观察骨化点出现的数目和骨骺愈合的情况。六大关节（肩、肘、腕、髋、膝、踝）法综合判断年龄误差应小于 1 岁。在六大关节中腕部表现出较好的年龄变化规律，所以以腕部进行年龄判定的效果较好，其次是肩部，再次是肘部，下肢以膝部判定年龄的效果较好。中国人手腕骨发育标准 CHN 法是判断骨龄的一种较为可靠的方法。

▶▶ 6.6.3 根据骨组织学特征推断年龄。对不完整骨骼或体积较小的骨碎片，需要进行骨组织学观察，根据其骨组织年龄的时序性变化推断死者的年龄。目前各种推断年龄的方法都有各自的优缺点，在实际应用中，各种方法综合运用，可相互弥补不足，提高准确性。

▶▶ 6.7 颅相重合及颅骨面貌复原。颅相重合技术是通过可疑失踪人的照片，与现场发现的颅骨进行重合比对，认定颅骨身源。颅骨容貌复原是根据颅骨特征重建容貌。二者都是在无名尸案件中寻找身源的重要方法。

▶▶ 6.8 骨骼推断死亡时间。骨骼的死亡时间推断是根据骨骼软组织的附着情况及骨骼的风化、腐蚀程度以及显微镜下骨组织结构中细菌生长情况推断死亡时间，一般也是指骨骼白骨化的时间推断。国内这方面的研究较少。

▶▶ 6.9 骨骼损伤的检查。骨骼上的损伤形态保持时间较久，可以帮助分析推断致伤工具和致伤方式，鉴别是生前伤还是死后伤等。

▶≫ 6.9.1 骨骼损伤可由以下常见原因所致：

（1）动物啃咬；

（2）自然环境中风、雨、日晒等因素所致损伤；

（3）焚烧所致热骨折；

（4）疾病如麻风病、梅毒等所致；

（5）有法庭科学意义的损伤，表现为各种形式的骨折或骨皮质损伤，可根据损伤部位、形态等进一步分析致物工具、损伤方式。

▶≫ 6.9.2 根据骨骼损伤处有无板障出血和骨质愈合等生活反应，结合案件其他情况可以区分是否生前伤。未检见生活反应，也不能完全排除是生前伤的可能，因为伤后立即死亡者，其骨质损伤处可能没有骨质愈合等生活反应。

▶▶ 6.10 骨组织的法医物证学分析

（1）种属检验。将骨组织制成骨粉，用生理盐水浸泡，再将浸出液与抗人免疫血清作沉淀反应，若为人骨，则在两液接触面上呈现白色沉淀环；若为兽骨则无此沉淀环出现。

（2）DNA 检验。骨组织 DNA 检验在"鉴定是否人骨，是一人骨还是多人骨、推断性别"等方面已经十分成熟。新鲜骨组织的 DNA 含量较高，容易被提取；陈旧性骨组织的 DNA 含量低，且被高度降解，提取难度较大，也是骨组织进行 DNA 检验的难点所在。

▶ 7. 对其他人体生物检材的检验

▶▶ 7.1 唾液斑检验

▶≫ 7.1.1 唾液斑是指唾液在载体上干燥后形成的斑痕，常在犯罪现场的烟蒂、杯子、口香糖、食物残留物或活体、尸体皮肤咬痕上被发现，是非常重要的生物性检材。

▶≫ 7.1.2 唾液斑检验的最终目的是进行个体识别，首先可以通过检测淀粉酶以筛查可疑斑痕是否为唾液斑（此预试验常被跳过，而直接进行 DNA 检测），阳性结果则可以进行下一步检验，但不能确定为唾液斑，且有时结果可出现假阴性，因此淀粉酶检验只能作为唾液斑检验的预试验。如果在斑痕中发现口腔黏膜上皮细胞或食物残渣的，结合淀粉酶检验阳性结果可以判断为唾液斑。

▶≫ 7.1.3 唾液斑的个体识别可以通过 ABO 血型测定（方法参考《GA657 – 2006 人体液斑 ABO 血型检测凝集抑制试验》）和 DNA 多态性分析等技术手段，目前主要采用提取唾液中脱落的口腔黏膜上皮细胞 DNA，进行 STR 多态性分析，从而对唾液斑进行个体识别。

▶≫ 7.2 人体软组织残块检验

▶≫ 7.2.1 人体软组织是指除毛发等角化组织和骨骼等硬化组织外的人体组织，包括皮肤、肌肉、内脏等组织，是交通肇事、空难等案件中重要的法医物证生物性检材。

▶≫ 7.2.2 人体软组织易受周围环境条件影响而腐败降解，目前主要通过提取 DNA 进行 DNA 多态性分析以达到个体识别的目的。

▶≫ 7.2.3 可以通过肉眼观察或涂片染色镜下观察等方法鉴定组织来源，也有报道通过 MRNA 检测技术，获得组织特异性信息以鉴定组织来源的。

▶≫ 7.2.4 对软组织进行个体识别的技术关键和难点在于检材的预处理和 DNA 的提取，因此，现场发现的软组织残块应注意保存条件并及时送检，以免检材进一步降解。

▶≫ 7.2.5 提取方法参考 GA/T383 – 2002《法庭科学 DNA 实验室检验规范》。提取 DNA 后可选择与其他检材相同的 DNA 多态性进行检验，以便比对，如常染色体 STR、Y – STR 和 MTDNA 分析等，目前开展的 MINI – STR 及 SNP 分析技术可以对高度腐败降解检材中的小片段 DNA 进行检验，显著提高了 DNA 分型成功率。

▶≫ 7.3 指（趾）甲检验

▶≫ 7.3.1 指（趾）甲属于人体角化组织，耐腐败性强，是重要的法医物证生物性检材。

▶≫ 7.3.2 指（趾）甲检验包括两方面：一是对指（趾）甲组织本身进行个体识别；二是对指（趾）甲内遗留的异体组织细胞进行检验，为案件提供线索和证据。

▶》7.3.3 指（趾）甲组织内 DNA 含量较少，应尽量选取指（趾）甲中部和根部 DNA 含量较高的部位提取 DNA。

▶》7.3.4 方法参考 GA/T383－2002《法庭科学 DNA 实验室检验规范》，对指（趾）甲 DNA 可以进行 STR 或 MTDNA 检测，以达到个体识别的目的。

▶》7.4 牙齿检验。通过对牙齿的形态学分析，可以推断是否为人牙齿，是一人牙齿还是多人牙齿，还可以推断性别、年龄等个人特征，为案件侦破提供线索。牙齿的 DNA 含量极少，进行 DNA 检验的难点是能否提取到足够的 DNA。通过进行 MTDNA 测序或对 STR、MINISTR、SNP 等遗传标记进行分析可对牙齿进行个体识别。

▶》7.5 脱落细胞检验。对脱落细胞的个体识别关键在于脱落细胞的收集和 DNA 的提取，以及后续的 DNA 扩增分析。

▶》7.5.1 对脱落细胞可采取直接剪取、两步擦拭、负压吸附和胶带粘取等方式进行采集。

▶》7.5.2 目前常用 CHELEX－100 法和商品化试剂盒对脱落细胞中的 DNA 进行提取，随着技术的不断改进，提取量已经显著提高。

▶》7.5.3 微量 DNA 的分析以 STR 分型为主，可根据经验改变扩增参数以提高扩增成功率，如果不能获得满意结果，可以选择 MINISTR 或 SNP 等分型系统以提高 DNA 分型成功率。

▶》7.5.4 对脱落细胞的分析要注意防止交叉污染并设置阳性、阴性对照，结果分析须谨慎，以免发生误判。

8. 法医物证检验的步骤

▶》8.1 法医物证检验遵循宏观至微观、可疑至确证、种属至个体的一般检测顺序。肉眼检查、预备试验、确证试验、种属试验是法医物证相对传统的检验手段和流程，法医物证生物性检材一般经过这些有效筛选之后，再通过 DNA 检测来进行个体识别及亲缘鉴定。随着 DNA 检测技术的逐步发展，一般情况下这类前期筛选试验可能被忽略。

▶》8.2 肉眼检查。主要通过肉眼或光学照射等方法，寻找、观察、测量和记录物证的大小、形状、颜色、数量、所在空间、范围和分布，并通过绘图、照相或摄像加以固定，这一过程的重要性会在庭审等证据审查环节中体现，需要注意！

▶》8.3 预备试验。预试验是一类排查性筛选测试，但存在假阳性或假阴性的可能，阴性基本可以起排除作用（但高温或化学物等作用后也可呈假阴性）。常用的预试验有：血痕的联苯胺试验、精斑的酸性磷酸酶试验及唾液的淀粉酶试验。

▶ 8.4 确证试验及种属试验。确证试验及种属试验多采用免疫法和显微镜下检查法，如血痕及精斑的金标试纸检验法和精子的显微镜检法，因此是特异性试验，确证试验及种属试验结果均呈阳性则意味着该物证与人类相关。目前，常规的 DNA 检验技术中，针对人类基因组 DNA 设计的引物，具有很高的种属特异性，通过 DNA 基因分析技术即可说明检材的种属特点，因此，该技术可以替代一般传统的种属试验。

▶ 8.5 个体识别和亲缘鉴定。法医物证检验的最终目的是通过对人类遗传标记的检测进行个体识别和亲缘鉴定。遗传标记包括蛋白质水平遗传标记，如 ABO 血型等，以及 DNA 水平遗传标记，如 STR 等。目前，随着分子生物学等技术的发展，DNA 水平遗传标记已基本取代蛋白质水平遗传标记，成为个体识别和亲缘鉴定的主要分析技术手段。

▶ **9. 法医物证检材的提取和包装**

▶ 9.1 在提取法医物证检材前，要先进行现场保护，拉好警戒线，做好个人防护措施，如戴好手套、脚套、头套和口罩等，再拍照、绘图、测量和记录其原始形态。

▶ 9.2 应持洁净器具提取检材（尽可能用一次性用品），严禁共用或混用，可用刀、剪、镊子或竹木类工具等取材，禁止用手触摸检材。

▶ 9.3 应根据物证种类、性质及附着物的不同采取行之有效的方法，检材尽可能直接提取，附着在较小、轻便、易携带的物体（如衣裤、鞋袜、帽子、凶器、砖石、烟头、果核、床单、刀斧、树叶等）上的检材应将部位标明，整件提取。

▶ 9.4 提取附着在衣物、床单等较大物体上的法医物证斑痕时，应用干净的衬纸将可疑斑痕衬垫后再折叠，以防止不同部位的检材互相污染。

▶ 9.5 附着在固定、笨重、不易携带物体上的检材，可以用生理盐水浸润纱线后转移，纱线面积应尽可能小，采集的样品应尽量集中、浓缩；或用擦拭、剪切、刮削、吸敷、浸泡、锯凿、挖取等方法将有检材（如血、组织等）的部件、有斑痕的部位取回。

▶ 9.6 凡是从各种载体上提取的检材，均应提取检材临近的空白材料。

▶▶9.7 法医物证检材的各种斑痕应自然晾干或采取其他方法干燥处理后包装，切勿暴晒或高温烘烤，防止变质。应置于纸袋中，而不能放塑料袋中保存。

▶▶9.8 法医物证检材的包装物必须结实、牢固、洁净无污染、便于标写文字，可用各种规格的纸袋、塑料离心管、广口瓶等。

▶▶9.9 对每件检材必须分别提取、单独包装，标记清楚案件名称（编号），提取地点及时间，提取方法，检材名称、数量、形状、颜色及采集部位，提取人，保存方法等要素。

▶▶9.10 对活体采样要标明采样日期、采样类型、被采样人姓名、性别、称谓等，并拍摄被采样人照片，由被采样人在采样单上签名确认（婴幼儿的姓名由其监护人代签），并留下指纹（婴儿可留脚印）。对尸体采样还需其近亲属或法定部门人员在采样单上签字。

▶▶9.11 提取的检材在包装和携带运送过程中应避免互相摩擦、冲撞及失落，易碎检材应防止挤压和震动，易散失的检材应密封包装，送检过程中避免检材损失和交叉污染。

▶▶9.12 所有生物性检材均应在低温、干燥、透气等环境条件下保存，尽可能及时送检。

▶10. 不同类型法医物证检材提取和包装中需要注意的事项

▶▶10.1 附着在泥土上的血迹应将有血部位提取，附着于灰土地面或灰土墙面上的，应将有血迹部分的灰土面直接提取或刮取混有血迹的灰土（尽量避免提取血迹下或周围的灰土），并以同样方法提取无血迹部位做空白对照，刮取灰土墙上的血迹应避免提取过多泥灰。附着于冰、雪上的血迹，应将血迹连同冰、雪一同置于干净器皿中融化后用纱布吸收后晾干。

▶▶10.2 附着在人体和指甲中的血迹可用纱线转移，附着在毛发上的血迹应将毛发剪下。

▶▶10.3 微量血迹，纱线长度以 2cm 为宜，稍微湿润，避免水分过多稀释血痕，反复擦拭，全部提取。

▶▶10.4 未腐败尸体可提取心血并制成血痕样本，血痕样本大小一般在 2cm × 2cm 以上，严禁剪取尸体衣物上的血迹作为死者对照血样；腐败尸体检材提取的次序为软骨、长骨、牙、深层肌肉组织，同时提取血液、胆汁检材，能够制备成斑痕的应制成斑痕。

▶▶10.5 对于近期或抢救时有输血史、或接受过外周血干细胞移植或接受放疗、化疗的被鉴定人或死者，应同时采集血样、口腔拭子或肋软骨。

▶▶ 10.6 血液检材置试管、塑料离心管中，不能用肝素抗凝而应该用 EDTA 等抗凝保存；组织块放置在 75% 乙醇瓶中。所有提取检材应冷冻保存。

▶▶ 10.7 提取毛发必须保留附着物，对照样本不少于 5 根，总长度不少于 10cm。

▶▶ 10.8 性侵犯案件通常在 72 小时以内提取受害人阴道拭子。对于阴道拭子，应用 2cm×2cm 的干净纱布分部位提取，并标明顺序。

▶▶ 10.9 衣领、手套、绳、棍棒、弹壳等上面的接触性 DNA，应尽可能分段（分部）、分层（内外），用真空吸附富集法或粘附法收集。

▶ 11. 法医物证检材的送检

▶▶ 11.1 现场提取的法医物证检材，应及时送实验室检验，防止检材变质。

▶▶ 11.2 同时送检相应的对照检材，如犯罪嫌疑人、被害人的血液、毛发、唾液等。

▶▶ 11.3 送检由专人进行，送检人应持工作证、鉴定委托书或部门公函、案情材料；重新鉴定或复合检验的应说明缘由，附初检报告或鉴定意见书复印件。

▶▶ 11.4 送检人员应按照规定详细登记送检单位、送检人姓名、送检日期、简要案情、送检检材名称及特征、有无做过鉴定、原鉴定单位及原鉴定意见、鉴定要求等情况。

▶▶ 11.5 检验鉴定人员应结合自身经验和实验室条件，判断能否满足送检单位的检验目的，也可以提出进一步补充送检要求或建议转送有条件的单位检验鉴定。

▶▶ 11.6 如果遇到微量检材，检验鉴定中检材必须被用完，或检验鉴定也许得不到满意结果等情况时，检验鉴定人员要提前告知送检单位。

▶▶ 11.7 检验鉴定人员受理法医物证检材检验鉴定后，应根据委托书内容或送检人员介绍，仔细核对每个检材的包装、种类、数量等情况是否相符，做好交接。

▶ 12. 法医物证检材的保管

▶▶ 12.1 法医物证应按照生物学检材保存标准所要求的条件存放检材。

▶▶ 12.2 法医物证检材应由专人负责保存，做好记录。

▶▶ 12.3 检材应在原办案单位保存，保存期原则上应在案件审理终结后 5 年以上，有条件的可以保存更长时间，除用于案件复核目的外，未经主管负责人同意，不得擅自用于其他目的的检验。

▶▶ 12.4 所有检材的提取、保管及送检过程必须建立流转清单，各环节责任人须签字确认并说明检材状态，确保检材不被灭失。

▶▶ **13. 法医物证鉴定书一般包括如下内容**

（1）委托进行鉴定的单位；

（2）要求鉴定的目的和要求；

（3）提交鉴定的材料；

（4）进行鉴定的时间、地点；

（5）鉴定采用的科学方法；

（6）实验分析结果；

（7）鉴定意见；

（8）鉴定单位及鉴定人签名。

▶▶ **14. 法医物证检验所参考的规范和行业标准**

（1）（GA/T382 - 2002）法庭科学 DNA 实验室规范

（2）GA/T383 - 2002 法庭科学 DNA 实验室检验规范

（3）GA/T965 - 2011 法庭科学 DNA 亲子鉴定规范

（4）SF/ZJD0105001 - 2010 亲权鉴定技术规范

（5）GB/T21679 - 2008 法庭科学 DNA 数据库建设规范

（6）CNAS - CL08 司法鉴定/法庭科学机构能力认可准则

（7）GA469 - 2004 法庭科学 DNA 数据库选用的基因座及其数据结构

（8）GA/T815 - 2009 法庭科学人类荧光标记 STR 复合扩增检测试剂质量基本要求

（9）GA765 - 2008 人血红蛋白检测金标试剂条法

（10）GA766 - 2008 人精液 PSA 检测金标试剂条法

（11）GA655 - 2006 人毛发 ABO 血型检测解离法

（12）GA656 - 2006 人血液（痕）ABO 血型检测凝集法、解离法

（13）GA657 - 2006 人体液斑 ABO 血型检测凝集抑制试验

（14）GA/T55 - 2011 物证通用标签

（15）GA/T169 - 1997 法医学物证检材的提取、保存与送检

六、法医毒物检验鉴定操作规程

【定义】法医毒物检验鉴定是指运用法医毒物学的理论和方法，结合现代仪器分析技术，对体内外未知毒（药）物、毒品及代谢物进行定性、定量分析。

▶ **1. 法医毒物分析的主要任务**

（1）对生物体内外的有毒物质进行定性和定量分析；

（2）根据分析结果和药理学知识（特别是毒理学）对毒物的含量、能否引起中毒或死亡给予科学的回答；

（3）对毒物如何进入生物体进行科学分析。

▶ **2. 毒物分析检材的验收与存放**

▶ 2.1 在收取涉及检材时必须详细了解与中毒有关的情况，包括生前有关生活、工作、健康与思想情况，以及有关尸体检验情况。

▶ 2.2 根据委托书对检材一一清点、核对。

▶ 2.3 包装检材的容器要大小适合，加塞或加盖，且密闭性好。对极易挥发的毒物，如乙醇、氰化物、一氧化碳等，要放满存放检材容器，避免分析对象挥发。

▶ 2.4 验收后的检材，一般不允许加入任何防腐剂或抗凝剂之类的添加物。

▶ 2.5 检材应立即保存于冰箱中，若不尽快分析，检材应保存在低温水箱中，以防止腐败。

▶ 2.6 验收后，检材要做好标记工作。

▶ **3. 毒物分析方法的选择和制定**

（1）认真做好初步检查，如观察检材的形状、颜色、气味，检查检材的酸碱性等，以确认检验方向；

（2）用科学有效的分析方法和分析手段确认检测的毒物；

（3）根据检验重点采取有针对性的处理和提取方法，使用方法回收率一般应在50%以上。

▶ **4. 处置检材**

（1）对接收的每一件检材必须分别加标签编号；

（2）对送检的不同检材应分别取样，即便是品种相同而来源或采集地点不同的检材，也应分别取样；

（3）检材应根据分析目的有计划地合理取用，避免无谓消耗；

（4）每次进行定性检查或定量检测时，检材也应定量取用并记录使用数量，对剩余的和暂时未用的检材须严密、妥善保管。

▶5. 毒物检验鉴定的程序

▶▶5.1 称量及标记。每一检材都必须称量并加标签标记。在检验过程中所使用的容器、每一操作过程进行中或结束后得到的留存物、丢弃物也应标记清楚，并注意弃置于指定的地点或做妥善的处理，不可随意丢弃。

▶▶5.2 留样、选择及取用。进行分析检测前，应分别按检验材料原状分取一部分（一般不少于总量的三分之一），加标签编号妥善封装冷藏保存，以备复核审查时使用。保留部分检材以供复审是检验者与鉴定人员对案件鉴定工作应负的义务之一。在条件不许可保留时，应事先向送检者申明。用于分析的检材应依据检验目的有计划地合理取用，不能随便消耗，在可能条件下，应保留尽量多的剩余检材。

▶▶5.3 不同的检材，不能随意混合。即使是种类相同而来源或采取地方不同的，都不应混合。

▶▶5.4 对于很不均匀的检材，如有液体和固体或沉淀并存的、不混容液体（如油和水）并存的、半固体状或固体块状物中成色有明显差异的，原则上应将此类检材分作两件或几件检材来对待。

▶▶5.5 对表现均匀无异物的粉末或颗粒状的同一检材，应充分混匀后分取。形状、大小等外貌各异而混杂在一起的检材，应分别挑选其中各组分取适量，再分别进行检测。如果有多种检材，应考虑先取哪一种检材。

▶▶5.6 对明确指定毒物的查证性检验，有时可分取几种检材的一部分分别检验。每次分取供检验用的部分检材，就其外观状态、组成情况、均匀程度等各方面，都应尽可能做到与同一件检材的原有性状相同，这样才能以其检验结果代表所取检材的全部情况。

▶6. 现有的行业标准

（1）GA/T101－1995《中毒检材中有机磷农药的定性定量分析方法》；

（2）GA/T102－1995《中毒检材中巴比妥类药物的定性定量分析方法》；

（3）GA/T103－1995《中毒检材中拟除虫菊酯类农药的定性定量分析方法》；

（4）GA/T104－1995《鸦片毒品中吗啡、可待因、蒂巴因、罂粟碱、那可汀的定性分析及吗啡、可待因的定量分析方法》；

（5）GA/T105-1995《血、尿中乙醇、甲醇、正丙醇、乙醛、丙酮、异丙醇、正丁醇、异戊醇的定性分析及乙醇、甲醇、正丙醇的定量分析方法》；

（6）GA/T121-1995《中毒检材中斑蝥素的定性定量分析方法》；

（7）GA/T122-1995《毒物分析名词术语》；

（8）GA/T187-1998《中毒检材中敌敌畏、敌百虫的定性及定量分析方法》；

（9）GA/T188-1998《中毒检材中安定、利眠宁的定性及定量分析方法》；

（10）GA/T189-1998《中毒检材中氯丙嗪、异丙嗪、奋乃静的定性及定量分析方法》；

（11）GA/T190-1998《中毒检材中苯唑卡因、利多卡因、普鲁卡因、丁卡因、布比卡因的 GC/NPD 定性及定量分析方法》；

（12）GA/T191-1998《毒物分析鉴定书编写规程》；

（13）GA/T192-1998《毒物分析检验记录内容及格式》；

（14）GA/T193-1998《中毒案件采取检材规则》；

（15）GA/T194-1998《血毒案件检材包装、贮存、运送及送检规则》；

（16）GA/T195-1998《中毒检材中甲胺磷的定性及定量分析方法》；

（17）GA/T196-1998《涉毒案件检材中海洛因的定性及定量分析方法》；

（18）GA/T197-1998《涉毒案件检材中可卡因的定性及定量分析方法》；

（19）GA/T198-1998《中毒检材中氯喹的定性及定量分析方法》；

（20）GA/T199-1998《中毒检材中阿米替林、多虑平、三甲丙咪嗪、氯丙咪嗪、丙咪嗪的定性及定量分析方法》；

（21）GA/T200-1998《中毒检材中士的宁、马钱子生物碱的定性及定量分析方法》；

（22）GA/T203-1999《中毒案件检材中磷胺、久效磷的定性及定量分析方法》；

（23）GA/T204-1999《血、尿中的苯、甲苯、乙苯、二甲苯的定性及定量分析方法》；

（24）GA/T205-1999《中毒案件检材中毒鼠强的气相色谱定性及定量分析方法》；

（25） GA/T206 - 1999《涉毒案件检材中大麻的定性及定量分析方法》；

（26） GA/T207 - 1999《中毒案件检材中可卡因及其主要代谢物苯甲酰爱冈宁的 HPLC 和 GC 定性及定量分析方法》；

（27） GA/T208 - 1999《中毒案件检材中磷化物的定性及定量分析方法》。

▶ **7. 相关文书详见附录**

第二节　文件检验鉴定类操作规程

一、文件检验鉴定操作规程

【定义 1】文件又称文书，指人们在社会交往中形成和使用的各种公文、合同、契约、书信、字据、证照等材料的总称。

【定义 2】文件物证又称"文书物证"，指以书写、印刷或摄录等方法制成的文件为载体，以文字、语言、图形、符号为表现形式，记录和提供与案件事实有关的人、物和文件内容及其真伪等信息的证物。文件物证既是一种物证，也是一种书证。

【定义 3】文件检验鉴定又称文件检验、文书鉴定、可疑文件鉴定等，指运用文件检验学的理论、方法和专门知识，根据鉴定人的经验，并结合测量、检测的结果,通过综合分析对各类文件的书写人、制作工具、制作材料、制作方法、性质、状态、形成过程等进行的专业判断。

【定义 4】特指需要进行鉴定的可疑文件。

【定义 5】特指供比较和对照分析的文件。

▶ **1. 委托与受理**

▶▶ 1.1 检察机关办案部门和其他机关或者单位需要进行文件检验鉴定，应当填写委托书，向检察技术部门提出委托要求，并提交相应的材料。

▶▶ 1.2 委托进行文件检验鉴定，委托单位应提交以下材料：

（1）鉴定委托书；

（2）文件物证（检材）原件；

（3）样本；

（4）其他所需材料，如重新鉴定或补充鉴定的，应提交原文件检验鉴定书及检验报告。

▶▶ 1.3 委托单位应当提供符合检验要求的文件物证（检材）：

（1）文件物证（检材）应当是原件，因特殊情况如银行、工商等部门保存的原件不能够随案提供的，委托时可以提供复印件，但须注明调取的时间、地点、人员、复制方式等内容，并尽快安排文检技术人员进行现场查看和拍摄原件；原件不能提供也无法查看的，一般情况不予受理；

（2）压痕笔迹、复写笔迹、污损文件等容易损坏的检材应当妥善包装和运送，尽可能保持原样；

（3）要进行理化检验的检材应妥善保管、防止污染；需包装的应在包装上注明名称、数量及提取日期等。

▶▶ 1.4 委托单位应当提供符合检验要求的样本：

（1）笔迹检验要求样本必须确定是犯罪嫌疑人所写，样本书写条件与检材接近，能够充分反映犯罪嫌疑人的书写习惯和笔迹变化规律。

（2）印刷文件检验要求样本必须有足够的数量，能够反映文件制成机具的种属性特征和个体特征，印章印文检验还要具有能够充分反映印章规格性和细节性的特征，以及盖印条件变化对印文影响的样本，一般情况下应当提供原章。

（3）污损文件检验要根据文检技术人员要求提供数量充足的符合条件的样本。

（4）文件制成时间检验要求必须具有与检材同种、同源的样本，一般情况下应当提供同一机具不同时间制成的样本文件，以及与标称时间同时期形成的文件。具备条件的，应当提供制成机具和染料、纸张等材料用于实验。根据检验方式，还应当收集文检技术人员要求的其他样本。

（5）所有样本以平时样本为主，实验样本为辅。文检技术人员根据技术条件可以要求提供其他样本。

▶▶ 1.5 结合具体案件，技术人员可以要求委托单位提供与检验有关的其他材料，如疑难案件中实验样本提取的方式，复杂案件中对案件基本情况的说明，被鉴定人年龄、身体状况、文化程度、曾用名等自然情况的说明等。

▶ **2. 审查**

▶▶ 2.1 受理案件时应听取案情介绍，全面了解案件的有关情况，特别是可能影响文件检验结果的案件事实。

▶▶ 2.1.1 了解案件情况的途径

（1）委托方对案件情况的介绍；

（2）有关人员的当面陈述；

（3）阅读有关的案件卷宗；

（4）实地勘验和调查；

（5）其他合法途径。

■≫ 2.1.2 了解案件的内容

（1）案件发生的经过、性质、争议的焦点及其他相关情况；

（2）询问文件的制作、发现、提取、保存等详细过程；

（3）了解鉴定委托人、鉴定目的，对文件中怀疑的内容是否明确，以及怀疑对象和其他相关人员的个人情况、利害关系等；

（4）注意发现和了解是否有与文件内容相关的其他人证、物证、书证、视听资料等证据存在；

（5）询问是否首次鉴定，如不是首次鉴定的，应了解历次鉴定的具体情况。

■≫ 2.2 受理文件检验鉴定时，应当做好程序审查和技术审查。

■≫ 2.2.1 程序审查

（1）查验委托人身份，要求出示有效证件（如身份证、工作证）；

（2）查验《委托鉴定书》，审查委托手续是否完备，委托主体和程序是否符合《人民检察院鉴定规则》等相关办案程序规定，委托要求是否属于文件检验业务范围。

■≫ 2.2.2 技术审查

（1）审查送检的检材是否符合文件物证勘验和提取的要求，并重点查明以下事项：

①检材的来源：检材是由谁提供的、如何提取和保存等有关情况；

②检材的数量：检材有多少册、份、张、页等具体数量；

③检材的状态：检材是否原件或复制件或复写件等，是否有破损、污染等现象。

（2）审查提供的样本是否符合文件检验鉴定样本收集和制作专用操作规程的要求，并重点查明以下事项：

①样本的性质：样本是否系自然样本或实验样本，案前或案后样本；

②样本的数量：样本有多少册、份、张、页等具体数量；

③样本的状态：样本是否为原件或复写件、复制件等，是否有破损、污染

等现象；

④样本的可靠性：样本的来源、书写人是否确定等有关情况；

⑤初步审查样本的数量和质量是否满足鉴定要求；

⑥如需当场提取样本的，应遵循文件检验鉴定样本收集和制作专用操作规程的要求；

⑦如需补充样本的，应将有关要求明确告知委托人，并协商补充样本的时限。

■▶ 2.3 明确鉴定要求

■≫ 2.3.1 明确委托方具体的鉴定要求，及通过文检鉴定需要证明的具体案件事实。

■≫ 2.3.2 对于委托要求不明确或不准确的，接待人应提供技术咨询。

■≫ 2.4 在审查结束后，应根据审查的不同情况，分别作出处理。

■≫ 2.4.1 有以下情况可以不予受理：

（1）检材不具备鉴定条件的；

（2）样本不具备比对条件的；

（3）鉴定要求不明确的；

（4）委托方故意隐瞒有关重要案情的；

（5）在委托方要求的时效内不能完成鉴定的；

（6）实验室现有资源不能满足鉴定要求的；

（7）其他不得受理的情况。

■≫ 2.4.2 符合受理条件决定受理的，应履行以下程序：

（1）应与委托人签订《×××人民检察院委托受理登记表》，内容应当满足相关的要求；

（2）应向委托人说明《×××人民检察院委托受理登记表》中所需填写的内容，并明确告知各项格式条款的具体要求；

（3）要求委托人如实、详细填写《×××人民检察院委托受理登记表》中的相关内容，并认真审查委托人填写的各项内容。

■≫ 2.4.3 决定不受理的，应向委托人说明原因。

■≫ 2.4.4 不能当场决定是否受理的，可先行接收，并应向委托人出具《材料收领单》。材料接收后，应在规定的时限内决定是否受理：

（1）检材具备检验鉴定条件，样本不符合要求的，可要求补充样本，样本补齐后，决定是否受理；

（2）决定不受理的，应将送检材料退回委托人，并向其说明原因；

（3）决定受理的，履行相应手续后进行检验鉴定。

▶▶ 2.5 经检察技术部门负责人审批，决定受理后，应与委托人当面清点、验收送检材料，进行受案登记，获取案件唯一性编号。

▶ **3. 检验鉴定**

鉴定原则：

（1）先宏观检验后微观检验；

（2）先无损检验后有损检验；

（3）进行有损检验前应当告知委托方可能造成的损坏后果，并征得委托人同意方可进行；

（4）进行有损检验前应先固定原貌（可采用拍照等复制方法），并进行预试验；

（5）进行有损检验时应尽量选用对检材破坏范围小、破坏程度低、用量少的方法。

鉴定方法的选择：

鉴定人应根据鉴定要求确定鉴定方案、选择鉴定方法，并严格按照相应的鉴定操作规程进行。

（1）笔迹鉴定应当遵循《笔迹鉴定操作规程》；

（2）印章印文鉴定应当遵循《印章印文鉴定操作规程》；

（3）印刷文件鉴定应当遵循《印刷方法鉴定操作规程》；

（4）文件上各类印迹与文字交叉部位形成顺序鉴定的，应当遵循《朱墨时序鉴定操作规程》。

▶▶ 3.1 检验鉴定的启动。案件受理后，由检察技术部门负责人指定具有文件检验鉴定资格的人员组成鉴定组，并指定第一鉴定人。

▶▶ 3.2 文件检验鉴定应当由两名以上鉴定人员进行。必要时，可以聘请国内知名文检专家进行会检鉴定。

（1）参与案件办理的不具有鉴定资格的其他辅助人员在鉴定文书中不得以鉴定人署名，但可以作为鉴定参与人署名。

（2）遇有特殊情况需要聘请文检专家鉴定人时，应当在鉴定书中注明鉴定人单位，由参与会检的专家签字。

（3）会检鉴定时，鉴定人必须三人以上（含三人）。

▶▶ 3.3 案件受理后，应当按以下规定及时进行检验鉴定：

（1）一般案件应当在受理后十五个工作日以内完成；

（2）疑难复杂的案件，征得委托单位同意后，可以适当延长时间，同时在鉴定受理登记表备注栏中注明；

（3）需要补充材料、查看原件、补充鉴定要求的，自材料补充齐全、原件查看完毕、补充鉴定要求之日起重新计算，且应在鉴定受理登记表中予以记录；

（4）其他特殊情况由检察长批准并与委托单位协商。

▶▶ 3.4 独立鉴定和共同鉴定相结合

▶▶ 3.4.1 鉴定组内各鉴定人首先应当分别进行独立检验，作出初步的检验/鉴定意见。

▶▶ 3.4.2 鉴定组内各鉴定人的鉴定时限由第一鉴定人负责协调和控制，确保鉴定在规定的时限内完成。

▶▶ 3.4.3 因各种原因导致在规定的时限内不能保证按时完成鉴定的，由第一鉴定人与委托方联系，商定延长鉴定时限及解决办法，并做好有关记录。

▶▶ 3.4.4 独立鉴定完成后，再由第一鉴定人组织鉴定组鉴定人共同讨论。

▶▶ 3.4.5 共同鉴定中出现意见分歧的，鉴定人有权保留自己的意见，最终的鉴定意见应遵循第 8 款结果报告程序。

▶ 4. 送检材料的流转

▶▶ 4.1 送检材料的标识

▶▶ 4.1.1 决定受理的案件，应当由案件接待人或第一鉴定人对送检材料进行唯一的标识。

▶▶ 4.1.2 检材的标识，应遵循文件物证勘验和提取专用操作规程的要求中检材的标识方法。

▶▶ 4.1.3 样本的标识，应遵循文件检验鉴定样本收集和制作专用操作规程的要求中样本的标识方法。

▶▶ 4.2 送检材料的备份

▶▶ 4.2.1 检验前应当对送检材料（包括检材和样本）进行备份。

▶▶ 4.2.2 检材、样本的备份可采用拍照、复印或扫描复制等方法，备份的复制件应当清晰，能真实反映检材和样本的原貌。

▶》4.2.3 备份检材和样本复制件应当对照检材和样本的标识进行唯一标识。

▶》4.3 送检材料的交接

▶》4.3.1 送检材料在鉴定组鉴定人中流转的过程中，应办理交接手续。

▶》4.3.2 鉴定组鉴定人在检验过程中，禁止在送检材料上做任何记号，禁止对送检材料有任何人为的污染、损坏或其他任何改动行为。如需进行破坏性检验的，应当遵循 6.5.1 鉴定原则进行。

▶》4.3.3 鉴定组鉴定人在检验过程中，应当妥善保存送检材料，防止送检材料被污染、损坏或遗失。

▶》4.4 送检材料的补充

▶》4.4.1 独立鉴定中，如需补充送检材料的，鉴定人应说明需补充的具体材料及要求。

▶》4.4.2 第一鉴定人根据鉴定组鉴定人的意见，组织鉴定组讨论最终确定是否需要补充材料。

▶》4.4.3 决定补充材料的，应及时与委托方联系协商补充材料的内容、要求、方式及时限，并对有关情况进行记录。

▶》4.4.4 补充材料所需的时间不计算在鉴定时限内。

▶ **5. 形成检验结果**

▶》5.1 形成检验结果的原则

▶》5.1.1 第一鉴定人负责汇总独立鉴定中各鉴定人的检验结果，并组织鉴定组鉴定人共同讨论。

▶》5.1.2 鉴定意见一致的，由第一鉴定人汇总检验结果及时起草鉴定文书草稿，并及时提交复核和签发。

▶》5.1.3 鉴定意见出现分歧的，第一鉴定人负责组织鉴定组鉴定人共同进一步研究和讨论，如最终不能达成一致意见的，按下款处理。

▶》5.2 意见分歧的处理

▶》5.2.1 鉴定中，如出现意见分歧，通过鉴定组共同讨论尚不能达成一致意见的，可按照《人民检察院鉴定规则》进行会检鉴定。

▶》5.2.2 会检鉴定中，出现意见分歧的，应当在鉴定意见中写明分歧的内容和理由，并分别签名或者盖章。

▶ **6. 检验记录**

▶》6.1 鉴定组鉴定人在鉴定过程中一切与鉴定活动有关的事项、情况都应当及时、客观、全面的做好记录，如有修改，应采用杠改方式，使被修改的原有内容能清晰辨认，不得事后涂改。

▶▷ 6.2 鉴定组鉴定人应妥善保存检验记录、原始数据、图片等有关原始记录资料，并及时移交第一鉴定人。

▶▷ 6.3 第一鉴定人负责审查、汇总鉴定组各鉴定人的检验记录、原始数据、图片等原始记录资料，并集中妥善保存。

▶▷ 6.4 检验记录的主要内容及职责

▶▷▷ 6.4.1 案件受理程序中的有关情况，由接待人负责记录。

▶▷▷ 6.4.2 鉴定人独立检验的过程、鉴定意见或意见等内容，由鉴定人各自负责记录。

▶▷▷ 6.4.3 鉴定组讨论、研究的过程，及分歧意见处理情况、最终鉴定意见等内容，由第一鉴定人负责记录。

▶▷▷ 6.4.4 检验中使用仪器设备的，仪器名称、检验条件、检验结果等内容由检验人负责记录。

▶▷▷ 6.4.5 鉴定过程中，与委托方联系、确认鉴定材料的补充、鉴定事项的变更、鉴定时限的调整等情况，由第一鉴定人负责记录。

▶▷▷ 6.4.6 鉴定报告完成后，有关出庭、投诉等情况，由第一鉴定人负责或协助有关职能部门协调处理并记录。

▶ **7. 检验鉴定文书制作、签发与管理**

▶▷ 7.1 文件检验鉴定结束后应当出具鉴定文书，鉴定文书应当包括

（1）绪论部分：包括委托单位，委托要求，送检人，送检时间，简要案情，送检检材和样本的名称、数量以及鉴定要求；

（2）检验部分：简要说明检验的方法，描述检验中所见的现象，列举检测结果或者比较中发现的异同；

（3）论证部分：简要论述对检验情况的综合评断，阐明据以作出鉴定意见的依据，可以附图加以说明；

（4）结尾部分：针对鉴定要求，简要明确地表述鉴定意见；

（5）附件部分：包括所有检材的复制件，所有样本或者部分重要样本的复制件。检验中发现的对鉴定意见有重要意义的现象，应当以图表形式展示。

▶▷ 7.2 鉴定文书的复核与签发

▶▷▷ 7.2.1 鉴定意见由具有复核鉴定人资格的鉴定人（授权签字人）进行

复核。

▶▶ 7.2.2 复核人应当对鉴定使用的鉴定方法、鉴定意见的依据及鉴定记录等方面，主要从技术符合性上进行全面审查，并签名确认。

▶▶ 7.2.3 鉴定文书草稿拟定后，应经技术部门负责人签发；签发人应当对鉴定项目及各鉴定人的资格、能力、鉴定程序、检验记录等，主要从程序符合性上进行全面审查，并签名确认。

▶▶ 7.2.4 鉴定文书应当由鉴定人签名，并加盖"司法鉴定专用章"，同时附上鉴定机构和鉴定人的资质证明，如通过实验室认可的应加盖认可标识。

▶▶ 7.2.5 正式鉴定文书一般为一式两份，其中给委托人一份（正本），存档一份（副本）。鉴定书正本应加盖骑缝章。

▶▶ 7.3 案件归档

文件检验工作结束后，应当制作技术卷宗。按照人民检察院档案管理的相关规定进行归档。主要内容包括：

（1）封面、目录、委托鉴定书、受理检验鉴定登记表、鉴定书及其签发稿、检材和样本的照片或复印件、特征比对表、检验记录、实验记录、其他；

（2）鉴定文书应当与回执单一并发出。案件承办部门在案件终结后，应当将文件检验工作所起到的作用填写在回执单上，反馈检察技术部门。

▶ **8. 重新鉴定与补充鉴定**

▶▶ 8.1 文件检验原鉴定有下列情形之一的，可接受委托进行重新鉴定

（1）鉴定意见与案件中其他证据有明显矛盾的；

（2）有证据证明鉴定意见确有错误的；

（3）原送检材料不真实的；

（4）鉴定程序不符合法律规定的；

（5）鉴定人应当回避没有回避的；

（6）鉴定人不具备鉴定资格的；

（7）其他影响鉴定客观、公正、科学、准确的情形。

▶▶ 8.2 原文件检验鉴定有部分遗漏或发现新的与案件有关的重要鉴定材料时，可接受委托，进行补充鉴定。

▶▶ 8.3 重新鉴定或补充鉴定，除提供检材和样本外，委托人应同时提交原鉴定书或检验报告，并说明要求重新鉴定或补充鉴定的理由。

▶▶ 8.4 重新鉴定应另行指派或聘请鉴定人。补充鉴定可由原鉴定人进行，也

可另行指派或聘请鉴定人。

▶ 9. 出庭

▶ 9.1 人民法院通知文检鉴定人出庭的，应当出庭。确因特殊情况无法出庭的，应当及时向法庭书面说明理由。

▶ 9.2 文检鉴定人出庭前，应当做好如下准备

（1）全面掌握文检鉴定报告的有关情况，如送检材料、鉴定要求、检验过程和方法、鉴定意见和主要依据等；

（2）向公诉人或者其他出庭检察员了解该案的进展情况及对文检鉴定意见的异议；

（3）针对出庭可能遇到的问题，拟定解答提纲。

▶ 9.3 文检鉴定人出庭应当准备如下材料

（1）委托书或者聘请书、受理检验鉴定登记表、送检材料照片或者复印件、检验记录、文检鉴定文书；

（2）与该鉴定意见有关的学术著作和技术资料；

（3）鉴定机构及鉴定人资格证明，能够反映鉴定人专门知识水平与能力的有关材料；

（4）其他与鉴定及出庭有关的材料。

▶ 9.4 出庭质证的行为规范

（1）着装规范：着合适得体的检察制服。

（2）举止规范：严格遵守法庭纪律，言行举止得体。

（3）语言规范：回答问题应说普通话，语言规范，不过多使用文检专业术语；口齿清楚，语气平和而果断，音量适中。

（4）内容规范：文检鉴定人出庭时，应当回答审判人员、检察人员、当事人和辩护人、诉讼代理人依照法定程序提出的有关文件检验鉴定的问题；对与文件检验鉴定无关的问题，可以拒绝回答。

▶ 9.5 文检鉴定人因在诉讼中作证，本人或者其近亲属的人身安全面临危险的，可以请求法律保护。

二、文件物证勘验提取操作规程

【定义】文件物证勘验是指以揭露违法犯罪、收集证据为目的，综合运用侦查学和文件检验学的知识，根据文件物证的特点，由侦查员、检察员、

审判员或文件检验技术人员及其他法定人员依法对有关文件进行的调查、提取、固定、检验和分析判断的活动。

▶ **1. 文件物证勘验的任务**

（1）研究案件情况，发现可疑文件；

（2）研究可疑文件，发现可疑文件与违法犯罪或案件事实的联系；

（3）对具有书证或物证意义的可疑文件应依法提取或扣押，及时掌握揭露犯罪或弄清案件事实的证据。

▶ **2. 文件物证勘验的一般程序**

（1）研究案件情况，仔细勘验现场，发现可疑文件；

（2）观察文件的状况，辨读文件内容；

（3）弄清文件用途，核实文件来源；

（4）研究文件形式，发现可疑迹象；

（5）分析判断可疑文件与违法犯罪或案件事实的联系；

（6）依法提取或扣押可疑文件；

（7）客观、全面地制作文件物证勘验记录。

▶ **3. 文件物证的提取和固定**

▶▶ 3.1 提取和固定文件物证的原则

（1）依法提取原则

①提取文件物证应当通过合法的途径，按照法定的程序进行；

②提取文件物证时应有见证人、有关当事人在场；

③提取的文件物证应制作书面清单，并由提取人、在场见证人、当事人共同签名确认。

（2）保持原貌原则

①能够原物提取的要原物提取，不能原物提取的可拍照提取；

②现场可疑文件，在提取时应先拍照、固定其在现场的原始状态及与其他证据之间的关系，并在勘验笔录上作详细记录；

③提取文件物证时应采取科学的方法，必要时应戴手套进行；

④提取文件物证时应保持其原始的状态，禁止在文件物证上增加物质和痕迹；

⑤现场文件物证应及时提取，并尽快送检。

（3）安全保存原则

①文件物证提取后应采用适当的方式进行包装固定，防止其被污染、破坏、遗失；

②文件物证的固定以保持其原貌为原则，禁止采用粘贴、装订、塑封等破坏性行为；

③文件物证提取后应进行唯一性标识，防止被混淆或调换；

④提取的文件物证经标识、固定后应妥善保存，防止保存环境导致其状态产生变化。

3.2 文件物证的标识

无论是现场提取的文件物证，还是案件有关当事人提供的文件物证都应进行唯一性标识。

3.2.1 文件物证已经被包装固定的，应在固定物封口进行标识，可采用专用标签纸进行标识。

3.2.2 文件物证未进行包装固定的，应在不影响其状态和检验/鉴定的部位用专用标签纸进行标识，禁止在文件物证上直接进行标识。

3.2.3 标识的内容应包括：

（1）唯一性标识：一般采用"案号" + "文件物证" + "阿拉伯数字"顺次进行唯一标识，可用大写字母缩写"JC"表示"文件物证"。如标识为"JC1（JC1 – 1、JC1 – 2……）、JC2（JC2 – 1、JC2 – 2……）、……"等；

（2）文件物证的数量：可以用"册""份""页""张"为单位来表述，如果系册和份的，应标明具体的页数，用"×份×页"表示；单页的（不分形状、大小）均用"1张（或1页）"表示；

（3）文件物证的状态：应标明文件物证是否系原件或复写件或复制件等，是否有被破损、污染等现象。标识时主要以文件物证上需检对象的状态为主，必要时对其他部分的状态也应作出说明，如状态一时难以确定的，应标明"待检"；

（4）标识人及标识日期：由提取人、证人、在场人、当事人等签名并标明提取日期。

3.3 几种特殊文件物证的提取和固定

3.3.1 污损文件

污染文件是指文件全部或部分内容被其他色料、物质污染的污损文件。

■>>> 3.3.1.1 污染文件的提取应当遵循先提取污染物质后清洗的原则。

■>>> 3.3.1.2 如有必要，应提取污染物质，并用洁净器皿妥善保存，以备检验。

■>>> 3.3.1.3 清洗污染文件时，应尽量不扩大污染范围、不破坏污染文件内容。

■>> 3.3.2 破碎文件

破碎文件是指被破坏、撕碎已分离成碎片的污损文件。

■>>> 3.3.2.1 提取破碎文件的碎片时应仔细、全面，文件碎片不论大小应全部提取。

■>>> 3.3.2.2 破碎文件的固定应先拼接后固定。

■>>> 3.3.2.3 拼接破碎文件时，可根据碎片上的手写字迹、图文、线条等内容，及纸张正反面性状和碎片边缘痕迹形态，逐块进行拼接。

■>>> 3.3.2.4 拼接的破碎文件可用玻璃或有一定硬度的透明薄膜进行固定，不宜进行裱糊、粘贴。

■>> 3.3.3 烧毁文件

烧毁文件是指已被燃烧、烧焦或正在燃烧的污损文件。

■>>> 3.3.3.1 提取已被烧毁的文件时，应保持原状、不再损坏。

■>>> 3.3.3.2 提取正在燃烧的文件时，应采用切断氧气来源的方法，禁止采用扑打、踩踏、浇水等破坏性方法。

■>>> 3.3.3.3 烧毁文件的固定应先整复后固定。

■>>> 3.3.3.4 烧毁文件的整复可用15%的甘油水溶液采用喷雾、气熏等方法进行软化摊平。

■>>> 3.3.3.5 烧毁文件整复后可用玻璃或有一定硬度的透明薄膜进行固定。

■>> 3.3.4 浸损文件

浸损文件是指被水浸湿粘连、损坏的污损文件。

■>>> 3.3.4.1 对粘连的浸损文件在分离提取和展开时，应尽可能避免二次损坏。

■>>> 3.3.4.2 对已浸湿粘连的浸损文件如不能直接展开的，应进行真空冷冻干燥后再小心分离。

■>>> 3.3.4.3 对已干燥的浸损文件如不能直接展开的，可稍加润湿，待其软化后再小心分离。

■≫ 3.3.5 粘贴文件

粘贴文件是指用各类黏合剂粘贴在建筑物等物体上的污损文件。

■≫ 3.3.5.1 提取粘贴文件时，应尽可能避免二次损坏。

■≫ 3.3.5.2 如粘贴的载体可直接提取的，尽量一并提取。

■≫ 3.3.5.3 如粘贴的载体不能直接提取的，应遵循先拍照后分离提取的原则。

■≫ 3.3.5.4 对不能直接分离提取的粘贴文件，可稍加润湿，待其软化后再小心分离提取。

■≫ 3.3.5.5 提取时造成粘贴文件局部破损的，应作详细记录。

■≫ 3.3.6 特殊载体文件

特殊载体文件是指用粉笔、涂料、土块、雕刻工具等在建筑设施、地面等物体上书写、雕刻形成的文件。

■≫ 3.3.6.1 如文件载体可分离的，尽量原物提取。

■≫ 3.3.6.2 如不能原物提取的，可采用拍照提取，或再用透明胶纸粘附提取。

■≫ 3.3.6.3 用透明胶纸粘附提取的文字，可再粘贴在与文字颜色反差较大的纸张上固定。

■≫ 3.3.6.4 对于雕刻的凹形文字，可采用多角度侧光拍照提取，或采用拓印的方法提取。

三、文件检验鉴定样本的收集和制作通用操作规程

▶ 1. 样本的分类

▶ 1.1 通常，按照样本的用途，可以将其划分为以下两类

（1）同一认定样本：指同一认定中供比较和对照的样本，通常是客体的反映形象，如笔迹、印章印文等，也可以是客体自身，如印章、打印机、传真机等。

（2）非同一认定样本：指非同一认定中供比较和对照的样本，通常是文件种类鉴定中的样本，包括与检材的种类、性质、状态相同的样品，或与检材同类的其他物质等。

▶ 1.2 按照检验对象，可以将其划分为

（1）笔迹样本：反映书写人书写技能和书写习惯的书写符号系统样本，主要是被审查对象书写的字迹样本，也包括绘画样本、图形样本和其他书写符

号样本等。

（2）印章印文样本：反映印章印面结构特性的样本，包括公章样本、名章样本、专用章样本等。

（3）文件制作工具样本：反映文件制作工具结构和功能特性的样本，包括打印机样本、打字机样本、复印机样本、传真机样本、印刷工具样本及其他制作文件的工具样本等。

（4）文件制作材料样本：反映文件制作材料特性的样本，包括怀疑为作案用的纸张、墨水、油墨、墨粉、黏合剂等样本。

（5）标准样本：指特种文件的真实样本，如货币票样。各国护照、通行证的真实样本及其他特殊票据的真实样本等。

▶▶ 1.3 按照样本的性质，可以将其划分为

（1）自然样本：指人们在社会活动、经济交往中不受外界的干扰和约束，在随机的环境和条件下采用通常的制作工具、制作方法、制作条件制作形成的样本。自然样本根据其与案件的关系，可分为案前自然样本和案后自然样本；根据其与检材的关系，可分为同期样本和历时样本。

（2）实验样本：又称模拟样本。指根据检材的内容、制作工具、制作方法、制作条件和形成过程，采用与检材相同或相似的制作工具、制作方法、制作条件和形成过程专门制作的与检材的形成环境、条件相同或相似的样本。

▶▶ 1.4 按照样本的形成时间，可以将其划分为

（1）案前样本：指案件发生或争议之前形成的样本，案前样本通常为自然样本。

（2）案后样本：指案件发生或争议之后形成的样本，案后样本包括案后自然样本和实验样本。

（3）同期样本：指与检材标称的日期相同或相近的自然样本。

（4）历时样本：指不同时间制作的、有一定时间跨度的自然样本。历时样本的时间跨度一般要求包含检材标注的日期，并尽量涵盖检材称注的日期至争议日期这一段时间范围。

▶▶ **2. 样本的收集**

▶▶ 2.1 样本收集的原则

▶▶ 2.1.1 依法收集原则

（1）收集样本应当通过合法的途径，按照法定的程序进行；

（2）提取样本时应有见证人或有关当事人在场；

（3）提取的样本应制作书面清单，并由提取人、见证人、当事人共同签名确认。

▶≫ 2.1.2 真实可靠原则

（1）提取的样本其来源应当真实可靠；

（2）能够原物提取的要原物提取，不能原物提取的可提取复制件；

（3）某些特殊样本，在提取实物前应先拍照，固定其在现场的原始状态及与其他证据之间的关系，并在勘验笔录上详细记录；

（4）提取原物时应保持其原始的状态，必要时应戴手套进行，禁止在原物上增加物质和痕迹；

（5）提取样本复制件时，可采用拍照、复印、扫描复制等方法提取，尽可能反映出样本的原貌特征。

▶≫ 2.1.3 保证质量原则

（1）文书鉴定中，样本的收集以自然样本为主，且尽可能收集案前自然样本和历时样本；

（2）收集的历时样本的时间范围，尽可能包括检材标称的时间或与之相近；收集的样本应达到一定的数量，以能够充分反映文件的有关特性满足鉴定要求为限；

（3）当自然样本不够充分或真实性难以确认时，应当制作相应的实验样本，以补充自然样本的不足或验证其真实性。

▶≫ 2.1.4 安全保存原则

（1）收集的样本应进行唯一性标识，防止被混淆或调换；

（2）收集的样本应采用适当的方式进行包装固定，防止其被污染、破坏、遗失；

（3）样本的固定以保持其原貌为原则，禁止采用粘贴、塑封等破坏性方法；

（4）收集的样本标识、固定后应妥善保存，防止保存环境导致其状态产生变化。

▶≫ 2.2 样本的收集方法和途径

▶≫ 2.2.1 在案件的侦查阶段，样本的收集可依法采用秘密收集的方式，避免引起嫌疑人的警觉。

▶≫ 2.2.2 对于民事、经济、仲裁等案件，样本的收集应依法采取公开收集的方式，由有关当事人提供的样本应经法定程序进行确认。

▶≫ 2.2.3 为了保证样本来源的可靠性，应注意收集以下类型的自然样本：

（1）生活类样本：在日常生活中制作形成的各类文件，如日记、家庭记事、记账本等；

（2）学习类样本：在学习过程中形成的各类文件，如试卷、作业、笔记、作文、论文等；

（3）第三方样本：在社会活动、经济交往过程中与第三方形成的合法有效的各类文件，如与第三方签订已生效的合同、契约、收据、借据等；

（4）官方样本：由官方制作或收集存档的各类文件，如工商资料、税务资料、人事档案、婚姻资料、房产资料、户籍资料、有效证件及货币票样等；

（5）法定样本：法庭在案件的调查、审理过程中形成的各类法律文书及相关资料，如庭审笔录、调查笔录、送达回证、委托书等；经过审判机关审理并判决生效的其他案件中涉及的各类法律文书及有关证据资料等；经公证处公证的资料等。

▶ **3. 实验样本的制作**

▶≫ 3.1 实验样本的制作方式

▶≫ 3.1.1 公开的方式：在有关当事人已知的情况下制作的实验样本。

▶≫ 3.1.2 非公开的方式：为了避免有关当事人的警觉，在有关当事人不知情的情况下制作的实验样本。

▶≫ 3.1.3 公开方式制作的实验样本应由制作人、有关当事人及见证人签名确认。

▶≫ 3.1.4 非公开方式制作的实验样本应由两名以上办案人员共同参与并签名确认。

▶≫ 3.2 实验样本的制作方法

▶≫ 3.2.1 为避免引起嫌疑人的警觉，在案件的侦查阶段，实验样本的制作一般采取非公开的方式。

▶≫ 3.2.2 对于民事、经济、仲裁等案件，一般采取公开的方式制作实验样本。

▶≫ 3.2.3 为了解释检材上某些现象或特征的变化程度、范围及原因，一般需要制作实验样本进行分析和验证，因此在制作实验样本时，可根据具体案件的需求模拟不同条件制作相应的实验样本。

▶▶ 3.2.4 为了保证实验样本的可比性，制作时应尽量在以下五方面保持与检材一致：

（1）文件内容和形式一致；

（2）制作工具的种类一致，如检材的制作工具已知，应用该工具制作实验样本；

（3）制作材料的种类一致，如检材的制作材料已知，应用该材料制作实验样本；

（4）制作方式一致，尽可能模拟检材的制作方式制作实验样本；

（5）制作过程一致，尽可能模拟检材的制作过程制作实验样本。

▶ **4. 样本的标识**

▶▶ 4.1 样本标识的原则

▶▶ 4.1.1 无论是现场提取或依法收集的样本，还是案件有关当事人提供的样本或实验样本都应进行唯一标识。

▶▶ 4.1.2 对样本进行标识时，应根据样本的种类，采用分类标识的原则

（1）根据样本的性质可按照自然样本和实验样本进行标识；

（2）自然样本可按照形成的时间按照案前和案后样本进行标识；

（3）历时样本可按照形成的时间顺序依次进行标识。

▶▶ 4.2 样本标识的方法

▶▶ 4.2.1 样本系散页的，可采用一定的方式进行固定，并在固定物封口或在样本背面等不影响其状态和检验、鉴定的部位用专用标签纸进行标识。

▶▶ 4.2.2 样本系装订成册的，在封面或封底用专用标签纸进行标识；或在样本背面等不影响其状态和检验、鉴定的部位用专用标签纸进行标识。

▶▶ 4.2.3 标识的内容应包括：

（1）标识方法：一般采用"案号"＋"样本"＋"阿拉伯数字"顺次进行唯一性标识，可用大写字母缩写"YB"代表"样本"。如标识为"YB1（YB1–1、YB1–2……），YB2（YB2–1、YB2–2……）……"；

（2）样本的数量：可以用"册""份""页""张"为单位来表述，如系册和份的，应标明具体的张数或页数，用"×份×页"表示；单页的（不分形状、大小）均用"1张（或1页）"表示；

（3）样本的状态：应标明样本是否系原件或复写件或复制件，是否有破损、污染现象等。标识时主要以样本上需检对象的状态为主，必要时对其他部分的状态也应作出说明，如状态一时难以确定的，应标明"待检"；

（4）标识人及标识日期：由提取人或制作人、见证人、在场人、当事人等签名并标明日期。

四、笔迹鉴定操作规程

【定义】笔迹是指书写人利用书写工具、按照一定的书写规范，通过书写活动外化成的文字、符号、绘画等书写符号系统，客观反映出书写人的书写技能和书写习惯特点。人的笔迹具有客观反映性、相对稳定性和总体特殊性，为笔迹鉴定奠定了科学基础。

▶ **1. 案件的受理**

▶▷ 1.1 受理人核对《×××人民检察院司法鉴定委托受理登记表》

▶▷ 1.1.1 核对委托单位的名称、送检人的姓名、证件号码等。

▶▷ 1.1.2 核对检材的名称、数量，如有必要还需核对来源、性状、包装、提起方法等。

▶▷ 1.1.3 核对样本的名称、数量，如有必要还需核对来源、性状、包装、提起方法等。

（1）样本的受理要求。书写人在自然状态下书写的笔迹；样本的书写时间应与可疑文件的书写时间接近；样本与检材应有相同笔迹，且重复出现；样本的字体、书写速度等应与检材相同或接近。

（2）如送检方无法提供符合上述要求的样本，应在登记表中注明"无法补充"，受理人应告知送检人由于样本不符合要求，有可能作不出明确结论；送检人如还可以补充样本，应在登记表中注明。

▶▷ 1.1.4 审核委托要求

委托要求表述应明确，不存歧义，如写明：检材上所有（或部分）笔迹与×××样本笔迹是否为同一人书写。

▶▷ 1.2 了解和分析案情

▶▷ 1.2.1 了解案件发生的经过、性质、争议的焦点及其他相关情况，特别是涉案当事人的情况、相互关系及是否存在利益冲突，是否占有或有可能获取对方的笔迹等。

▣» 1.2.2 询问文件的制作、发现、提取、保存等详细过程，特别是要确认检材笔迹是否当面所签，有关当事人是否亲眼所见。

▣» 1.2.3 了解当事人中谁、为什么要提出鉴定，对文件中怀疑的内容是否明确，理由是否充分，特别应确认当事人是对整个文件还是对文件部分内容怀疑。

▣» 1.2.4 询问是否首次鉴定，如不是首次鉴定的，应了解历次鉴定的具体情况，特别是有关当事人对历次鉴定结论的态度，以及此次鉴定与前次比较检材、样本有无变化等情况。

▣» 1.2.5 注意了解和发现是否有与文件内容相关的其他人证、物证、书证、视听资料等证据，注意分析检材是否与其他证据相互矛盾，结合上述案件情况综合分析检材是否存在伪造或变造的可能。

▣» 1.2.6 认真分析检材笔迹与文件其他要素及案件系统要素间的相互关系。

▣» 1.3 受理人问明情况、核清材料后，如受理委托，应在《×××人民检察院司法鉴定委托受理登记表》受理人一栏上签字确认。

▶ **2. 鉴定**

▣» 2.1 详细分析检材

▣» 2.1.1 从检材笔迹的书写方法、运笔方式、形体及排列组合关系等分析确定检材笔迹模式的类型。

▣» 2.1.2 对于有两处以上检材笔迹的，应比较各笔迹之间在笔迹模式、外形上是否有联系；笔迹特征是否有变化及变化程度，是否存在内在的关联性等情况。

▣» 2.1.3 从检材笔迹的书写模式与书写速度、书写速度与书写力度的变化情况、笔画间的连接方式和照应关系上综合判断其运笔是否流畅、自然，书写是否正常。

▣» 2.1.4 对于运笔不够自然、书写不正常的检材笔迹，综合分析其是否存在伪装或模仿的可能。

▣» 2.1.5 通过对检材笔迹的详细分析，根据检材笔迹的具体情况，初步判断其是否具备鉴定条件：

（1）检材不具备鉴定条件的，直接进入"7 鉴定记录"。

（2）检材具备鉴定条件的，进入鉴定程序。

▣» 2.2 全面分析样本

▶》2.2.1 全面分析样本笔迹的性质及在时间和空间上的分布情况，确认其是否全面反映了书写人笔迹的多样性及其书写习惯。

▶》2.2.2 从样本笔迹的书写模式上，对比分析样本笔迹模式与检材笔迹是否相同、相近或相似，确认相互间是否具有可比性。

▶》2.2.3 对各类型样本笔迹，特别是实验样本，从笔迹的书写模式与书写速度、书写速度与书写力度的变化情况、笔画间的连接方式和照应关系上综合判断其运笔是否流畅、自然，书写是否正常。

▶》2.2.4 对于运笔不够自然、书写不正常的实验样本笔迹，对比自然样本笔迹综合分析实验样本笔迹是否存在改变书写方法、运笔方式、书写速度等伪装书写的可能。

▶》2.2.5 根据笔迹鉴定案件的特殊性，应注意收集有关其他当事人，特别是利益冲突的另一方直接当事人的笔迹样本，为进一步分析检材笔迹是否为模仿笔迹及模仿笔迹的书写人创造条件。

▶》2.2.6 通过对样本笔迹的全面分析，根据样本笔迹的具体情况，初步判断其是否具备鉴定条件：

（1）样本不具备鉴定条件的，要求送检单位补充样本或直接进入"7 鉴定记录"；

（2）样本具备鉴定条件的，进入鉴定程序。

▶ 2.3 对检材和样本的比较鉴定

▶》2.3.1 复制检材、样本

（1）可采用复印、照相、扫描打印等方法复制。

（2）要求：真实、清晰反映出检材、样本的全貌；检材原则上应逐一复制；一般情况下样本也应逐一复制。如样本较多，可逐一复制价值高的样本，其他样本可概括复制。

▶》2.3.2 制作《笔迹特征比对表》

可以采用电子打印和手工描绘等方式完成，要求对检材与样本笔迹反映出的笔迹特征的异同情况、变化范围、程度、形成原因等逐一进行详细的比对、分析，并进行适当的标识或必要的说明。（标识方法附图如下）

标识符号		标识说明
名称	图示	
实线	——————	用于标识布局、结构、字形等笔迹特征。
虚线	··············	用于标识单字、偏旁、部首、笔画间的搭配比例特征。
圆	○	用于标识单字局部的笔迹特征，如单字局部的连接、环绕、转折及单字局部特殊的结构、搭配等笔迹特征。
长尾箭头	———→	用于标识单字笔画连续的运笔动作。
短箭头	↘	用于标识单字笔画的起、收、折、绕、顿、颤、拖、带、抖等细微的书写动作。
括号	（　）	对于错字、别字、异体及特殊笔顺和写法的字，在括号内标明该单字的正写法或规范写法。或对某单字特征的说明。
标号	①、②……	用于标识笔顺特征。也可用于对笔迹特征进行编号。

▶≫ 2.3.3 选取笔迹特征方法

（1）在重复出现的字中选择笔迹特征；

（2）在结构正常、运笔自然的字中选择笔迹特征；

（3）在书写速度较快、笔画较多的字中选择笔迹特征；

（4）在细微之处选择笔迹特征；

（5）选择文字以外的笔迹特征；

（6）有疑问的笔迹特征可候选。

▶≫ 2.3.4 笔迹特征的比对方法

笔迹特征的比对方法通常有但不局限于以下五种方法：

（1）直观比较：对检材和样本笔迹特征进行目测比较；

（2）显微比较：对检材和样本笔迹特征进行显微观察和对比分析；

（3）测量比较：用测量工具或软件对检材和样本笔迹中某些笔迹特征，如布局、形体、搭配比例及笔画的角度、弧度、距离等进行测量比较；

（4）重合比较：对怀疑是出自同一母本的摹仿笔迹，或怀疑检材笔迹摹仿某样本笔迹的，可将对应的笔迹进行重合比对；

（5）统计分析比较：运用统计学的原理和方法，对笔迹特征的分布情况、变化程度等，在一定范围内进行统计分析。

▶≫ 2.3.5 标注笔迹特征

对比较鉴定中发现的有价值的笔迹特征在《笔迹特征比对表》上逐一进

行标识。一般用红色记号标记符合特征；用蓝色或黑色记号标记差异特征。

▶️》2.3.6 对笔迹特征数量的分析

（1）分析检材的笔迹类型是否在样本中得到充分的反映；

（2）分析检材不同类型笔迹中的书写模式是否在样本中得到充分反映；

（3）分析检材和样本的笔迹特征种类；

（4）分析检材和样本笔迹特征的符合特征、差异特征和相近或相似特征、变化特征的数量。

▶️》2.3.7 笔迹特征价值的评价方法

（1）根据是否符合通常的书写规范进行判断：符合通常的书写规范的笔迹特征，其特征价值较低；不符合通常的书写规范的笔迹特征，其特征价值较高。

（2）根据特征出现的概率进行判断：一般出现率越高的特征价值越低；出现率越低的特征价值越高。

（3）根据特征的稳定性进行判断：一般相对稳定的特征，其特征价值较高；容易发生变化的特征，其特征价值较低。

（4）根据笔迹特征变化的分布情况进行判断：检材笔迹特征的变化情况与样本笔迹特征变化情况相符的，其特征价值较高；相同笔迹不同书写模式之间发生变化的笔迹特征或差异特征，其特征价值较低。

（5）根据笔迹的形成方式对笔迹特征的影响情况进行判断：容易受影响的特征价值较低；不容易受影响的特征价值较高。

（6）对于有些特殊的难以判断其特征价值的笔迹特征，可在一定范围内做抽样调查，根据统计分析的结果判断其特征价值。

▶️》2.3.8 检材笔迹与样本笔迹笔迹特征的综合评断

（1）通过对检材笔迹与样本笔迹的分别鉴定及比较鉴定，综合判断检材笔迹运笔是否流畅、自然，书写是否正常，是否存在伪装或摹仿的迹象，确认检材笔迹是否具备鉴定条件。

（2）通过对检材笔迹与样本笔迹的分别鉴定及比较鉴定，综合判断样本笔迹是否能够客观、全面地反映书写人的书写习惯，与检材笔迹是否具备可比性，如仍不具备可比性或比对条件较差的，要求委托方补充适合的样本。

（3）检材笔迹怀疑为条件变化的，应注意综合分析检材笔迹与样本笔迹中笔迹特征符合点的价值，发生变化的笔迹特征的性质，及是否在样本笔迹中得到一定程度的印证。

（4）检材笔迹怀疑为伪装的，应注意综合分析检材笔迹与样本笔迹中笔迹特征符合点的价值，发生变化的笔迹特征的性质，不同的伪装方法、手段及其可能导致笔迹特征的变化的范围以及程度。

（5）检材笔迹怀疑为摹仿的，应注意综合分析检材笔迹与样本笔迹中笔迹特征差异点的价值，相似笔迹特征的性质，及与其采用的摹仿方法、手段及其可能导致笔迹特征的相似或变化的范围是否相吻合。

（6）检材笔迹怀疑为临摹或套摹的，如从现有的自然样本中寻找和发现有被临摹或套摹的样本笔迹的，可以作为判断摹仿笔迹的重要依据。

（7）多处检材笔迹怀疑为临摹或套摹的，如发现相互是采用相同的方法、手段摹仿同一样本笔迹的，可以作为判断摹仿笔迹的重要依据。

（8）检材笔迹怀疑为临摹或套摹的，如检材笔迹与样本笔迹不同的或变化的笔迹特征在怀疑的临摹或套摹书写人的笔迹样本中有有价值的相同笔迹特征反映的，可以作为判断摹仿笔迹的重要依据。

（9）运用系统鉴定的方法，全面分析文件要素之间及与案件其他要素之间的关系，综合判断所作鉴定结论的准确性或合理性。特别注意分析笔迹与其他文件要素的关系，如笔迹与落款日期或内容笔迹之间的联系，或将该日期与相应的样本笔迹进行比较，发现两者笔迹特征的内在联系，可以从另一方面印证所作鉴定结论的合理性和准确性。

▶▶≫ 2.3.9　符合点与差异点的分别研究

（1）研究符合点

应将符合点的数量与符合点的质量相结合进行判断，注意区别不同人笔迹的相近、相似形成的符合与同一人的书写习惯同一形成的符合。

（2）研究差异点

应将差异点的数量与差异点的质量相结合进行判断，注意区分本质差异（即不同书写习惯形成的差异）与非本质差异（即同一书写习惯变化形成的差异）。

①非本质差异的成因主要包括：伪装造成的；条件变化造成的；书写不同字体造成的；书写速度不同造成的；样本笔迹不充分造成的；检材与样本时间相隔较久造成的；偶然笔误造成的等。

②分析判断非本质差异的成因可采用分析法、实验法、排除法、调查法和

补充法。

（3）符合点和差异点的对比分析

①数量对比。主要看符合点与差异点哪个在数量上占有优势。除此之外，还要注意异同点分别涉及的特征种类的数量，即符合点或差异点是表现在各类特征上，还是仅仅局限在某一两类特征上。

②质量对比。在数量对比的基础上，再从异同点的性质与价值的角度考察符合点与差异点哪个更具有根本意义。

▶▶2.3.10 对检材和样本笔迹特征中符合特征、差异特征、相近或相似特征、变化特征的性质和可能的形成原因，以及特征数量和质量的总体价值进行综合评断，并根据综合评断的结果作出相应的鉴定结论。

▶ **3. 鉴定记录**

整个鉴定过程必须详细记录，包括但不限于：

（1）鉴定人独立鉴定的过程、鉴定意见；

（2）鉴定组鉴定的过程、鉴定意见分歧及讨论情况；

（3）鉴定中使用仪器的名称、使用仪器的鉴定过程、鉴定条件、鉴定意见；

（4）进行比对时，检材和样本笔迹选取特征的说明和标识。

▶ **4. 鉴定意见的形式及要求**

鉴定结论的表述应准确全面，且要简明扼要。

▶▶4.1 确定性意见

▶▶4.1.1 当确定检材笔迹不是直接书写形成时表述为：检材笔迹（或部分笔迹）不是直接书写形成的。有条件的，可进一步说明是如何形成的。

▶▶4.1.2 当符合点数量多、质量高，符合点的总和反映了同一人的书写习惯时表述为：检材笔迹（或部分笔迹）与样本上某某的笔迹是由同一人书写形成的。

▶▶4.1.3 当差异点数量多、质量高，差异点的总和反映了不同人的书写习惯时表述为：检材笔迹（或部分笔迹）与样本上某某的笔迹不是由同一人书写形成的。

▶▶4.2 非确定性意见

▶▶4.2.1 当符合点是主要的，但尚不足以认定时表述为：检材笔迹（或部分笔迹）与样本上某某的笔迹倾向是由同一人书写形成的。

▶≫ 4.2.2 当差异点是主要的，但尚不足以否定时表述为：检材笔迹（或部分笔迹）与样本上某某的笔迹倾向不是由同一人书写的。

▶≫ 4.2.3 当检材笔迹鉴定条件较差，或样本鉴定条件较差，或鉴定人难以综合评断差异点与符合点的价值高低时表述为：因（检材、样本等原因），无法确定检材笔迹（或部分笔迹）与样本上某某的笔迹是否由同一人书写形成。

五、印章印文鉴定操作规程

印章制作工艺的不同、印章印面结构特点的不同、印章在使用过程中磨损程度不同，使得不同印章盖印的印文各具特点，为印章印文检验提供了依据。

通常情况下，印章印文鉴定要求检验鉴定对象是清晰或较清晰的原件。整个检验鉴定过程应当在自然光或照明光下进行，通过肉眼或者借助放大镜进行观察和识别为主，辅以显微镜、文检仪和测量仪器等设备。印章印文检验鉴定实验室及环境应整洁、安静。

▶ **1. 案件的受理**

▶≫ 1.1 受理人核对《×××人民检察院司法鉴定委托受理登记表》

▶≫ 1.1.1 核对委托单位的名称、送检人的姓名、证件号码等。

▶≫ 1.1.2 核对检材的名称、数量，如有必要还需核对来源、性状、包装、提起方法等。

▶≫ 1.1.3 核对样本的名称、数量，如有必要还需核对来源、性状、包装、提起方法等。

（1）样本的受理要求

样本印文数量充足；应提供与检材文件的落款时间相同或相近时间的样本印文；应提供与检材印文的盖印条件相同或相近的样本印文。

（2）如送检方无法提供符合上述要求的样本，应在登记表中注明"无法补充"，受理人应告知送检人由于样本不符合要求，有可能做不出明确结论；送检人如还可以补充样本，应在登记表中注明。

▶≫ 1.1.4 审核委托要求

委托要求表述应明确，不存歧义，如写明：检材上某某印文与样本上某某印文是否同一枚印章盖印的。

▶≫ 1.2 了解和分析案情

▶≫ 1.2.1 了解案件发生的经过、性质、争议的焦点及其他相关情况等。

▶≫ 1.2.2 询问印章印文的发现、提取、保存等详细过程。

▶≫ 1.2.3 了解当事人中谁、为什么要提出鉴定，对文件中怀疑的内容是否明确，理由是否充分。

▶≫ 1.2.4 询问是否首次鉴定，如不是首次鉴定的，应了解历次鉴定的具体情况，特别是有关当事人对历次鉴定结论的态度，以及此次鉴定与前次比较检材、样本有无变化等情况。

▶≫ 1.2.5 注意了解和发现是否有与印文相关的其他人证、物证、书证、视听资料等证据存在，注意分析检材是否与其他证据相互矛盾，结合上述案件情况综合分析检材是否存在伪造的可能。

▶≫ 1.2.6 认真分析检材与文件其他要素及案件系统要素间的相互关系。

▶≫ 1.3 受理人问明情况、核清材料后，如受理委托，应在《×××人民检察院司法鉴定委托受理登记表》受理人签名一栏上签字。

▶ **2. 检验**

▶≫ 2.1 详细分析检材印文

▶≫ 2.1.1 检材印文是原件的，分析检材印文是不是盖印形成的。如是盖印形成的，继续；如不是直接盖印形成的，进入"6.1.2 程序"。

（1）初步分析判断检材印文反映出的检材印章可能的制作方法、制作材料及其特性；

（2）分析检材印文是否可能属雕刻印章印文，是手工、机械或激光雕刻印章印文；

（3）分析检材印文是否可能属渗透印章印文，是普通渗透印章印文或章油一体原子印章印文；

（4）分析检材印文是否可能属树脂印章印文，是普通树脂印章印文或光敏印章印文；

（5）分析检材印文是否可能属其他类型的印章印文及其反映出的特性；

（6）分析检材印文的形成方法、盖印材料是否可能会对检材印文特征造成的影响；

（7）分析检材印文是否盖印均匀、清晰，印文特征能否得到反映。

▶≫ 2.1.2 检材印文可能不是直接盖印的，从以下六个方面进行分析。

（1）分析检材印文可能的复制方法，及是否符合相应复制方法的特点；

（2）分析检材印文是否混色（或单色）形成；

（3）分析检材印文是否反映了扫描复制的特点，是否混色（或单色）打印形成；

（4）分析检材印文是否转印或采用其他印刷方法复制形成；

（5）分析检材的复制方法是否会对检材印文特征造成本质的影响；

（6）分析检材印文是否清晰，印文特征能否得到反映。

▶▶ 2.1.3 通过对检材印文的详细分析，根据检材印文的具体情况，初步判断其是否具备鉴定条件：

（1）检材不具备鉴定条件的，直接进入"7 检验记录"。

（2）检材具备鉴定条件的，继续。

▶▶ 2.2 全面分析样本印文

▶▶ 2.2.1 如提供样本印章的，则需要制作样本印文。

（1）应制作不同盖印条件的样本印文，以便分析样本印文特征的变化规律；

（2）应根据检材印文的盖印条件，模拟其盖印条件制作样本印文。

▶▶ 2.2.2 分析样本印文是否盖印形成，不是盖印形成的，继续；是盖印形成的，执行"6.2.3 程序"。

（1）分析样本印文的复制方法及其特点；

（2）分析样本印文是否复制清晰，印文特征是否能得到反映；

（3）分析样本印文的复制方法是否会对印文特征造成本质的影响。

▶▶ 2.2.3 进一步分析样本印文的印文特征

（1）了解样本印章的制作方法、制作材料及其特性，分析用其盖印的印文的特点；

（2）分析样本印文是否正常盖印的，印文特征能否得到全面反映；

（3）如样本印文系非正常盖印的，如产生位移、重叠的，初步分析可能的形成原因；

（4）如样本印文特征有变化的，分析其变化的范围、程度、原因及其性质。

▶▶ 2.2.4 全面分析样本印文与检材印文是否具有可比性，确定样本印文是否具备比对条件：

（1）样本不具备比对条件的，要求送检单位补充样本或直接进入"7检验记录"；

（2）样本具备检验条件的，继续。

▶≫ 2.3 对检材和样本印文的比较检验

▶≫ 2.3.1 复制检材、样本

（1）用复印、照相、扫描打印等方法复制；

（2）要求：真实、清晰反映出检材、样本的全貌；检材原则上应逐一复制；一般情况下样本也应逐一复制。如样本较多，可逐一复制价值高的样本，其他样本可概括复制。

▶≫ 2.3.2 制作《印章印文特征比对表》。 采用复制剪贴或录入打印的方式制作《印章印文特征比对表》；检材印文应全部编入，盖印时间、条件与检材相同、相近的样本印文应尽量多地编入；选取的检材、样本印文应对应排列在一起，便于比对。

▶≫ 2.3.3 选取、标识印文特征

（1）选取特征要全面，特别注重选取重复再现的细节性特征；

（2）对比较检验中发现的有价值的特征在比对表上逐一进行标识。一般用红色记号标记符合特征；用蓝色记号标记差异特征。（标识符号附图如下）

标识符号		标识说明
名称	图示	
实线	———	印文特征画线比较中，用于标示印面结构、规格、布局及组合关系等印文特征。
虚线	………	用于标识文字、线条、图案及相互间的搭配比例特征。
圆	◯	用于标识文字、线条、图案等印文局部特征，如单字局部的特殊搭配、结构、形态等印文特征。
箭头	↘	用于标识文字、线条、图案等印文局部的细节特征，如附着物特征、暗记及单字局部的缺损、变形等印文特征。
标号	①、②……	用于对印文特征进行编号。

▶≫ 2.3.4 印章印文特征的比对方法

（1）直观比对：对观察到的检材和样本印文的特征直接进行比较，对有价值的特征进行标识。

（2）重叠比对：直接将检材印文和样本印文或其复制件，在透光下进行重合比较，观察相互间的吻合程度。

（3）拼接比对：直接将检材印文或样本印文或其复制件，在对应的部位折叠后进行拼接比较，观察相互间的吻合程度。

（4）测量比对：用适当的测量工具或测量软件，对检材印文和样本印文的长度、角度、弧度及距离等进行测量比对，分析其异同。

（5）画线比对：用画有呈比例的、各种规格、形状的线条图案的透明网格，直接覆盖在检材和样本上进行比较，或在检材印文和样本印文的复制件上直接进行画线比较等。

（6）仪器/软件比对：借助各种比对仪器及图像比对软件（如 PHOTO-SHOP、ACD 等图像处理软件），对检材印文和样本印文进行重合、拼接、画线、测量等全面的比较分析。

▶▶ 2.3.5 印文特征价值的评价方法

（1）在对符合和相近或相似特征价值的评价中，印文细节特征的价值高于印文规格特征的价值；

（2）在对差异和变化特征的评价中，印文规格特征的价值高于印文细节特征的价值；

（3）在对符合和相近或相似特征价值的评价中，印章在使用过程中形成的印面残缺、磨损、暗记及附着物等细节特征是非常有价值的特征；

（4）在对差异和变化特征的评价中，印文的内容、结构、布局、形态、尺寸等规格特征是非常有价值的特征；

（5）对于有些特殊的难以判断其特征价值的笔迹特征，可通过模拟试验进行分析判断。

▶▶ 2.3.6 检材印文与样本印文特征的综合评断

（1）综合判断检材印文反映出的印文特征的价值，确定其是否具备鉴定条件。

（2）综合判断样本印文反映出的印文特征的价值，确定其是否具备比对条件。如样本印文不具备比对条件或比对条件较差的，则要求补充合适的样本。

（3）综合分析检材印文与样本印文反映出的印文特征符合点和相近或相似特征、差异点和变化特征的性质及其形成原因，并对特征总和的价值进行综合评断，最终根据综合评断的结果，作出相应的鉴定结论。

▶ **3. 检验记录**

整个鉴定过程必须详细记录，包括但不限于：

（1）鉴定人独立鉴定的过程、鉴定意见；

（2）鉴定组鉴定的过程、鉴定意见分歧及讨论情况；

（3）鉴定中使用仪器的名称、使用仪器的鉴定过程、鉴定条件；

（4）进行比对时，检材和样本印文选取特征的说明和标识。

▶ **4. 鉴定结论形式及要求**

▶▷ 4.1 确定性意见

▶▷ 4.1.1 检材与样本印文存在足够数量的符合特征，且符合特征总和的价值充分反映了同一枚印章印文的特点，检材与样本印文发生变化的印文特征又能得到合理的解释时表述为：检材印文……与样本印文……是由同一枚印章盖印形成。

▶▷ 4.1.2 检材与样本印文存在足够数量的差异特征，且差异特征总和的价值充分反映了不同印章印文的特点，检材与样本印文相同或相似印文特征又能得到合理的解释时表述为：检材印文……与样本印文……不是由同一枚印章盖印形成。

▶▷ 4.2 非确定性结论

▶▷ 4.2.1 当符合点是主要的，但尚不足以认定时表述为：倾向性认为检材印文……与样本印文……是由同一枚印章盖印形成。

▶▷ 4.2.2 当差异点是主要的，但尚不足以否定时表述为：倾向性认为检材印文……与样本印文……不是由同一枚印章盖印形成。

▶▷ 4.2.3 当检材印文鉴定条件较差，或样本鉴定条件较差，或鉴定人难以综合评断差异点与符合点的价值高低时表述为：因（检材、样本等原因），无法确定检材印文与样本印文是否由同一枚印章盖印形成。

六、朱墨时序鉴定操作规程

印文与书写、打印及复写字迹交叉时序不同，交叉点处的外观特征或者两种色料的理化性质表观特征表现不同，为朱墨时序的鉴别提供了依据。

通常情况下，朱墨时序检验鉴定要求检材必须是原件。一般要用到显微镜、文检仪等文检技术设备。朱墨时序检验鉴定实验室及环境应整洁、安静。

▶ 1. 案件的受理

▶ 1.1 受理人核对《×××人民检察院司法鉴定委托受理登记表》

▶ 1.1.1 核对委托单位的名称、送检人的姓名、证件号码等。

▶ 1.1.2 核对检材的名称、数量，如有必要还需核对来源、性状、包装、提起方法等。对检材的要求：

（1）检验印迹与文字必须形成交叉；

（2）交叉部位周围印迹和文字的墨迹分布均匀、完整，无明显的污损或破坏痕迹；

（3）印字交叉部位明显重叠，最好有两处以上的交叉部位可供检验。

▶ 1.1.3 审核鉴定要求

鉴定要求表述应明确，不存歧义，如写明：确定某某与某某的先后顺序。

▶ 1.2 了解和分析案情

▶ 1.2.1 了解案件发生的经过、性质、争议的焦点及其他相关情况等。

▶ 1.2.2 询问检材的发现、提取、保存等详细过程。

▶ 1.2.3 了解当事人中谁、为什么要提出鉴定，对文件中怀疑的内容是否明确，理由是否充分。

▶ 1.2.4 询问是否首次鉴定，如不是首次鉴定的，应了解历次鉴定的具体情况，特别是有关当事人对历次鉴定意见的态度。

▶ 1.2.5 注意了解和发现是否有与检材相关的其他人证、物证、书证、视听资料等证据存在，注意分析检材是否与其他证据相互矛盾，结合上述案件情况综合分析检材是否存在伪造的可能。

▶ 1.2.6 认真分析检材与文件其他要素及案件系统要素间的相互关系。

▶ 1.3 受理人问明情况、核清材料后，应在《×××人民检察院司法鉴定委托受理登记表》受理人签名一栏上签字确认。

▶ 2. 检验

▶ 2.1 通过对检材的详细分析，初步判断其是否具备鉴定条件：

（1）检材不具备鉴定条件的，直接进入"7 检验记录"。

（2）检材具备鉴定条件的，继续检验。

▶ 2.1.1 分析字迹的形成方式

（1）分析字迹是否由圆珠笔写成；

（2）分析字迹是否由钢笔写成，具体由哪种墨水形成；

（3）分析字迹是否由复写形成；

（4）分析字迹是否由打印形成；

（5）分析字迹是否由复印形成。

▶▶ 2.1.2 分析印文的形成方式

（1）分析印文是否由印油盖印形成；

（2）分析印文是否由印泥盖印形成。

▶▶ 2.1.3 分析检材印文与墨迹交叉点

（1）圆珠笔与印文

①分析圆珠笔笔画在交叉点处是否出现完全性断笔现象或者沿书写轴线方向上的半断笔现象；

②分析印泥堆积物立体感程度是否下降；

③分析圆珠笔笔画凹陷处是否分布印文色料；

④分析纸张背面圆珠笔压痕是否较浅或者完整；

⑤分析圆珠笔笔画中有时是否可见到印泥的拖带痕迹；

⑥分析圆珠笔压痕处是否无印文色料。

（2）复写笔画与印文

①分析复写笔画是否出现断笔现象；

②分析复写色料在印文上是否呈颗粒状浮着状态分布；

③分析复写纸笔画是否出现完全性断笔和色料浮着现象。

（3）墨水与印文

①分析在印文上书写的墨水笔画是否呈不规则的墨水点、变细或断笔；

②分析交叉点处印泥印文笔画、线条两侧是否有因墨水堆积产生的洇散现象；

③分析墨水笔画在印文笔画中是否有洇散现象；

④分析墨水笔画上是否无印文色料；

⑤分析墨迹笔画上是否有印泥堆积物，且立体感很强；

⑥分析蓝色色料变色现象是否较重。

（4）打印文字与印文

①分析印文线条或笔画是否被分割成网状；

②分析黑色笔画上是否没有印泥堆积物；

③分析交叉点处印文笔画边缘是否呈整齐凹陷状态；

④分析沿打印方向的色带笔画中，是否有印泥被拖带痕迹；

⑤分析两种笔画是否都完整。

（5）复印文字与印文

①分析墨粉笔画中是否多处出现边缘不整、缺损或印文笔画中央无墨粉覆盖现象；

②分析印文笔画或线条周围的纸张上墨粉弥散点是否多于其他处；

③分析复印墨粉笔画是否渗散、扩散程度重。

▶▶ 2.2 鉴定应当先采用显微检验法等无损检验方法，一般不使用破坏性的检验方法。

▶▶▶ 2.2.1 针对检材的具体情况，选择适当的显微镜进行检验，使用低倍率的立体显微镜和高倍率的材料显微镜交叉进行检验。

▶▶▶ 2.2.2 检验中应针对检材的具体情况，选择适当的光照方式及照射角度、光照强度等，如侧光、垂直光、同轴光、偏光等光源的选择，在明场和暗场下分别进行比对分析。

▶▶▶ 2.2.3 检验中注意根据不同放大倍率景深的变化，进行动态的分层检验，可将高放大倍率的各层图像进行组合（某些显微镜具有自动或手动共聚焦功能），得到清晰的高倍显微图像，提高检验效果。

▶▶ 2.3 综合判断印字交叉部位的显微特性

▶▶▶ 2.3.1 详细分析检材交叉部位显微特性

（1）交叉部位印文色料和文字色料的连贯性、完整性；

（2）交叉部位印文色料和字迹色料显微分布状态；

（3）交叉部位印文色料和字迹色料的表面颜色变化；

（4）交叉部位印文色料和字迹色料的表面光泽变化；

（5）交叉部位手写字迹形成的压痕部位印文油墨的分布状态；

（6）交叉部位印文色料和字迹色料的收缩、渗散、中断、堆积等现象；

（7）交叉部位印文或字迹笔画边缘墨迹分布、颜色、光泽等情况；

（8）交叉部位印文油墨表面有无被擦划、拖带、抑压等现象；

（9）交叉部位与未交叉部位印文色料和文字色料在颜色、光泽、墨迹分布等特性上的变化情况。

▶▶▶ 2.3.2 用检材印文和文字的制作工具或与检材印文和文字制作工具相近的工具制作先字后印和先印后字的实验样本，进行实验验证

（1）对样本印文与文字交叉部位的显微特征进行分析、鉴别，并将有价值的特征部位分别制作成显微图片供比对，以确保准确掌握印文与文字交叉部位的细微特征。

（2）将样本印字交叉部位显微特征的特性与检材印字交叉部位的显微特征进行对比分析，验证对检材印字交叉部位显微特征的判断。

■》》2.3.3 复制检材

（1）用复印、照相、扫描打印等方法对检材进行复制；

（2）复制必须保证要求能真实、清晰反映出检材的全貌；

（3）检材原则上应逐一复制。

■》》2.3.4 固定检验结果

可采用照相等方法固定检验结果。

■》》2.3.5 根据检材印字交叉部位的显微特征的检验结果，结合实验验证的情况进行综合分析，对检材印字交叉部位显微特征的性质作出科学、客观的评价，最终作出相应的鉴定意见。

▶ **3. 检验记录**

整个鉴定过程必须详细记录，包括但不限于：

（1）鉴定人独立鉴定的过程、鉴定意见；

（2）鉴定组鉴定的过程、鉴定意见分歧及讨论情况；

（3）鉴定中使用仪器的名称、使用仪器的鉴定过程、鉴定条件、鉴定意见；

（4）对有价值的特征点、检测点的标识、说明及相关照片。

▶ **4. 鉴定意见形式及要求**

■》4.1 鉴定意见的表述应准确全面，且简明扼要。

■》4.2 确定性结论

■》》4.2.1 认定先章的表述为：×××与×××先后时序为先朱后墨（或先章后字）。

■》》4.2.2 认定先字的表述为：×××与×××先后时序为先墨后朱（或先字后章）。

■》4.3 非确定性结论

■》》4.3.1 倾向性认定先章的表述为：×××与×××先后时序倾向为先朱后墨（或先章后字）。

■» 4.3.2 倾向性认定先字的表述为：×××与×××先后时序倾向为先墨后朱（或先字后章）。

■» 4.4 无法作出结论

因（检材条件、技术手段等因素），无法确定×××与×××的先后时序。

七、印刷方法鉴定操作规程

各种印刷方法的原理、工艺不同，造成各种印刷品各具特点，为印刷方法的鉴别提供了依据。

通常情况下，印刷方法鉴定要求检材为清晰或较清晰的原件且数量达到符合鉴定条件的要求，并能完整、充分地反映印刷机具的固有特征。鉴定过程中以放大镜、显微镜观察为主，辅以文检仪检验。印刷方法检验鉴定实验室及环境应整洁、安静。

■ 1. 案件的受理

■» 1.1 受理人核对《受理案件登记表》

（1）核对委托单位的名称、送检人的姓名。

（2）了解简要案情及可疑文件在整个案件中的证据价值。

（3）逐页、逐项核对检材的名称、数量、出处。

（4）送检材料中包括样本时，逐页、逐项核对样本的名称、数量、出处。

（5）审核鉴定要求：鉴定要求表述应明确，不存歧义，如写明：检材上所有（或部分）字迹是何种方法印制形成的。

■» 1.2 询问该案以前的鉴定情况。如已做过鉴定，要询问重新鉴定的理由；此次鉴定与前次比较检材、样本有无变化等情况。

■» 1.3 受理人签署受理案件回执。问明情况、核清材料后，受理人应在受理案件回执上签字。

■ 2. 复制检材、样本

■» 2.1 可采用复印、照相、扫描打印等方法复制。

■» 2.2 要求：真实、清晰反映出检材、样本的全貌；检材原则上应逐一复制；一般情况下样本也应逐一复制。如样本较多，可逐一复制价值高的样本，其他样本可概括复制。

▶ 3. 检验方法

▶ 3.1 直接观察：在自然光或照明光下直接观察。

▶ 3.2 放大、显微观察：借助放大镜、显微镜进行观察。

▶ 3.3 试验分析：通过与已知版型的印刷品比对进行分析。

▶ 4. 检材检验分析

▶ 4.1 采用直接观察、显微观察法对检材进行检验分析，以发现、提取检材的印刷特点。

▶ 4.1.1 传统制版印刷文件（凸版、平板、凹版、孔板）检材

（1）主要印刷特征

①凸版印刷文件的基本特点：

印刷的图文正面凹下、背面凸起；

印迹较实，中淡边浓，边缘有挤墨现象；

印迹边缘及微小空隙处易粘杂质而出现油墨疵点或模糊。

②平板印刷文件的基本特点：

图文部分平整，正反面无凹凸印压痕迹；

印迹墨色均匀，无挤墨现象，但墨迹有时显得浅淡不实，边缘发虚；

图文易出现点状漏空，空白部分常见脏版墨点，且墨点形状小、数量多；

层次表现通过网点面积的大小实现；

对于彩色图像，通过分色制版套印印刷，各色网点方向互不相同。

③凹版印刷文件的基本特点：

印迹色调浓重，墨层凸于纸面，尤其雕刻版更为明显；

低调处油墨较厚，呈起伏波浪状；

印迹边缘不齐，照相版、加网版、电子雕刻版印迹边缘呈锯齿状，雕刻版有毛刺，文字笔画边缘更为明显。

④孔版印刷文件的基本特点：

图文线条由不规则的点、片状墨迹构成；

墨层较厚，边缘不齐，墨迹不匀；

纸面空白处多有点状、片状或条状油墨污染痕迹；

纸张无印版压痕。

（2）分析检材的印刷特征。主要考虑以下十个方面：

①检材的排版和承印物的特点；

②检材的印后加工特点；

③检材图文的层次、色泽和均匀度情况；

④检材图文处的墨迹和纸张的立体感效果；

⑤检材的显微墨迹形态和分布状况；

⑥检材图文边缘的挤墨、平滑度情况；

⑦检材上的露白、疵点、断笔、堆积、条痕等痕迹；

⑧检材的印版磨损和修版特征；

⑨检材的网点和套色特征；

⑩检材印刷纸张和油墨的特性。

▶≫ 4.1.2 打印、复印、传真文件检材

（1）主要印刷特征

①静电复印文件的基本特点：

静电复印文件为复制件，常留有原稿纸边痕迹；

图文墨迹呈墨粉凝聚状，有立体感，空白处分布有粉墨弥散点；

图文线条质量较差，边缘常见散布的墨迹；

具有缩放、灰度调节等功能；

感光鼓光电特性及规格、显影方式、分离方式、定影方式、稿台方式、复印机功能、纸张规格及走纸方式、墨粉材料等反映出静电复印机的种类特点；

因部件受损、污染和老化等原因，静电文件常见点、线、块状的痕迹及底灰分布，表现出静电复印机的个体特点。

②字符式打字机打印文件的基本特点：

文字为字符打印形成，笔画无点阵痕迹；

打印为击打形式，正面凹入，背面凸起；

字符种类少，不能打印图形；

字形、规格、最大字行宽度、步进距离、色带和功能键等反映出打字机的种类特点；

笔画缺损、模糊、定位不准及色带痕迹等反映出打字机的个体特点。

③传真文件的基本特点：

最上方和下方有传真标识信息，中间为图文部分；

传真标识信息为字库印刷形成，相同字符点阵分布一致，线条质量高；

图文部分分辨率低，线条质量差，斜线条呈锯齿状；

传真文件上反映出的是传真发送机和传真接收机的混合特点；

传真文件上常反映出传真发送机和传真接收机的种类特点和个体特点。

④针式打印机打印文件的基本特点：

墨迹为点阵分布，呈击打凹状，背面纸张凸起；

笔画边缘不整齐，斜线条呈锯齿状；

容易出现的打印缺陷，如笔画残缺或模糊，串行接字笔画错位、重叠或脱节，字库造字，字宽、字距和行距不匀，字符墨迹浓淡不匀，打印污染等；

打印缺陷痕迹能较好地反映出打印机的个体特性，是打印机同机认定的主要依据。

⑤喷墨打印文件的基本特点：

笔画平实，边缘常见喷溅状墨点；

液态油墨的笔画易洇散，多数易溶于水；

固态油墨色彩鲜亮，线条质量好；

彩色打印模式下，黑色笔画可见多色混合；

容易出现的打印缺陷主要表现为：笔画残缺、露白、字符间距不规则、横向字符不成行、纵向排列不整齐、打印污染等；

打印缺陷痕迹能较好地反映出打印机的个体特性，是打印机同机认定的主要依据。

⑥激光打印机打印文件的基本特点

图文墨迹呈墨粉凝聚状，有立体感，空白处分布有粉墨弥散点；

笔画边缘整齐，线条质量高；

容易出现的打印缺陷主要表现为：横、纵向黑、白条状痕迹；点状、块状黑、白周期痕迹、墨迹分布不匀等。

（2）分析检材的印刷特征。主要考虑以下十个方面：

①检材的纸张特点；

②检材的文件形式及排版布局特征；

③检材的击打凹凸痕迹及印压痕迹特征；

④检材的显微墨迹形态和分布特征；

⑤检材的点阵分布及分辨率及线条质量特征；

⑥检材的字符错位、分离、倾斜等特征；

⑦检材的周期性痕迹及点、块、线状污染、磨损、老化特征；

⑧检材的走纸、色彩特征；

⑨检材的打印、复印、传真的功能特征；

⑩其他的附加信息特征，如色带遗留信息、计算机储存信息、传真机传真报告等。

▶ 4.2 必要时，应将发现、提取的印刷特点进行显微拍照。

▶ 5. 已知样品检验分析

▶ 5.1 当对检材检验获得的结果不够充分时，可采用直接观察、显微观察法对已知样品进行检验分析，以发现、提取已知样品的印刷特点。

▶ 5.2 必要时，应将发现、提取的印刷特点进行显微拍照。

▶ 6. 样本检验分析

▶ 6.1 当送检材料中包括样本时，可采用直接观察、显微观察法对已知样品进行检验分析，以发现、提取样本的印刷特点。

▶ 6.2 必要时，应将发现、提取的印刷特点进行显微拍照。

▶ 7. 综合评断

▶ 7.1 将发现、提取的检材与已知样品（本）的印刷特点进行综合比较，确定其异同，作出鉴定意见。

▶ 7.2 检验中应注意的事项

（1）注意把握不同印刷方法及设备的印刷特点及特征表现；

（2）注意区分静电复印机复印文件与激光打印机打印文件的不同；

（3）注意区分静电复印机复印文件与扫描后静电打印文件的不同；

（4）注意区分传真原始件与传真复制件的不同；

（5）注意区分喷墨打印机、激光打印机打印文件与一体速印机印刷文件的不同；

（6）注意鉴别传真发送机和传真接收机所形成的印刷特征；

（7）注意分析复制、复写、褪色、污染对印刷特征的影响；

（8）对于不能准确把握的印刷特征，通过市场调查或模拟实验进行研究和分析；

（9）由于集打印、复印和传真于一体的办公设备发展迅速，打印、复印、传真设备之间的界限已越来越模糊，故办公机制文件制作设备的种类确定应谨慎，表述要严谨。

▶ 8. 检验记录

▶▶ 8.1 鉴定人独立检验的过程、意见等内容的记录；

▶▶ 8.2 鉴定组检验的过程、意见等内容的记录；

▶▶ 8.3 有意见分歧情况的，需附讨论情况记录；

▶▶ 8.4 对选取的印刷特点应进行文字描述，或显微照相；

▶▶ 8.5 检验中使用仪器的名称、条件等内容的记录。

▶ 9. 鉴定意见形式及要求

▶▶ 9.1 确定性结论

▶▶ 9.1.1 当检材充分具有某版印刷品的特点时，表述为：检材图文（或部分）是某版印刷形成的。

▶▶ 9.1.2 当检材完全不具有某版印刷品的特点时，表述为：检材图文（或部分）不是某版印刷形成的。

▶▶ 9.2 非确定性结论

▶▶ 9.2.1 检材部分具有某版印刷品的特点，但某版印刷品的主要特点反映不够充分时，表述为：检材图文（或部分）倾向是某版印刷形成的。

▶▶ 9.2.2 检材极少具有某版印刷品的特点，有些特点与某版印刷品主要特点有异但反映不够明显时，表述为：检材图文（或部分）倾向不是某版印刷形成的。

▶▶ 9.2.3 检材条件较差，无法确定印刷特点或虽可确定个别印刷特点，但价值有限时，表述为：因（检材条件等原因），无法确定检材图文（或部分）是何种版印制形成的。

▶▶ 9.2.4 依据鉴定要求的其他表述形式。

第三节　其他检验鉴定操作规程

一、司法会计检验鉴定操作规程

【定义】司法会计检验鉴定是指在诉讼活动中，为了查明案情，由具有司法会计专业知识的人员，通过对案件中涉及的财务会计资料及相关财务进行检验，对需要解决的财务会计问题进行鉴别判断，并提供专业意见的一项活动。

▶ **1. 委托审查**

▶▶ 1.1 各地各级检察机关的技术部门可以受理检察机关内部机构提出的检验鉴定请求；可以受理由各地公安、法院、军队、纪委、保卫、海关、保险等非检察机关单位提出的检验鉴定请求；不能受理个人名义提出的检验鉴定要求。

▶▶ 1.2 对于检察机关提出的检验鉴定要求，符合受理条件的，各地检察技术部门应该通过统一业务应用系统进行受理。检察技术部门内勤接收送检单位提交的《＿＿＿＿人民检察院委托鉴定书》，并确认是否有送检单位主管领导的"同意"签章，连同送检材料，一并开具《材料移交清单》。

▶▶ 1.3 对于非检察机关提出的检验鉴定要求，各地检察机关技术部门应该审核送检单位提交的《＿＿＿＿（单位）委托鉴定书》是否有相应主管领导的"同意"签章，检查检材和基本案情等案卷材料，一并开具《材料移交清单》。

▶▶ 1.4 对检验鉴定案件进行委托审查的环节，由司法鉴定机构内勤完成，司法会计不能直接参与委托环节。

▶▶ 1.5 委托书中应明确提出鉴定目的和要求，但不得暗示或强求司法会计作出某种倾向性鉴定意见。

▶▶ 1.6 各地检察机关技术部门内勤可以根据案情要求送检单位提供但是不限于以下材料明细：

（1）司法会计鉴定委托书；

（2）与鉴定有关单位的财务会计管理制度；

（3）鉴定中涉及的财务会计资料以及相关证据，包括会计报表、总分类账、明细分类账、记账凭证及所附原始凭证、银行对账单、合同、借据、银行交易历史明细清单等其他财务会计资料；

（4）股票账户、理财产品账户历史交易明细清单等；

（5）司法会计勘验、检查笔录；

（6）所需要的其他资料。

▶▶ 1.3 内勤填写收案人意见，将受理登记表、委托人提交的材料以及司法会计委托鉴定书交由司法会计承办人审查。

▶ **2. 受理审查**

▶▶ 2.1 送检单位（部门）的审查

▶▶ 2.1.1 司法会计承办人接受内勤转交过来的受理登记表和委托鉴定书等材料，审查送检单位（部门）是否符合相关的规定。

■>> 2.1.2 鉴定机构可以受理人民检察院、人民法院和公安机关以及其他机关委托的鉴定：

（1）人民检察院办理案（事）件内部委托的鉴定；

（2）人民法院、公安机关、司法行政机关、国家安全机关、军队保卫部门，以及监察、海关、工商、税务、审计等行政执法机关委托的鉴定。

■>> 2.1.3 鉴定机构不能接受以自然人名义委托的司法会计检验鉴定。

■>> 2.2 受案范围的审查

■>> 2.2.1《委托检验鉴定书》的审查

■>> 2.2.1.1 审查《委托检验鉴定书》是否客观反映案件基本情况、送检材料和鉴定要求等内容。

■>> 2.2.1.2 审查《委托检验鉴定书》是否填写下列内容：

（1）委托鉴定单位全称；

（2）送检人姓名、职务、证件名称及号码、通讯地址、联系电话、传真和邮政编码；

（3）委托鉴定机构全称；

（4）鉴定涉案（事）名称、案件编号和简要情况；

（5）原鉴定情况（重新鉴定、补充鉴定、鉴定符合的情况下填写）；

（6）送检材料；

（7）明确的具体要求；

（8）其他必要的说明的情况；

（9）加盖委托鉴定单位的印章。

■>> 2.2.2 司法会计检验鉴定受案范围的审查

■>> 2.2.2.1 按照会计科目进行分类，司法会计检验鉴定范围包括：

（1）资产历史成本的确认；

（2）资产应结存额及盈亏的确认；

（3）债券、债务构成的确认；

（4）经营损益、投资损益的确认；

（5）所有者权益的确认；

（6）会计处理方法及结果的确认；

（7）需要通过检验分析财务会计资料确认的其他财务会计问题。

■>> 2.2.2.2 按照鉴定目的进行分类，司法会计检验鉴定范围包括：

（1）非法吸收公众存款案件司法会计鉴定；

（2）集资诈骗案件司法会计鉴定；

（3）侵犯知识产权赔偿案件司法会计鉴定；

（4）贪污、挪用案件司法会计鉴定；

（5）债权债务结算经济纠纷案件司法会计鉴定；

（6）违法经营案件司法会计鉴定；

（7）涉税案件司法会计鉴定；

（8）虚假出资、抽逃出资案件司法会计鉴定；

（9）其他。

▶▶▶ 2.2.2.3 诉讼中遇到的下列问题不属于利用司法会计专业知识和技能所能解决或者不需要通过司法会计鉴定解决的财务会计问题：

（1）与财务会计业务有关的刑事、民事、行政行为的法律定性问题；

（2）财务会计错误责任人的确认问题；

（3）财务会计行为所涉及的意识痕迹、心理活动的识别问题；

（4）财务会计资料证据中的形象痕迹的识别问题；

（5）无法利用司法会计专业知识和技能解决的财务凭证内容真实性的识别问题；

（6）因缺乏必要的检材而无法鉴定的财务会计问题；

（7）通过司法会计检查已经解决或者能够解决的财务会计问题；

（8）财务凭证内容真实性的识别问题，但财务资料勾稽关系产生真实性识别问题除外。

▶▶ 2.3 送检材料的初步审查

▶▶ 2.3.1 司法会计检验鉴定送检材料是指诉讼涉及的、经司法会计鉴定人技术检验与鉴定事项相关的财务会计资料。它是涉案财务会计事实的载体，是鉴定人出具鉴定意见的事实依据，包括财务资料和会计资料。

▶▶ 2.3.2 财务资料，是指在经济活动中直接形成的各种资料，如各类财务凭证、合同、批文等财务记录材料。

▶▶ 2.3.3 会计资料，是指在会计核算中形成的各种资料，如记账凭证、账簿、会计报表等会计记录形式。

▶▶ 2.3.4 送检材料必须真实、齐全，记录内容完整。

▶▶ 2.3.4.1 司法会计鉴定人对司法会计鉴定材料，应该判明其有效性，主要是依靠通过审查送检材料的可靠性、送检材料来源的合法性进行确认。

▶▶ 2.3.4.2 司法会计鉴定人员要从以下两方面审查送检材料的完整性：

（1）首先要确认鉴定事项的会计期间，审查送检材料是否涵盖了所确定的会计期间；

（2）要审查送检材料是否充足，不同的鉴定目的，所需的送检材料的内容和目的不同，司法会计鉴定人要把握好数量的审查。

▶▶ 2.3.4.3 司法会计鉴定人通常不涉及对涉案财务凭证内容真实性的判断，但是对可能影响鉴定意见的财务凭证，应当充分关注其内容的真实性，并对互相矛盾的鉴定材料进行审查。

▶▶ 2.3.5 对送检材料明显不足的司法会计鉴定业务，鉴定人不应当就相关问题作出结论性意见；对鉴定材料存在瑕疵的鉴定业务，鉴定人应当选用合适的方式审慎发表结论性意见。

▶ 2.4 初次检验鉴定的受理条件

▶▶ 2.4.1 初次鉴定是指在同一案件诉讼中，对某一财务会计问题首次提出和组织司法会计鉴定人进行的司法会计检验鉴定。

▶▶ 2.4.2 对于初次检验鉴定，经过上述审查，满足下列条件的，可以受理：

（1）送检单位（部门）适格；

（2）委托目的明确，符合要求；

（3）送检材料真实、有效、完整；

（4）属于受案范围；

（5）送检程序合法合规。

▶ 2.5 补充检验鉴定的受理条件

▶▶ 2.5.1 补充鉴定是指诉讼机关为了弥补原鉴定意见的不足，组织作出原鉴定意见的鉴定人，在原鉴定意见的基础上补充进行的司法会计检验鉴定。

▶▶ 2.5.2 对于委托单位（部门）就同一案件同一问题委托的补充鉴定，属于下列情形之一的，可以受理：

（1）已作出的鉴定意见的事实依据不够充分，或者论证不够严谨，或者意见不确切，意见内容不完整；

（2）原鉴定意见为限定性意见，诉讼中又补充与附加判断条件有关的证据的；

（3）司法会计鉴定人对其所作出的鉴定意见提出新的见解，需要做补充修订的；

（4）在诉讼中发现原鉴定意见所依据的证据发生变化，可能影响原鉴定意见可靠性的。

▶▶ 2.6 重新检验鉴定的受理条件

▶▶▶ 2.6.1 重新鉴定是指在同一案件诉讼活动中，就同一财务会计问题重新提请和组织原司法会计鉴定人员以外的司法会计鉴定人员进行的司法会计检验鉴定。

▶▶▶ 2.6.2 对于委托单位（部门）就同一案件同一问题委托的重新鉴定，经鉴定机构审查属于下列情形之一的，可以受理重新鉴定：

（1）发现鉴定人不具备鉴定主体条件的；

（2）经审查认为鉴定意见有明显缺陷，必须进行重新鉴定的；

（3）经审查认为鉴定程序严重违法的；

（4）经审查认为鉴定意见的依据明细不足的；

（5）经审查认为鉴定意见不科学或者不可靠，不能作为定案依据的。

▶▶ 2.7 受理中的特殊情况处理

▶▶▶ 2.7.1 在送检单位（部门）对案情事实判断有误或者不清晰

▶▶▶ 2.7.1.1 司法会计鉴定人员受理检验鉴定后，应当听取送检人对案件事实、鉴定目的、鉴定事项和检材的情况介绍，然后根据自己的检验鉴定经验、财务、法律知识，对案件事实进行初步判断。

▶▶▶ 2.7.1.2 如果对送检单位阐述的案情有疑问，应当及时提出，送检单位（部门）能解答的，当场解答；不能解答或者案件事实判断有误的，司法会计鉴定人员可以协助送检单位（部门）查证。

▶▶▶ 2.7.2 送检单位（部门）未能明确的鉴定目的和内容

▶▶▶ 2.7.2.1 在送检单位（部门）对司法会计鉴定的具体事项以及目的和内容不明晰情况下，司法会计鉴定人员可凭借其专业水平和实践经验，参与确定具体的鉴定事项和范围。

▶▶▶ 2.7.2.2 司法会计鉴定人员只有鉴定事项与范围的建议权，具体鉴定目的和内容应由送检单位（部门）提出。

▶▶▶ 2.7.2.3 如果送检单位（部门）提出的鉴定目的和要求内容超出了司法会计鉴定范围，司法会计鉴定人员要和送检单位（部门）作出沟通，修改鉴定目的和内容，以为办案服务为目的，鉴定事项既符合司法会计鉴定的范围，又能实现鉴定目的。

▶▶ 2.7.3 送检单位（部门）无法完全补齐材料

▶▶ 2.7.3.1 司法会计鉴定人员在初步审查送检材料时，发现送检材料不足的，可以要求送检单位（部门）补充；如果送检单位（部门）确实遇到补充检材困难的，司法会计鉴定人员可以利用自己的专业知识协助其补充。

▶▶ 2.7.3.2 送检单位（部门）因各种原因无法补齐必要检材的，司法会计鉴定人可以考虑和送检单位（部门）协商修改鉴定事项和目的，通常是缩小鉴定的范围，以便检材能够满足鉴定事项的需要。

▶▶ 2.8 应当不予受理情形的处理

▶▶ 2.8.1 经鉴定人审查，遇有下列情形之一的，不予受理，应向送检人说明理由，并向鉴定机构负责人报告：

（1）送检案件不符合案件受理范围的；

（2）送检资料不具备检验鉴定条件的；

（3）送检主体不符合受理范围的；

（4）送检资料来源不可靠或虚假的；

（5）鉴定要求不属于司法会计鉴定范围的；

（6）技术、人员条件不能满足鉴定要求的；

（7）无法在办案期限内完成检验鉴定的；

（8）风险评估过高的；

（9）违反国家法律、法规的；

（10）违反检验鉴定委托受理程序的；

（11）检验鉴定用途不合法或者违背社会公德的；

（12）鉴定要求不符合司法会计鉴定执业准则或者相关鉴定范围的。

▶▶ 2.8.2 对于委托单位（部门）就同一案件同一问题委托的补充检验鉴定，经鉴定机构审查属于下列情形的，应不予受理：

（1）依据检验、论证的事实能得出唯一的鉴定意见的；

（2）原鉴定意见的依据、论证全面充分的；

（3）原鉴定意见准确的；

（4）没有出现影响原鉴定意见的新资料的；

（5）无其他需要补充检验鉴定的情况。

▶▶ 2.8.3 对于委托单位（部门）就同一案件同一问题委托的重新鉴定，经鉴定机构审查属于下列情形的，应不予受理，并向鉴定机构负责人报告：

（1）原鉴定意见与案件其他证据无明显矛盾的；

（2）无充足的理由证明原鉴定意见有错误或者不准确的；

（3）司法会计鉴定人员没有违反相关工作规定的；

（4）无其他因素影响鉴定意见正确的。

2.8.4 不予受理的司法会计鉴定案件，司法会计鉴定人员应作出《不予受理司法会计检验鉴定说明书》，经主管领导审批后加盖公章，送达委托方。

3. 受理审查阶段风险评估与风险控制

3.1 受理与审查阶段，司法会计人员要采取一定的程序和方法，对鉴定事项进行风险评估和风险控制，时刻关注司法会计检验鉴定的特性，密切注意可能产生的风险，防止出现错误或者重大缺陷的鉴定意见。

风险评估和风险控制的主体。司法会计鉴定人员应该成为风险评估和风险控制的主体，应该有两名以上的司法会计鉴定人员进行受理审查阶段的风险评估和风险控制。

3.2 风险评估

3.2.1 固有风险评估

3.2.1.1 固有风险是指委托鉴定业务在鉴定前就存在不确定因素，或者存在所需鉴定资料的重大错报或者漏报，有导致司法会计鉴定人判断错误，遭受鉴定失败的可能性。

3.2.1.2 固有风险产生的原因。司法会计鉴定业务存在固有风险，产生的原因有以下两个：

（1）由于送检材料属于财务会计资料，本身可能存在重大的错报风险；

（2）由于司法会计鉴定本身的特殊性，存在一定的不确定因素，这些都会导致司法会计鉴定人判断上的错误或者失误，使得司法会计存在失败可能性。

3.2.1.3 固有风险的评估程序与方法

（1）充分了解案情，分析检材的充分性、适当性。司法会计鉴定人员一定要和案件承办人进行充分的沟通，熟悉案情，根据案情来确定检材；根据案情分析检材获取的有利和不利条件，对检材进行检验和审核，确定检材是否存在重大错报或者遗漏风险。

例如，对于被鉴定单位提供的财务报表，可以和税务报表、工商年检报表进行核对，查看管理层是否存在诚信问题、检材是否存在重大错报或者遗漏。

（2）分析被鉴定事项本身的风险。司法会计鉴定内容的不同，也会存在不同程度的风险。例如，经营损益的司法会计鉴定风险较大，损益的计算有诸多项，每一项都会影响损益结果的准确性，风险较大。

▶▶▶ 3.2.1.4 固有风险只能进行评估，无法进行控制。若评估固有风险过高，则可以不承接此项鉴定业务。

▶▶▶ 3.2.2 受理审查风险评估

▶▶▶ 3.2.2.1 受理审查风险是指司法会计鉴定作为一项业务活动，和送检材料的充分性、适当性以及鉴定人员的执业能力、主观判断等有密切的关系，这些因素在司法会计鉴定受理审查阶段会带来一定的风险。

▶▶▶ 3.2.2.2 产生风险的因素主要有：

（1）鉴定材料是否真实、完整、充分及取得方式合法；

（2）鉴定事项的用途是否合法或违背社会公德；

（3）鉴定人及鉴定机构是否有能力承接此项鉴定；

（4）司法鉴定人与申请人有无利害关系，是否影响独立性；

（5）鉴定要求是否符合司法鉴定执业规则或相关鉴定技术规范。

▶▶▶ 3.2.2.3 受理审查风险评估的程序和方法

（1）分析被鉴定事项的风险级别，区分低风险、中度风险、高度风险。对于中度风险及其以上的被鉴定事项，需要引起特别的注意。

（2）若发现被鉴定事项风险较高，可采取一定的措施。例如，变更鉴定事项、和送检单位或者部门协商更换委托目的、作出备注以便在鉴定意见中作出醒目的提醒。

▶▶▶ 3.3 风险的控制

无论是固有风险，还是受理审查风险，都可以采取一定的措施予以控制，但是不能消除。

▶▶▶ 3.3.1 与委托方进行充分沟通，协助取得检材。

（1）司法会计鉴定人员在承接项目之前，要和委托方进行充分的沟通，对委托鉴定的目的和内容进行审查，不能超出司法会计鉴定的受案范围。

（2）在沟通的基础上，对送检材料进行审查，必要的时候，可以协助委托方搜集检材。

▶▶▶ 3.3.2 审查鉴定小组以及鉴定人员的独立性和职业能力

（1）司法鉴定机构要对司法会计鉴定案件的承办人进行独立性审查，涉及需要回避的情形要严格依法回避，以免影响鉴定的独立性。

（2）若所有的鉴定人均需回避，则不能承接此项鉴定业务；在评估鉴定复杂程度、时间紧迫性、鉴定机构执业能力和水平、技术条件等的基础上进行综合评断，决定是否承接，降低风险。

（3）在委托受理阶段，受理人、承办人要和委托人进行充分沟通，对不可预见事项，要对委托人进行说明，必要的时候作出书面声明，对鉴定用途、事项、不可预见事项、需要特殊说明的事项等作出声明。声明事项应尽量简明扼要、突出重点，不能含糊其辞。

▶ **4. 受理审批**

▶ 4.1 承办人填写承办意见

承办人在进行上述审查后，认为符合条件的，作出"同意受理"的意见，在《受理登记表》填写意见，报司法鉴定机构负责人审批。

▶ 4.2 鉴定机构负责人审批

司法鉴定机构负责人在听取承办人汇报的基础上，作出"不同意受理"或者"同意受理"，鉴定机构负责人与案件承办人意见不同时，作出"报分管副检察长审批"的意见。

▶ 4.3 分管领导审批

分管领导在听取承办人汇报的基础上，作出"不同意受理"或者"同意受理"。

▶ 4.4 办理送检手续

▶ 4.4.1 办理送检手续，是指司法鉴定机构接收送检资料，在相关当事人在场情况下，办理送检手续；送检资料由相关当事人提交及委托鉴定机构提交。原则上一方当事人提交资料，由另一方当事人签字确认。

▶ 4.4.2 办理送检手续可以设置和填写送检资料清单，送检资料清单上详细列明送检资料名称、数量、单位、送检方签章、鉴定机构方签章、监督方签章、送检日期、备注说明。

▶ 4.4.3 送检资料清单一式两份，分别由送检方、鉴定机构各持一份。

▶ 4.4.4 司法会计鉴定人办理收检手续时，应该对所有的检材进行清点，根据清点情况制作《材料移交清单》，以便检验鉴定使用。

▶ 4.4.5《材料移交清单》应该包含以下内容：

（1）案由；

（2）检材的名称和数量；

（3）备注（可注明检材的状况等需要说明的情况）；

（4）送检人、收检人名称；

（5）收检日期；

（6）检材是否齐全、需要补送的检材名称。

▇≫4.4.6《材料移交清单》应当作为案卷材料入卷。

▶ **5. 成立鉴定小组**

▇≫5.1鉴定机构受理审批完成确定予以鉴定后，应及时指定鉴定人员，成立鉴定小组。

▇≫5.1.1一般案件，可以由2名或2名以上鉴定人组成鉴定小组进行检验鉴定。

▇≫5.1.2对于疑难、复杂或者特殊的司法会计鉴定案件，可以指定或者选择3名以上司法会计鉴定人员成立鉴定小组，进行检验鉴定。

▇≫5.2鉴定机构要根据实际情况，科学分配鉴定小组成员的职责和工作，作出职责分配表和工作分配表。

▇≫5.3职责分配表和工作分配表要载明以下事项：

（1）鉴定人员姓名；

（2）鉴定人员工作内容和职责；

（3）工作进度和时间安排。

▇≫5.4鉴定组应确定一名鉴定业务负责人，鉴定业务负责人应具备以下条件：

（1）具有丰富的检验、鉴定经验；

（2）具有独立执行鉴定业务的能力和水平；

（3）具有中级以上专业技术职称；

（4）满足完成检验鉴定的时间、精力、技术等各项要求。

▇≫5.5如果有需要，鉴定小组可以报请批准聘请专家或有关人士，报请前需要对专家或有关人士的客观性、专业胜任能力作出评估。

▇≫5.6检验鉴定过程中，遇有下列情况之一的，经分管副检察长、检察长批准，可以制作《聘请书》，聘请其他鉴定机构的鉴定人或者其他具有专门知识的人员：

（1）鉴定中涉及有争议的财务会计问题的；

（2）鉴定人对某些专门的问题无法解决或者对鉴定意见有疑义的；

（3）具有其他需要聘请专门人员的情形的。

▶▶ 5.7 鉴定人员回避的情形

鉴定人员有下列情形之一的，制作《回避申请书》，应当自行回避，委托单位也有权要求鉴定人回避：

（1）是本案的当事人或者当事人的近亲属的；

（2）本人或者其近亲属和本案有利害关系的；

（3）担任过本案的证人或者诉讼代理人的；

（4）重新鉴定时，是本案原鉴定人的；

（5）曾在涉案单位担任过财务人员的；

（6）曾在涉案单位担任过财务资料档案工作的；

（7）其他可能影响鉴定客观、公正的情形。

▶ **6. 了解案件基本情况**

▶▶ 6.1 查阅案卷，即阅读送检单位（部门）移送的诉讼证据材料，一般情况下无须对整个诉讼案卷材料进行阅读，只需阅读和司法会计鉴定事项相关的案卷材料。

▶▶ 6.2 特殊情况下，只有全部阅读才能进行司法会计鉴定的，则需要对所有的诉讼案卷材料进行阅读，进一步了解案情。

▶▶ 6.3 司法会计鉴定人员需要对如下卷宗进行了解，并作出相应的记录。

▶▶▶ 6.3.1 查阅有关的询问（讯问）资料，了解被告人、犯罪嫌疑人供述和辩解、证人证言等，作出相关的记录：

（1）涉案当事人以及其他相关人员对司法会计鉴定事项所涉及问题的看法、意见、解释；

（2）对送检的财务会计资料来源进行记录，以便考察真实性、可靠性；对财务会计资料经手人、审批流程等的记录。

▶▶▶ 6.3.2 查阅有关的送检材料中已有的司法意见（例如侦查终结报告、审查逮捕意见、起诉意见书等），对案件始末有初步的了解，对有关司法会计鉴定事项所涉及的事实、行为、方式、手段等有初步的概念。

▶▶▶ 6.3.3 制作《司法会计检验鉴定案件基本情况表》，该表应该包括但不限于以下内容：

（1）涉案单位及其关联单位的名称；

（2）编制人；

（3）编制时间；

（4）涉案的会计期间；

（5）涉案单位的基本情况，包括工商登记情况、纳税人身份、主营业务、股本或者资本总额等；

（6）涉案人员的关系图，包括涉案人员的职务、职责；

（7）涉案关联单位的基本情况，包括其工商登记情况、纳税人身份、主营业务、股本或者资本总额等；

（8）涉案行为的方式和过程，可以绘制图表，一目了然地显示涉案的手段和过程。

▶▶ 6.3.4《司法会计检验鉴定案件基本情况表》应作为记录纳入案卷，予以存档。

▶ 7. 了解被检验鉴定对象财务制度及其环境

▶▶ 7.1 在查阅案卷，了解案情的基础上，对涉案对象的财务制度和环境进行了解，应当主要了解以下内容：

（1）财务审批流程和步骤；

（2）涉案单位内部控制设置和执行情况；

（3）会计科目设置和核算情况；

（4）缴纳的税种和方式；

（5）记账的周期和方式；

（6）不相容岗位的分离情况；

（7）内部审计情况；

（8）外部审计意见；

（9）企业性质，上市公司还是个体户等；

（10）银行账户；

（11）是否制作会计报表，报表的周期等；

（12）了解涉案单位关联单位的情况。

▶▶ 7.2 以虚增工程量贪污国有资产的司法会计鉴定为例，需要对承包方和项目部的财务会计制度和环境作出了解：

（1）承包方的财务环境和制度，承包方有多少个承包项目，是否单独核算承包收入、成本等，承包方记账凭证中是否都有附件，附件是什么，是否工程结算单；

（2）项目部的财务制度和环境，项目部在相应的会计期间是否对不同的项目分开核算，项目部的银行账户，项目部费用核算内容，项目部工程款支付的记账凭证及其附件；

（3）承包方和项目部对账的周期和方式。

▶ **8. 确认检材的充分性与适当性**

▶▷ 8.1 检材的充分性是指对检材数量的衡量，不同的鉴定内容和目的，需要获取的检材的内容和数量是不同的，司法会计鉴定人要把握好数量，以达到证据的充分性。

▶▷ 8.2 检材充分性的检测

不同的司法会计鉴定内容和目的，检材充分性的检测方法和内容不同，一般要检测如下几个方面：

（1）检测会计期间是否完备，是否和鉴定目的相一致；

（2）检测会计资料的完备程度；

（3）查看会计余额计结的及时性；

（4）检测记账凭证编号的连续性和编号方法；

（5）检测记账凭证附件内容的完整性；

（6）查看财务手续的完备性；

（7）检测账户设置标准化水平；

（8）检测事项涉及转账业务的，背书是否连续。

▶▷ 8.3 检材的适当性是对检材质量的衡量，即检材作为鉴定证据在支持鉴定意见所依据的结论方面具有的相关性和可靠性。

▶▷ 8.4 检材适当性的检测

▶▷▷ 8.4.1 检测检材的相关性。司法会计鉴定人员要根据鉴定目的和鉴定内容检测检材的相关性，从逻辑方面、技术标准、鉴定标准等来评判相关性的大小。

▶▷▷ 8.4.1.1 以非法吸收公众存款的司法会计为例。在非法吸收公众存款的司法会计鉴定中，鉴定的内容涉案资金的来源和款项去向、用途，还会涉及每位涉案人员或者单位、每位投资者实际投资金额、回收金额和尚未回收金额；由此确定的司法会计鉴定目的主要有：

（1）确定非法吸收公众存款的资金来源、去向和用途；

（2）确定非法吸收公众存款的投资人人数、金额、投资时间以及给每位投资人的未偿还数额；

（3）确定非法吸收公众存款的非法收益额。

▶▶▶ 8.4.1.2 从上述的检验内容和目的可以看出，相关的检材可以是：

（1）涉案资金收付的银行账户交易历史明细清单；

（2）涉案合同；

（3）债务人的账务记载凭证、账册；

（4）收据、缴款单等；

（5）非法吸收公众存款的投资使用相关检材；

（6）还款相关检材；

（7）利率核算的相关检材。

▶▶▶ 8.4.2 检测检材的可靠性，要从以下几个方面考虑：

（1）检材收集程序的合法性；

（2）检材形成的来源；

（3）检材之间是否存在矛盾；

（4）检材之间是否能互相印证；

（5）检材是否原件、复印件；

（6）检材内容的详略程度；

（7）检材本身的可靠性。

▶▶▶ 8.4.3 对特殊账户的识别

▶▶▶ 8.4.3.1 特殊账户通常包括隐形账户、虚假账户和特设账户等。

隐形账户是指有实际核算内容，但未被计入明细会计账簿的账户。

虚假账户是指账簿记载的内容完全（或基本）不真实的明细账户。

特设账户是指为核算特定的经济目标，而特别设置的名不副实的明细账户。

▶▶▶ 8.4.3.2 如果送检材料中涉及特殊账户，还需要对这些特殊账户进行识别。特殊账户包括隐形账户、特设账户、虚假账户。特殊账户的识别方法有：

（1）抽查比对明细账和记账凭证；

（2）关注"管理费用"科目记账凭证的附件内容；

（3）制作某些明细科目的年度趋势图表；

（4）获取第三方信息，与检材比对，例如购买方、销售方、拨款方的相关信息。

▶▶▶ 8.4.3.3 特殊账户能否作为检材，或者特殊账户的真实性都需要进行识别，或者识别相应检材的佐证。

以"小金库"为例，涉案单位采取利用虚列管理费用、营业费用等方式套取资金存入单位未列入符合规定的单位账簿的各项资金（含有价证券），而另外设立的单独账户，这个账户就是隐形账户，涉案单位可能对这个账户的收支单独记了"流水账"。这个"流水账"的识别，就需要特别程序，需要其他材料的佐证。

▶≫ 8.5 中止鉴定

▶≫ 8.5.1 经过对检材充分性和适当性的审查，如果发现依据现有的基本证据尚难以解决鉴定事项所涉及的财务会计问题，难以完成鉴定目的和要求，但是仍有不足检材证据的可能性的，应当要求送检单位（部门）继续补充检材，填写《补充材料通知书》。

《补充材料通知书》要写明具体需补充的材料明细、补充材料的时间要求、承办人的联系方式等，经司法鉴定中心负责人审批后加盖公章，送达送检单位或者部门签收。一式两份，送检单位或者部门和鉴定中心各执一份。

▶≫ 8.5.2 如有必要，可以协助收集补充检材。

▶≫ 8.5.3 如果现有的检材无法继续司法会计鉴定工作的，可确定暂时性中止鉴定，待收到补齐的检材后再继续进行鉴定。中止鉴定后，要开具《中止鉴定通知书》，以便于计算办案时间。

《中止鉴定通知书》应该写明中止的缘由、中止的起止时间。经司法鉴定中心负责人审批后加盖公章，送达送检单位或者部门签收。一式两份，送检单位或者部门和鉴定中心各执一份。

▶≫ 8.6 终止鉴定

经过对检材充分性和适当性的审查，认为现有的基本证据有明显的缺陷，且无法通过补充检材证据予以弥补的，应当确定终止鉴定，制作《终止鉴定通知书》，书面通知送检单位（部门）。

《终止鉴定通知书》应该写明终止办理的缘由，如有必要可以写明建议采取的进一步措施。经司法鉴定中心负责人审批后加盖公章，送达送检单位或者部门签收。一式两份，送检单位或者部门和鉴定中心各执一份。

▶ **9. 检验鉴定的实施**

▶≫ 9.1 制作司法会计检验鉴定程序表

不同类型的司法会计鉴定，有不同的鉴定内容和目的，需要制定不同的司法会计检验鉴定程序表。一般来说，司法会计检验鉴定程序表要包括以下内容；

  （1）涉案人员关系、作案的手段和方式、涉案单位等基本情况；

  （2）涉案单位的财务制度和环境：涉案单位及其关联单位的财务制度和环境，内部控制设计与执行情况，涉案银行账户、涉案的财务会计资料齐全、完整情况；

  （3）检材的适当性和充分性的检测情况；

  （4）工作人员职责分工与合作情况。

▶▷ 9.2 制作详细检验论证方案

  详细的检验论证方案要包括以下内容：

  （1）鉴定标准、技术、方法和思路；

  （2）具体的检验分析项目，对哪些财务会计业务涉及的财务会计资料进行检验分析；

  （3）检验结果的顺序汇总；

  （4）检验中的特殊事项。

▶▷ 9.3 设计制作司法会计鉴定图表

▶▷▷ 9.3.1 鉴定图表是指司法会计鉴定人员根据检验鉴别分析的需要而设计的，用来记录、汇总详细检验论证过程和结果的专用表格和流程图。通常采用电子表格设计，常用的鉴定表格可以制成电子模板，以便反复使用。鉴定表格的设计和使用，可以作为检验记录，方便对所检验鉴定问题的鉴别、分析和论证，可以作为司法会计鉴定文书的附件。

▶▷▷ 9.3.2 在具体的司法会计鉴定中，鉴定表格的种类和格式，没有统一的要求，由鉴定人员根据具体案件的检验分析以及论证的需要自行设计。常用的鉴定表格主要有：

  （1）记录参照客体的账户余额调节表、复记账户的"账页"等；

  （2）汇总有关财务收支事项的收入汇总表、支出汇总表或者财务收支汇总表等；

  （3）记录试算账户平衡关系的余额平衡表及各种重新制作的会计报表等；

  （4）汇总有关财务收付事项的财务入库汇总表、财务出库汇总表或者财务收付汇总表等；

  （5）分析汇总特定会计事项处理情况的会计分录汇总表等；

  （6）分析汇总会计错误的账项汇总分析表等；

（7）投资损益计算表等；

（8）税金计算表等；

（9）利润计算表等；

（10）信用证使用情况汇总表等。

▶▶ 9.4 会检鉴定

▶▶ 9.4.1 在鉴定中遇到有争议问题的财务会计问题或者对某些专门问题有疑惑甚至无法解决的，可以举行会检鉴定。

会检鉴定应由受理委托鉴定的鉴定机构负责组织实施。会检鉴定前，组织会检的机构要做好如下工作：

（1）指定会检鉴定的主持人；

（2）确定会检鉴定人：会检鉴定人既可以由本鉴定机构的鉴定人与聘请的其他机构鉴定人或者专门人员组成，也可以全部由聘请的其他机构鉴定人或者专门人员组成；

（3）准备好会检材料：有争议的财务问题所涉及的检材、有关法律法规、会计准则以及会计制度等。

▶▶ 9.4.2 会检鉴定人不应少于三人，采取鉴定人分别独立检验、集体讨论的方式进行。会检鉴定人具有平等的地位，会检鉴定主持人应当保证每位会检鉴定人能够独立充分阐述自己的意见，并不得干预会检鉴定人的个人意见。

▶▶ 9.4.3 对于会检的鉴定意见，应做如下处理：

（1）会检鉴定人意见一致的，由全体会检鉴定人在鉴定意见末页签名；

（2）会检鉴定人意见有分歧的，可以分别出具鉴定意见，并分别签名，不得采用少数服从多数的形式统一鉴定意见；

（3）会检鉴定人意见有分歧，经检察长决定不形成鉴定文书的，应将会检鉴定情况以工作文书的形式书面答复委托单位（部门），并分别写明会检鉴定人意见分歧的内容和理由，将全体会检鉴定人签名的会检意见附后，一并送交委托单位或部门。

▶ **10. 记录的形成与管理**

▶▶ 10.1 司法会计记录，是指鉴定组对制作的鉴定方案、实施的检验程序、获取的财务会计证据、形成的鉴定意见等作出的记录。鉴定组在执行鉴定业务时，应当及时编制记录，以实现下列目标：

（1）为制作鉴定文书、出具鉴定意见提供依据；

（2）为鉴定业务督导、复核、监控提供载体；

（3）为明确鉴定责任提供证据。

▶▶ 10.2 鉴定组应将鉴定过程中涉及的所有重大检验、鉴定事项记录于工作底稿。编制工作底稿时，必须做到：

（1）工作底稿能清晰地显示检验、鉴定意见以及其生成、修改及复核的时间和责任人；

（2）保证未曾接触该项鉴定业务的专业人士能够通过工作底稿了解实施的检验方法、鉴定程序，以及作出重大判断的依据；

（3）对需要运用职业判断的重大鉴定事项，应当记录推理过程和相关结论；

（4）对向专家咨询的鉴定问题，应当记录咨询过程、专家意见以及对专家结论合理性的复核意见。

▶▶ 10.3 司法鉴定机构应将记录按照档案管理的要求装入鉴定案件卷宗，并实施适当控制：

（1）在执行鉴定业务时，鉴定组成员可以查阅记录共享检验、鉴定信息，保护记录的完整性；

（2）允许其他经授权的人员为履行复核、监控、检查职责接触记录；

（3）防止其他任何人未经授权查阅、改动或销毁鉴定记录。

▶ **11. 询问利害关系人**

▶▶ 11.1 在检验分析工作以后、鉴定文书出具以前，司法会计检验鉴定人员要就鉴定思路、鉴定意见询问利害关系人，利害关系人包括：

（1）涉案当事人，包括嫌疑人、被告、原告、受害人等；

（2）涉案单位或者涉案关联单位的财务负责人；

（3）涉案单位的会计或者出纳。

▶▶ 11.2 询问利害关系人一般应由委托人组织。

▶▶ 11.3 询问利害关系人要记录在卷，经利害关系人签字确认，作为案卷材料予以归档。

▶ **12. 检验鉴定质量控制**

▶▶ 12.1 对司法会计鉴定人员的质量控制

司法鉴定机构应当通过教育、培训，确保司法鉴定人员能够具有下列方面的素质和专业胜任能力：

（1）具有执行鉴定业务的知识和实务经验；

（2）掌握法律法规和业务准则的规定；

（3）具有履行职责必备的职业判断能力；

（4）具有相关技术知识，包括信息技术知识等。

▶▶ 12.2 业务复核

▶▶ 12.2.1 司法鉴定机构应当制定鉴定业务复核制度，在出具鉴定文书前，履行复核检验、论证程序，客观评价鉴定人作出的判断、形成的意见。

▶▶ 12.2.2 鉴定业务复核程序包括：

（1）由鉴定组内经验较多的成员复核经验较少成员执行的工作；

（2）鉴定业务负责人复核所有重要的检验意见和判断事项；

（3）对重大、复杂的鉴定业务，可以邀请鉴定组以外的鉴定人员或业务专家审核鉴定意见。

▶▶ 12.2.3 鉴定组内复核人员由鉴定业务负责人指定，鉴定组外的复核人员由司法鉴定机构指派或聘请。

▶▶ 12.2.4 鉴定组内业务复核人应当在鉴定业务执行过程中的适当阶段及时实施复核，以使重大鉴定事项在出具鉴定意见前得到圆满解决。

▶▶ 12.2.5 在复核鉴定组成员已完成的工作时，复核人员应当考虑：

（1）检验、鉴定是否按照法律法规和业务准则的规定执行；

（2）是否需要修改检验方法、程序和范围；

（3）重大判断事项是否已提请进一步论证；

（4）是否就存在的技术事项、疑难问题或争议事项向专业人士咨询；

（5）检验、鉴定的目标是否实现；

（6）获取的证据是否支持形成的结论。

▶▶ 12.3 鉴定组出具鉴定文书必须符合以下条件：

（1）鉴定业务复核程序已完成；

（2）复核人员没有发现任何尚未解决的事项，使其认为鉴定组作出的重大判断及形成的结论不恰当；

（3）复核人员确信鉴定组采用的检验、鉴定方法符合法律法规和业务准则的规定，获取的财务会计证据足以支持形成的鉴定意见。

▶▶ 12.4 司法鉴定机构应当对鉴定组业务执行情况及结果进行监控，根据鉴定业务需要，随时增派不同类型的鉴定人员，解决鉴定过程中遇到的疑难问题，对重大、复杂的鉴定业务组织鉴定专家复查、审核。

▶▷ 12.5 司法鉴定机构应当对鉴定组质量控制的执行情况进行监督、检查，通过与鉴定人员的沟通交流，考察质量控制制度设计的合理性、运行的有效性，及时发现制度运行中存在的缺陷和问题，不断完善质量控制程序，建立健全质量控制制度。

▶▷ 12.6 司法鉴定机构应当定期选取已完成的鉴定业务进行检查，分析影响鉴定质量的原因，建立以质量为导向的业绩考评体系，落实质量责任追究制度。

▶ **13. 文书的制作与送达**

▶▷ 13.1 司法会计鉴定文书是指由司法会计鉴定人员在鉴定结束时制作的，主要载明鉴定程序、检验结果、鉴别分析意见以及鉴定意见的司法鉴定文书。

▶▷ 13.2 文书制作前的准备事项：

（1）在检验中形成的各种鉴定表格需要进行整理。如各种检验记录表格，通常作为司法会计鉴定工作底稿经整理后存档，以便于鉴定复核或者出庭时使用。

（2）各种记录检验分析结果的汇总表格。这类表格通常在制作鉴定文书时引用，并作为鉴定文书的附件，需要进行整理并根据文书写作的使用顺序进行逐一编号。

（3）对鉴定文书所引用的各种证据材料，应当全部按照检验部分的叙述顺序进行整理，以便于鉴定文书时使用。对整理中发现应当提取固定的诉讼证据而送检部门未提取的，应当建议送检部门提取固定。

（4）在着手制定鉴定文书之前，司法会计鉴定人员应该与送检方人员进行沟通。沟通的内容主要包括通报鉴定结果以及征询有关司法会计鉴定文书所需要重点阐述和论证的事项。

▶▷ 13.3 司法会计鉴定人员在检验鉴定后，针对检验鉴定要求，出具鉴定文书。

（1）通过论证能够作出明确结论性意见的，应当制作并出具鉴定书。

（2）对于无判定性意见的鉴定，应当制作并出具检验报告，检验报告又可以分为分析检验报告、咨询检验报告、复核检验报告、补充意见等。

（3）对于无明确结论性的意见，出具分析意见书。

▶▷ 13.4 鉴定文书的鉴定意见，必须遵循以下规定：

（1）鉴定意见的内容应当符合委托的要求；

（2）鉴定意见不得单纯依据犯罪嫌疑人的供述、被害人的陈述、证人证言等非财务会计资料形成；

（3）鉴定意见不应涉及财务会计行为的法律属性以及涉及财产权属等法律问题。

▶▶13.5 检验报告书和鉴定意见书应以原始记录所记载的事实为依据，其内容一般包括标题、编号、委托日期、委托单位、委托事项、检验对象、送检材料、检验过程、检验结果、分析说明、鉴定意见、落款及附注等内容。

▶▶13.6 根据司法部《司法鉴定程序通则》和《司法鉴定文书示范文本》，鉴定书应包括下列几部分内容：

（1）封面。封面应当写明司法鉴定机构的名称、司法鉴定文书的类别和司法鉴定机构的地址和联系方式。

（2）正文：

①标题与文号，写明司法鉴定机构的名称和文书号；

②基本情况，写明委托人、委托鉴定事项、受理日期、送检材料、开始鉴定日期、委托目的、要求等内容；

③案情摘要，写明委托事项涉及案件的简要情况，介绍涉案的行为方式、手段，介绍涉案单位及其关联单位的财务环境和财务制度；

④检验过程，写明司法会计鉴定人员对检材等相关材料的检验过程，包括检材处理、鉴定程序、检验方法、技术标准和技术规范等内容，例如财务会计制度、会计处理、会计科目、银行历史交易清单；

⑤论证过程，写明运用相关的司法会计鉴定标准、技术规范、行业规范等对检验材料进行的论证，得出检验鉴定意见的过程；

⑥鉴定意见，应当明确、具体、规范，具有针对性和可适用性，和委托目的、要求一一对应，金额准确，表述规范。

（3）落款。包括司法鉴定人签名处预留空白、司法机构盖章预留空白、写明司法鉴定人的执业证号、文书制作日期等，此处必须由实际参加案件鉴定的有鉴定资格的鉴定人员签名，盖鉴定机构公章方可有效。

（4）附注。此部分写明司法鉴定文书中需要解释的内容。

其中，检验过程、论证过程和鉴定意见构成了司法会计鉴定文书的主文部分。

▶▶13.7 司法鉴定文书是一种法律文件，其制作必须严肃认真，必须尊重客观事实并符合诉讼法规的要求。

（1）鉴定书的内容必须客观、真实。鉴定书反映的内容必须是检验过程和检验结果的真实再现，其所确认的意见必须建立在发现的客观事实和科学分析基础上，不允许任何主观臆断和牵强附会。

（2）鉴定书的各部分内容必须具有内在连贯性和一致性，前后呼应，不允许自相矛盾。

（3）鉴定书的文字表达应当准确、简明、易懂，分析说明逻辑性强，证据充分，结论可靠，并打印成文。

▶ **14. 文书审核与签发**

▶▶ 14.1 司法会计文书制作完成以后，经过鉴定小组的校稿，制作《人民检察院司法鉴定文书签发纸》，主承办人签署承办人意见，司法鉴定中心负责人以及分管副检察长完成"领导审核意见"。

▶▶ 14.2 司法鉴定人的签名和司法鉴定机构鉴定专用印章不可省略，未加盖司法机构鉴定专用章或无司法鉴定人签名的鉴定书属于瑕疵文书，可通过补正；无法补正的无效。

▶▶ 14.3 司法鉴定书正本一式三份，其中两份交委托单位，一份由司法鉴定机构存档。

▶ **15. 文书归档**

▶▶ 15.1 承办人从受案开始就要根据技术工作规则的有关要求收集有关文书材料，归档立卷由承办人负责。

▶▶ 15.2 结案后要及时整理阅卷，做到归档的材料齐全、完整。如有遗漏或不符合要求的，应及时补齐。如无法补齐的，必须附说明材料。

▶▶ 15.3 案件办理完毕后，应按照办案程序将有关的文书、签发稿、重大疑难案件记录、纪要以及反映检验、鉴定过程的材料进行整理立卷。

▶▶ 15.4 卷内文书材料排列总的要求是：按照检验鉴定的客观进程和材料形成时间先后进行排列。

▶▶ 15.5 文书排列顺序：

（1）案卷封面；

（2）卷内目录；

（3）《委托检验鉴定书》；

（4）《检验鉴定委托受理登记表》；

（5）鉴定书及签发稿；

（6）鉴定过程中形成的表格或图表；

（7）鉴定材料；

（8）有关材料影印件、复印件；

（9）检验照片；

（10）备考表；

（11）卷底。

▶▶ 15.6 档案按"一案一号"原则组卷，每卷厚度一般以不超过 75 页为限。材料过多的，可分册装订。每册必须填写卷内目录和编页号。

▶▶ 15.7 卷内材料除卷内目录、备考表外，均应按排列顺序依次用铅笔编写面号。

▶▶ 15.8 双面有字的材料正面在右上角，反面在左上角填阿拉伯数字页号。

▶▶ 15.9 粘贴照片或自己设计的表格、图表是多折的，一折为一页，一页编一号。

▶ **16. 出庭作证**

▶▶ 16.1 接到审判机关的出庭通知，司法会计鉴定人无特殊情况的，应当出席法庭。

▶▶ 16.1.1 有以下特殊情况，鉴定人可以不出庭作证：

（1）因健康原因不能出庭作证；

（2）因路途遥远不能出庭作证；

（3）因自然灾害等不可抗力不能出庭作证；

（4）其他正当理由导致不能出庭作证。

▶▶ 16.1.2 司法会计鉴定人不能出庭作证的，应详细说明不出庭作证的原因，并得到部门负责人的书面同意后，在出庭通知书回执中说明原因并及时回复法院。

▶▶ 16.2 人民法院要求司法会计鉴定人出席法庭作证，应当至迟在开庭三日以前将通知书送达鉴定人。

▶▶ 16.2 若法院未能在法定期限前通知鉴定人，影响鉴定人准备出庭工作的，鉴定人可以在法庭通知书回执中注明，并及时回复法院不予出庭作证。

▶▶ 16.3 出庭准备工作

▶▶ 16.3.1 准备鉴定资格及能力证明材料，一般来说，材料包括但不限于以下材料：

（1）工作证；

（2）鉴定人资格证书及复印件；

（3）注意核查资格证书背面备案时间是否涵盖出具鉴定报告的时间；

（4）注意核查资格证书背面备案时间是否涵盖出庭的时间；

（5）会计专业资格证明；

（6）可证明会计专业能力的资格，如学历证明、会计职称证明、注册会计师证书等；

（7）可证明会计专业能力的资料：如所著文章、培训经历等；

（8）其他证明文件。

▶▶ 16.3.2 对案件及检验情况进行全面梳理，一般包括但不限于以下四个方面：

（1）熟悉鉴定事项涉及的财务会计主体的称谓及相关财务会计关系；

（2）熟悉鉴定事项的主要检材及检材之间的关联关系；

（3）熟悉鉴定标准的出处或推导过程；

（4）熟悉鉴定意见的含义及用途。

▶▶ 16.3.3 可向公诉人了解案件进展情况，以便进一步做好准备工作，有针对性地制作答辩提纲。了解的内容包括但不限于：

（1）了解与出庭有关的法律规定；

（2）了解出庭制度的内涵；

（3）掌握与案件有关的审判证据的情况；

（4）了解控辩双方庭前证据交换；

（5）掌握法庭的出庭作证的程序；

（6）重点了解对方对鉴定意见提出的异议内容。

▶▶ 16.3.4 编制出庭答辩提纲，提纲包括但不限于以下内容：

（1）鉴定人基本概况，主要通过概要介绍鉴定人财务专业学历、鉴定工作经历、会计职称、注册会计师资格等阅历情况，说明鉴定人具备鉴定资格及解决本项鉴定问题的能力；

（2）鉴定程序合法性说明；

（3）鉴定手续合法性说明；

（4）鉴定人是否有回避问题说明；

（5）检材相关说明；

（6）检材来源合法性问题说明；

（7）检材完整性问题说明；

（8）检材证明力问题说明；

（9）鉴定标准说明；

（10）标准鉴定标准出处问题说明；

（11）标准适用范围问题说明。

▶▷ 16.4 出庭的注意事项

（1）鉴定人出庭时，应注意仪容仪表，但不应着检察制服。

（2）出庭当天，鉴定人要注意作息要求，及时到达法庭。

（3）鉴定人到庭后，应服从安排，不得听庭。

（4）开庭后，鉴定人应根据法庭的要求，如实回答问题。

（5）鉴定人完成答辩后，应服从安排，不得旁听庭审。

▶ 17. 相关法律文书详见附录

二、电子数据检验鉴定操作规程

▶ 1. 委托与受理

▶▷ 1.1 电子数据检验鉴定案件的委托

▶▷ 1.1.1 鉴定委托单位送检时应当向电子数据鉴定机构提交下列材料：

（1）加盖送检人单位或科室公章的电子数据《检验鉴定委托书》；

（2）委托鉴定的检材清单；

（3）如有需要说明问题的，提供书面的委托说明；

（4）检材及有关检材的各种记录材料（接受、收集、调取或扣押工作记录，使用和封存记录，检材是复制件的，还应有复制工作记录）；

（5）鉴定人要求提供的与鉴定有关的其他材料。

▶▷ 1.1.2 电子数据《检验鉴定委托书》应当包括下列内容：

（1）委托单位、送检人和委托时间；

（2）案件或者事件的简要情况；

（3）委托鉴定检材清单，描述送检检材的名称、数量、类型、品牌、型号、序列号、特征，该检材的来源、封存固定记录等其他说明信息；

（4）鉴定目的和要求。

▶▷ 1.1.3 提出复核鉴定或者重新鉴定的，应当附带原鉴定书或检验报告。

▶▷ 1.1.4 委托鉴定的存储媒介应当是复制原始存储媒介得到的备份存储媒介。

▶≫1.1.5 因特殊原因，委托鉴定的检材是原始存储媒介或原始电子设备的，委托单位应当提供相应的《固定电子数据清单》和《封存电子数据清单》。

▶≫1.1.6 委托单位未对原始存储媒介或原始电子设备进行封存或固定的，应当在《电子数据检材清单》中注明。

▶≫1.1.7 鉴定委托单位已使用过委托鉴定的原始存储媒介和电子设备的，应当介绍使用的情况，并提交相应的《原始证据使用记录》。

▶≫1.1.8 鉴定委托单位不得暗示或者强迫鉴定人作出某种鉴定意见；应当保证其向电子数据鉴定机构提交的检材来源清楚、真实可靠、提取合法。

▶≫1.2 电子数据检验鉴定案件检材的接收

▶≫1.2.1 委托人委托鉴定机构进行检验鉴定，鉴定机构应取得电子数据《委托鉴定书》，委托鉴定书需加盖委托部门或单位公章，审查委托主体和委托程序是否符合最高人民检察院相关规定。

▶≫1.2.2 电子数据《委托鉴定书》应当符合最高人民检察院《委托鉴定书》的格式要求，含委托单位、委托事项、委托时间、委托内容和目的，并加盖委托单位公章。案情复杂或材料繁多的，也可添加附件在《委托鉴定书》后。

▶≫1.2.3 是否接收检材的判断：

（1）鉴定事项在鉴定范围之内，委托人提交的鉴定材料充分，可以当场接收检材，并开具《电子数据检材清单》。

（2）鉴定事项明显不在鉴定范围之内，可当场拒绝接受检材，并作出拒绝接收的说明。

（3）核对封存状况与受理登记是否一致。

（4）鉴定事项在鉴定范围之内，但委托人提交的鉴定材料不够充分，鉴定机构技术判断后认为可能影响鉴定的，应要求委托人补充鉴定资料，待鉴定资料齐全后可继续接受检材。若委托人无法提供需补充的材料，鉴定机构可拒绝接收，或要求委托人更改鉴定事项。

（5）无法当场判断鉴定事项是否在鉴定范围之内的，鉴定机构可待技术确认后再决定是否接收，但应当在 7 日内给予答复，并给委托人开具《电子数据检材预备移送清单》。

▶≫1.2.4 鉴定机构接收检材时，应对比委托书中鉴定材料信息与实际检材是否匹配，若不匹配应当场告知委托人，待更正后继续接收检材。

▶≫1.2.5 检材接收时应填写《委托受理登记表》，受理登记表需备注记录鉴定材料的详细信息，包括检材送检时的状态、检材的外观信息等。

▶▶ 1.2.6 接收检材一般采用文字记录、拍照记录和摄像记录相结合的方式。

▶▶ 1.2.7 文字记录应记录检材所有特征，若检材送检时已有封条或封存袋的，需记录封条或封存袋上的信息：封存人、见证人、封存地点、封存时间、加盖公章情况等。接收的电子设备，应至少记录外观、颜色、品牌、型号、序列号或产品号或其他产品信息等。

▶▶ 1.2.8 拍照记录时要求照片所展示的信息包含检材所有特征，并与文字记录结果相对应，需保证照片中检材上的标记清晰可辨，多处标记的可以多次拍照。

▶▶ 1.2.9 摄像记录要能够展示动态的全过程，记录的过程要具有连续性，在保证检材有效性方面具有比较明显的优势。检材送检时已有封条或封存袋的，拆封过程必须有委托人在场，最好封存人也在场，拆封的过程应进行摄像。

▶▶ 1.2.10 电子数据司法鉴定机构在接收检材后，应对每个检材制作标识，该标识应具备唯一性，以便检材在鉴定过程中流转时能及时区分。标识内容包含检材的编号、检材状态（待检、在检、已检）、检材的主要特征、检材的分类情况等。

▶ 1.3 电子数据检验鉴定检材的预检

▶▶ 1.3.1 作为证据使用的电子数据在受理之前，需要专业设备进行预检，以确定是否能受理开展检验鉴定工作。

▶▶ 1.3.2 预检要避免有可能破坏鉴定初始环境的操作，确保不影响后续鉴定，也就是要保证检材的原始性。

▶▶ 1.3.3 预检的目的是判断检材是否能够正常读取，确保后续鉴定能够顺利开展，不一定要得出与鉴定要求相关的结果。

▶▶ 1.3.4 作为证据使用的电子数据预检的步骤：

（1）连接检材；

（2）通电测试；

（3）读取检材；

（4）计算 Hash 值。

▶▶ 1.3.5 作为证据使用的电子数据检材预检完成后，对于符合检验鉴定要求的检材予以受理，对于不符合检验鉴定要求的检材，应通知委托人予以领回，也可以要求委托人另外提供检材，再进行预检。对于所能提供的检材都不符合要求的，应当将《委托鉴定书》发回，说明理由，结束鉴定。

▶▷ 1.4 电子数据检验鉴定案件的受理

▶▷ 1.4.1 受理范围

　　检察机关电子数据鉴定机构可以受理公安机关、人民法院、人民检察院、国家安全机关、司法行政机关、军队保卫部门、纪检监察部门，以及其他行政执法机关的电子数据鉴定。

▶▷ 1.4.2 检察机关电子数据鉴定机构接到鉴定委托时，应当听取案情介绍并审查以下内容：

　　（1）委托主体和有关手续是否符合要求；

　　（2）鉴定要求是否属于受理范围；

　　（3）核对封存状况与记录是否一致；

　　（4）送检材料有无鉴定条件；

　　（5）启封查验检材的名称、数量、品牌、型号、序列号等；

　　（6）核实记录材料是否齐全，内容是否完整；

　　（7）检查预检过程中的 Hash 校验值的完整性和一致性；

　　（8）检查《封存电子数据清单》记载的内容与送检的原始电子设备或原始存储媒介的封存状况是否一致。

▶▷ 1.4.3 检察机关电子数据鉴定机构经过审查，分别做出接受委托、修改鉴定要求、补送材料或者不予受理的决定。是否受理鉴定，应当在收到鉴定委托之日起 2 个工作日内向鉴定委托单位做出答复，并告之可能做出鉴定结论的时间。

▶▷ 1.4.4 具有下列情形之一的，检察机关电子数据鉴定机构应当对鉴定委托不予受理：

　　（1）违反国家法律、法规的；

　　（2）不具备鉴定委托主体资格的；

　　（3）违反鉴定委托程序要求的；

　　（4）超出鉴定范围的；

　　（5）检材和物品与案件或者事件无关的；

　　（6）不具备检验鉴定条件的；

　　（7）已经委托其他物证鉴定机构正在进行鉴定的；

　　（8）其他不应受理或者无法受理的情形。

■》1.4.5 案件受理人员对手续齐全的委托予以受理，检察机关电子数据鉴定机构接受鉴定委托的，应当填写《电子数据鉴定受理登记表》，并向鉴定委托单位提供该《电子数据鉴定受理登记表》的复印件。在对检材写保护的前提下，鉴定技术人员需再次通过技术手段确认原始检材正常使用状态，确保经过预处理后的电子设备的原始电子数据真实存在，并具有可检验性。

■》1.4.6 电子数据《检验鉴定受理登记表》应当包括下列内容：

（1）受理编号；

（2）委托单位、送检人和委托时间；

（3）鉴定目的和要求；

（4）《案件材料移送清单》。包括受理鉴定的检材名称、数量、特征，检材的完整性和封存状况校验结果；

（5）受理单位、受理人、受理时间。送检方提供的《固定电子数据清单》《封存电子数据清单》和《原始证据使用记录》，应当作为登记表的附件。

■》1.4.7 《封存电子数据清单》和《原始证据使用记录》应记录以下内容：

（1）受理编号；

（2）检材的编号和名称；

（3）使用情况以及使用人；

（4）启封、封存时间、地点以及操作人。

■》1.4.8 如果鉴定过程可能修改原始存储媒介和电子设备中存储的数据，检察机关电子数据鉴定机构应当事先征得鉴定委托单位的同意，并在电子数据《检验鉴定受理登记表》中注明。

▶ 2. 检验鉴定过程

■》2.1 鉴定操作原则：

（1）鉴定人员有责任尽量保证检材为被委托时的原始状态，禁止任何不当操作造成检材原始状态的修改。

（2）在实施鉴定过程中，首先应对原始电子数据制作电子数据副本，原始检材应封存保管。

（3）制作出的所有副本都需要进行完整性校验。

（4）在鉴定过程中，原则上应当以电子数据副本为操作对象。

（5）由于特殊情况，鉴定操作有可能造成对原始检材的修改时，必须经委托人同意，并签署授权书，操作过程中应对原始检材采取必要的保护措施。

（6）检材具有无线通信功能的，鉴定人应当在屏蔽环境下进行操作，防止受外界影响造成内部数据的改变。

▶▶ 2.2 电子数据的首次鉴定、补充鉴定、重新鉴定

▶▶▶ 2.2.1 为查明、证明案件或者事件的事实状态和解决专门问题，凡符合电子数据委托受理规定的，可以提出首次鉴定的申请。

▶▶▶ 2.2.2 案件或者事件当事人、本案侦查人员发现下列情形之一的，可以提出补充鉴定的申请：

（1）鉴定内容有明显遗漏的；

（2）发现新的有鉴定意义的证据的；

（3）鉴定意见不完善可能导致案件或者事件不公正处理的；

（4）对已鉴定电子数据有新的鉴定要求的。

▶▶▶ 2.2.3 补充鉴定应当由地市级以上检察机关负责人批准后进行。补充鉴定可以由原鉴定人或者其他鉴定人进行。

▶▶▶ 2.2.4 案件或者事件当事人、本案侦查人员发现下列情形之一的，可以提出重新鉴定的申请：

（1）电子数据鉴定机构、鉴定人不具备鉴定资质、资格的；

（2）鉴定人依法应当回避而未回避的；

（3）在鉴定过程中对送检的电子数据进行修改，并可能影响鉴定意见客观、公正的；

（4）鉴定意见与事实不符或者同其他证据有明显矛盾的；

（5）鉴定意见不准确的。

▶▶▶ 2.2.5 重新鉴定应当由地市级以上检察机关分管副检察长批准后进行。需要进行重新鉴定的，电子数据鉴定机构应当另行指派或者聘请鉴定人员。

▶▶ 2.3 电子数据鉴定的其他要求

▶▶▶ 2.3.1 电子数据鉴定应当由两名以上鉴定人员参加。必要时，可以指派或者聘请具有专门知识的人协助鉴定。

▶▶▶ 2.3.2 电子数据鉴定机构应当在受理之日起十五个工作日内完成鉴定，出具鉴定文书；法律法规另有规定或者情况特殊的，经检察长批准，可以适当延长时间，但应当及时向鉴定委托单位说明原因。

▶▶▶ 2.3.3 受理鉴定后，鉴定人应当制订方案。必要时，可以进一步了解案情，查阅案卷，参与询问或讯问。

▶▶ 2.4 检验鉴定

▶▶ 2.4.1 检验鉴定一般以作为证据使用的电子数据副本作为操作对象，应当对检材进行复制，无法复制的，可通过截取屏幕图像、拍照、录像、打印等方式固定提取。

▶▶ 2.4.2 检验鉴定过程应当严格按照技术规范操作，并做好相应的工作记录，应详细记录鉴定过程中鉴定操作的每个步骤，应包括操作方法、操作步骤和操作结果。对检材的关键操作应当进行全程录像。检材每次使用后应当重新封签，并填写《封存电子数据清单》《原始证据使用记录》，复印件统一装订形成《原始证据使用封存记录》。

▶▶ 2.4.3 特殊情况无法复制的，在检验鉴定过程中，应当采取必要措施，确保检材不被修改。对因特殊原因必须采取的技术操作，应当在《原始证据使用封存记录》中注明。

▶▶ 2.4.4 检察机关电子数据鉴定机构应当采取技术措施保证分析过程中对原始存储媒介和电子设备中的数据不作修改。如因特殊原因，分析过程可能修改原始存储媒介和电子设备中的数据，检察机关电子数据鉴定机构应当制作《原始证据使用记录》。

▶▶ 2.4.5 《原始证据使用记录》应当准确、真实地记录以下内容，并由两名以上鉴定人员签名确认：

（1）证物名称、编号；

（2）使用起止时间；

（3）使用的原因和目的；

（4）实施的操作、操作的时间以及操作可能对原始数据造成的影响。

▶▶ 2.4.6 检验鉴定过程应进行详细的工作记录，包括：

（1）操作起止时间、地点和人员；

（2）使用设备名称、型号和软件名称等；

（3）具体方法和步骤；

（4）结果。

▶▶ 2.5 中止鉴定

▶▶ 2.5.1 电子数据鉴定机构在检验鉴定中发现有下列情形之一的，应当中止鉴定：

（1）出现自身无法解决的技术难题；

（2）必须补充的鉴定资料无法补充的；

（3）鉴定委托单位要求中止鉴定的；

（4）因不可抗力致使鉴定无法继续进行的。

▶▶ 2.5.2 中止鉴定原因一旦消除，电子数据鉴定机构应当继续进行鉴定；确实无法鉴定的，应当将有关鉴定资料、文书及检材及时退还鉴定委托单位，并说明理由。

▶▶ 2.6 终止鉴定

鉴定过程中遇有下列情况之一的，应当终止鉴定：

（1）补充检材后仍无法满足鉴定条件的；

（2）委托单位要求终止鉴定的；

（3）其他原因。

▶▶ 2.7 会检

鉴定过程中遇到重大、疑难、复杂的专门性问题时，经分管副检察长批准，鉴定机构可以组织会检鉴定。

▶▶ 2.8 完成鉴定

（1）鉴定结束后，检察机关电子数据鉴定机构应将鉴定报告连同送检物品一并退还送检单位。有研究价值，需要留作资料的，应征得送检单位同意，并商定留用的时限和应当承担的保管、销毁责任。

（2）对原已封存的原始存储媒介和电子设备，在退还时应当重新封存，并填写《封存电子数据清单》。

（3）鉴定完毕后，应当将鉴定过程中制作的《封存电子数据清单》《原始证据使用记录》的复印件统一装订形成《原始证据使用封存记录》，加盖骑缝章，并交送检方存档备查。

▶▶ **3. 检材的保存与管理**

▶▶ 3.1 检材保存和管理的基本原则：

（1）安全要求，鉴定机构接受委托人的鉴定委托，接收检材，有责任保证检材存放安全，避免检材在鉴定过程中退化、丢失和损坏。

（2）保密要求，鉴定机构应对检材及其他委托方提供的技术资料和数据采取保密的隔离保管措施。

▶▶ 3.2 检材保存要求：

（1）委托鉴定的所有检材必须专人管理，做好登记，妥善保存，并填写

《检材管理文档》；

（2）为检材粘贴上唯一标识，标明案号及检材号；

（3）对接收检材时的照片进行存档，照片一般应包含检材的特征，若不符合要求需要重新拍照留存；

（4）在不使用检材时，需要将检材存放在防潮、防震、防静电、防磁的电磁屏蔽环境中；

（5）检材应远离高磁场、高温、灰尘、积压、潮湿、腐蚀性化学试剂等。

▶▶ 3.3 检材管理要求：

（1）司法鉴定机构档案管理人员负责检材的移交、保管、开封。

（2）原始检材和镜像盘必须保存在有安全控制措施的房间和保管柜中，人员及检材的出入必须留有记录。

（3）包装检材时，应填写检材管理文档，该文档用于记录检材管理的重要信息，主要包括提取检材的鉴定人员、借出时间、归还时间等。

（4）为确保检材传递环节的清晰明确，每次检材的借用都必须登记，填写《检材借用登记表》，经鉴定技术部门负责人批准，由档案管理人员真实详细地填写《检材管理文档》，并由使用检材的鉴定人员和档案保管人员共同签名。

（5）在每次使用检材前后都必须对照《鉴定委托介质收领表》核对检材的数量和标识。

（6）《检材管理文档》必须妥善保存。

▶ **4. 文书制作与送达**

▶▶ 4.1 鉴定文书制作

▶▶ 4.1.1 鉴定完毕后，鉴定人应当制作检验鉴定文书，电子数据检验鉴定文书分为《电子数据检验报告》和《电子数据鉴定书》两种，文书按照《人民检察院检验鉴定文书格式标准》制作。文书均为一式三份，两份交委托鉴定单位，另一份由鉴定机构存档。

▶▶ 4.1.2 电子数据鉴定能够得出明确结论的，应制作《电子数据鉴定书》，写明鉴定意见。

▶▶ 4.1.3 电子数据鉴定不能够得出明确结论的，应制作《电子数据检验报告》，并写明鉴定分析的意见和分析结果。

▶▶ 4.1.4 检验鉴定文书应当按照《人民检察院检验鉴定文书格式标准》制

作。《电子数据鉴定书》至少应由两名鉴定人签名，并加盖鉴定机构鉴定专用章。《电子数据鉴定书》为两页以上的，应当在鉴定报告正面右侧中部加盖鉴定机构骑缝章。

▶▶ 4.2 《电子数据鉴定书》和《电子数据检验报告》应当包含以下内容：

    （1）委托单位、委托人、送检时间；

    （2）案由、鉴定要求；

    （3）论证报告；

    （4）鉴定意见；

    （5）《受理鉴定检材清单》；

    （6）《提取电子数据清单》；

    （7）鉴定过程中生成的照片、文档、图表等其他材料。

▶▶ 4.3 电子鉴定文书的要求

▶▶ 4.3.1 论证报告应当解释形成鉴定意见的依据。对于无须论证的鉴定结论、鉴定意见可以省略论证报告。

▶▶ 4.3.2 在鉴定意见和论证报告中引用到的电子数据，应当以电子数据的形式提交作为鉴定报告的附件，并制作《提取电子数据清单》，记录该电子数据的来源、提取方法及其含义。如果电子数据数量巨大，无法作为附件提交的，可以在《提取电子数据清单》中只注明该电子数据在原存储媒介中的存储位置。

▶▶ 4.3.3 能够转换成书面材料并可以直观理解的电子数据应当转换为书面材料，作为鉴定报告的文本附件。

▶▶ 4.3.4 鉴定过程中拍摄的照片应当编号并制作《照片记录表》。

▶▶ 4.4 文书送达

▶▶ 4.4.1 电子数据鉴定文书应在印发后 3 天内送达委托人。

▶▶ 4.4.2 文书应与回执单一并发出，委托人在案件终结后，应当将电子数据鉴定意见在工作中所起到的作用填写在回执单上，返还给检察技术部门。

▶▶ 4.5 文书归档、调阅

▶▶ 4.5.1 鉴定文书的归档和调阅管理，应当依照人民检察院相关规定执行。

▶▶ 4.5.2 电子数据鉴定案卷归档顺序一般为：

    （1）案卷封面；

    （2）卷内目录；

（3）《检验鉴定委托书》；

（4）《检验鉴定受理登记表》；

（5）《检验鉴定意见书》或《检验报告》；

（6）受理的技术证据材料影印件、复印件或手抄件、计算机资料打印件；

（7）检验资料光盘；

（8）备考表；

（9）卷底。

▶▶4.5.3 电子数据鉴定档案的保管期一般为永久保存。

　▶ **5. 鉴定人出庭**

▶▶5.1 出庭前作证材料准备

（1）司法鉴定人员应在思想上时刻树立起"接受法庭审查"的意识；

（2）与承办法官联系，详细了解当事人或委托代理人对鉴定意见提出的疑点、难点和争议点；

（3）对于自己解决不了的难题，及时会同相关部门或有关人员联合攻关，防止由于鉴定过程中的不慎或疏忽，影响出庭效果；

（4）司法鉴定人员在出庭前要做好准备工作，回顾案情及有关鉴定资料、鉴定意见等情况，为在出庭作证中熟练表达意见做好准备；

（5）司法鉴定人员准备作证提纲或对鉴定报告中的重点及难点问题形成书面说明。

▶▶5.2 出庭时相关材料的准备

▶▶5.2.1 鉴定人资格的证明：

（1）身份证：鉴定人（自然人）的身份证明；

（2）工作证：鉴定人所在鉴定机构合法性的证明；

（3）司法鉴定资格证：颁证机关授予鉴定权的资格证明文件。

▶▶5.2.2 委托鉴定程序合法的证明：

（1）委托单位就案件提请司法技术鉴定的委托文书；

（2）鉴定人接受所在鉴定部门指派的证明；

（3）鉴定人就本案"无自行回避的法定理由"；

（4）双方当事人未对鉴定人提出回避申请的记录或说明。

▶▶5.3 鉴定人出庭言行规范

▶▶5.3.1 鉴定人在法庭上的证言要规范，对于应当回答的问题要就其证言的范围和深度予以规范的回答，对于以下问题，鉴定人可以不予回答：不能公开的国家秘密；用秘密侦查手段获取的检材；用保密性的技术手段显现的电子数据资料（防伪标识）；涉及案件中有关个人隐私的内容；与案件或鉴定无关的问题等。

▶▶ 5.3.2 鉴定人出庭的行为规范。鉴定人要保持良好的专业形象，同时要遵守以下几方面的规范：出庭时着装整齐，仪表端庄，举止大方，发言时沉着冷静，口齿清晰，语言流畅；回答问题时要态度平和，充满自信，避免情绪急躁激动，注意条理性和逻辑性，听从审判长指挥，遵守法庭纪律；严格把握科学鉴定与保密的界限。

　　▶ **6. 鉴定质量保证**

▶▶ 6.1 鉴定机构应制定质量控制计划，对外部质量控制和内部质量控制活动的实施内容、方式、责任人等作出明确的规定；对于内部质量控制活动，计划中还应给出结果评价依据。

▶▶ 6.2 定期组织电子数据鉴定人参加相关的业务培训和学习活动，提升鉴定人的水平和技能，掌握最新的司法鉴定方面的法律知识，提高司法鉴定素养。

▶▶ 6.3 对存在的或潜在的影响鉴定意见正确性和可靠性的因素，必要时，鉴定机构应组织鉴定人员集体会检会研，科学实施纠正措施或预防措施。

▶▶ 6.4 电子数据鉴定活动中，两位鉴定人应先独立开展检验鉴定，再共同鉴定。当不同鉴定人之间出现意见分歧经共同讨论仍不能形成一致意见时，应根据规定的程序采用增加鉴定人或重新组成鉴定组等方式，保证鉴定结果的质量。鉴定机构应建立相应的规章制度，对共同鉴定中鉴定组的组成、鉴定人分歧意见的处理等进行明确的规定。

　　▶ **7. 相关文书详见附录**

第四节　勘验检查类操作规程

一、现场勘验检查操作规程

　　【定义】现场勘验检查是指检察技术人员或有专门知识的人利用科学技术手段对与犯罪有关的场所、物品、人身、尸体、电子数据等进行勘验、检查的一种侦查活动。

▶ 1. 现场勘验检查的批准

▶▶ 1.1 现场勘验检查由检察长批准，并签发现场勘验检查证。

▶▶ 1.2 现场勘验检查人员应当持检察长签发的勘验检查证对现场进行勘验检查。

▶▶ 1.3 现场勘验检查证由承办人填写，部门负责人签署意见，报检察长批准。

▶▶ 1.4 多部门参与的案件，必须指定具体承办人，参与各部门负责人分别签署意见或由牵头部门负责人签署意见，报检察长批准。

▶ 2. 现场勘验检查的主体

▶▶ 2.1 主持人：案件承办部门的检察人员。重大、特别重大案件的现场勘验由案件承办部门负责人担任指挥。

▶▶ 2.2 参与人：

（1）具有相应资格的检察技术人员或聘请其他有专门知识的人；

（2）两名与案件无关的见证人；

（3）其他人员，如与案件有关的涉案单位派员参加。

▶▶ 2.3 涉及一些特殊科学技术或操作工艺的犯罪现场勘验，可邀请相关专业人员参与，为勘查工作提供专业技术指导。但需注意是否符合应回避的情况。

▶▶ 2.4 未成年人和非本地常驻人员因受责任能力和出证困难等因素限制，一般不邀请为见证人。

▶▶ 2.5 现场勘验检查参与人认为某些勘查行为不妥，可提出意见，并可要求将意见写入勘查笔录。

▶▶ 2.6 见证人应观察勘查全过程，如认为笔录记载无误，应在勘查笔录上签字或盖章。

▶ 3. 现场勘验检查的实施

▶▶ 3.1 勘验人员到达现场后，应当了解案件发生、发现和现场保护等情况。需要采取紧急措施的，应当立即报告现场勘验主持人员。

▶▶ 3.2 重大复杂的现场勘验检查，可将勘查人员分为四个小组：实地勘验组、现场访问组、现场保护组、机动组。

▶▶ 3.3 根据现场情况，采取紧急措施。

▶▶▶ 3.3.1 对于现场出现紧急情况的，指挥员要及时了解已采取的紧急措施并检查执行情况。

▶▶▶ 3.3.2 对尚未采取紧急措施的，指挥员要果断决策。

▶≫ 3.3.3 可采取紧急措施的情况：

（1）抢救受伤者。遇有人命危险时应迅速组织抢救，并派人跟随，抓住一切机会了解有关案件情况，同时注意不要过多变动现场。

（2）排除隐患。如现场有火情或爆炸隐患，以及电力、煤气、油库等情况，应迅速通知有关部门进行必要的应急和防范准备。

（3）追缉堵截。必要时可通知公安机关协助。

（4）通缉通报。

（5）制止继续犯罪。

（6）现场搜索。

（7）排除障碍，保障交通。

▶≫ 3.4 现场保护

▶≫ 3.4.1 负责保护现场的工作人员应当根据案件具体情况，划定保护范围，设置警戒线和告示牌，禁止无关人员进入现场。

▶≫ 3.4.2 负责保护现场的工作人员除抢救伤员、保护物证等紧急情况外，不得进入现场，不得触动现场上的痕迹、物品和尸体。处理紧急情况时，应当尽可能地避免破坏现场上的痕迹、物品和尸体。

▶≫ 3.4.3 负责保护现场的工作人员对可能受到自然、人为因素破坏的现场，应当对现场上的痕迹、物品和尸体等采取相应的保护措施。

▶≫ 3.4.4 保护现场的时间，从发现现场开始，至现场勘验检查结束。不能完成现场勘验检查的，应当对整个现场或者部分现场继续予以保护。

▶≫ 3.4.5 负责现场保护的工作人员应当将现场保护情况及时报告给现场勘验检查指挥员。

▶≫ 3.5 现场勘验检查的指挥员由具有现场勘验检查专业知识和组织指挥能力的案件承办部门检察人员或检察技术人员担任。

▶≫ 3.5.1 现场勘验检查指挥人员需具备一定指挥能力，熟悉现场勘验检查业务。

▶≫ 3.5.2 主持人应避免只扑在某一项具体工作上而忽略对全面工作的掌握，避免只忙于向上级汇报而离开指挥岗位。

▶≫ 3.5.3 需及时了解和掌握现场情况，听取现场保护人员和在场被害人、证人的意见。判断是否需要采取紧急措施。对现场变化要做到心中有数。

▶≫ 3.5.4 现场勘验指挥人员需亲自察看现场情况，确定好现场勘查的方位、范围。确定好勘查的重点和顺序。

▶ 3.6 现场勘验检查应按照以下步骤进行：

（1）巡视现场，划定勘验范围；

（2）按照"先静后动，先下后上；先重点后一般，先固定后提取"的原则，根据现场实际情况确定勘验流程；

（3）初步勘验现场，固定和记录现场原始状况；

（4）详细勘验现场，发现、固定、记录和提取痕迹、证据；

（5）记录现场勘验情况。

▶ 3.7 现场勘验检查要求

▶ 3.7.1 进行现场勘验检查不得少于二人。

▶ 3.7.2 现场勘验检查人员到达现场后，应当了解情况，需要采取搜索、追踪、堵截、鉴别、安全检查等紧急措施的，应当立即报告现场指挥员，并果断处置。

▶ 3.7.3 执行现场勘验检查任务的人员，应当持有《现场勘验检查证》。《现场勘验检查证》由省检察院统一制发。

▶ 3.7.4 勘验检查现场时，非勘验检查人员不得进入现场。确需进入现场的，须经指挥员同意，并按指定路线进出现场。

▶ 3.7.5 勘验检查有尸体的现场，应当有法医参加。

▶ 3.7.6 为了确定死因，经检察长批准，可以解剖尸体（详见后文"勘验检查尸体操作规程"）。

（1）移动现场尸体前，应当对尸体的原始状况及周围的痕迹、物品进行照相、录像，并提取有关痕迹、物证。

（2）对无名尸体的面貌，生理、病理特征，以及衣着、携带物品和包裹尸体物品等，应当进行详细检查和记录，拍摄辨认照片。

（3）解剖尸体应当由办案部门通知死者家属到场，并在解剖通知书上签名或者盖章。

（4）死者家属无正当理由拒不到场或者拒绝签名、盖章的，经检察长批准，可以解剖尸体，但应当在解剖通知书上记明。对身份不明的尸体，无法通知死者家属的，应当记明笔录。

（5）检验、解剖尸体时，应当照相、全程录像。未经批准，其他人员不得照相、录像。

▶≫ 3.7.7 为确定被害人、犯罪嫌疑人的个体特征、伤害情况或者生理状态等，可以提取指纹信息，采集血液、尿液等生物样本。必要时，可以指派、聘请法医或者医师进行人身检查，采集血液等生物样本应当由医师进行。

犯罪嫌疑人拒绝检查的，必要时，可以进行强制检查、提取、采集。

检查妇女的身体，应当由女检察人员或者医师进行。必要时，可以指派或聘请法医参加。

检查的情况应当制作笔录，由参加检查的侦查人员、检察人员和见证人签名或者盖章。

▶≫ 3.7.8 人身检查不得采用损害被检查人生命、健康或贬低其名誉或人格的方法。

▶≫ 3.7.9 电子数据勘验检查时，具备计算机和电子数据专业知识和技能的现场勘验检查人员不得少于 2 人。

▶≫ 3.7.10 需要提取远程目标系统状态信息、目标网站内容以及勘验过程中生成的电子数据，计算其完整性校验值的，应当采用录像、照相、截获计算机屏幕内容等方式记录远程勘验过程，并制作记录。

▶≫ 3.7.11 在现场技术条件允许的情况下，可以对需要扣押、封存、固定的电子数据进行初步检查，以发现和提取与案件相关的线索和证据，检查过程应当记录电子数据的来源和提取方法。

▶≫ 3.7.12 作为证据使用或需要检验鉴定的物证、视听资料、电子数据及其载体等应当使用物证袋在现场封存，制作《封存证据材料清单》，并附被封存物品封存前后的照片和说明。

▶≫ 3.7.13 无法移动或封存的物品，应进行复制、照相或录像。

无法封存的电子数据及其载体应当采取备份、完整性校验或在线分析等方式进行固定，固定过程应当录像并制作相关工作记录。

▶≫ 3.8 现场勘验检查工作记录

▶≫ 3.8.1 现场勘验检查结束后，应当及时制作现场勘验、检查工作记录，包括：现场勘验检查笔录、现场图、现场照片、现场录像或现场录音。

▶≫ 3.8.2 对现场进行多次勘验检查的，在制作首次现场勘验检查笔录后，逐次制作补充勘验检查笔录。

▶≫ 3.8.3 现场勘验检查人员应当根据现场情况选择制作现场平面示意图、现场平面比例图、现场平面展开图、现场立体图和现场剖面图等。

▶》3.8.4 现场照相和录像包括方位、概貌、重点部位和细目四种。

▶》3.8.5 现场绘图、现场照相、录像、现场勘验检查笔录应当相互吻合，并妥善保存。

▶》3.8.6 现场绘图、现场照相、录像、现场勘验检查笔录等现场勘验检查的原始资料应当妥善保存。

▶》3.9 现场痕迹物品文件的提取与扣押

▶》3.9.1 现场勘验检查中发现与犯罪有关的痕迹、物品，应当固定、提取。

▶》3.9.2 提取现场痕迹、物品，应当分别提取，分开包装，统一编号，注明提取的地点、部位、日期，提取的数量、名称、方法和提取人。对特殊检材，应当采取相应的方法提取和包装，防止损坏或者污染。

▶》3.9.3 在现场勘验检查中，应当对能够证明犯罪嫌疑人有罪或者无罪的各种物品和文件予以扣押；但不得扣押与案件无关的物品、文件。

▶》3.9.4 对与犯罪有关的物品、文件的持有人无正当理由拒绝交出物品、文件的，现场勘验检查人员可以强行扣押。

▶》3.9.5 现场勘验检查中需要扣押物品、文件的，由现场勘验检查指挥员决定。

▶》3.9.6 执行扣押物品、文件时，侦查或技术人员不得少于 2 人，并持有关法律文书或者侦查（技术）人员工作证件。应当有见证人在场。

▶》3.9.7 现场勘验检查中，发现爆炸物品、毒品、枪支、弹药和淫秽物品以及其他非法违禁物品，应当立即扣押，固定相关证据后，交有关部门处理。

▶》3.9.8 扣押物品、文件时，当场开具《扣押物品、文件清单》，写明扣押的日期、地点以及物品、文件的编号、名称、数量、特征和来源等，由扣押经办人、见证人和物品、文件持有人分别签名或者盖章。

（1）被扣押物品、文件无持有人或者难以查清持有人的，应当在《扣押物品、文件清单》上注明。

（2）《扣押物品、文件清单》一式三份，一份交物品、文件持有人，一份交检察机关扣押物品、文件保管人员，一份附卷备查。

▶》3.9.9 对应当扣押但不便提取的物品、文件，经拍照或者录像后，可以交被扣押物品、文件持有人保管或者封存，并明确告知物品持有人应当妥善保管，不得转移、变卖、毁损。

▶》3.9.10 对于现场提取的痕迹、物品和扣押的物品、文件，应当按照有关规定建档管理，存放于专门场所，由专人负责，严格执行存取登记制度。

▶▶ 3.10 现场实验

为了证实现场某一具体情节的形成过程、条件和原因等，可以进行现场实验（详见后文"侦查实验操作规程"）。

▶▶ 3.11 现场的处理

▶▶ 3.11.1 现场勘验检查结束后，现场勘验检查指挥员决定是否保留现场。

（1）对不需要保留的现场，应当及时通知有关单位和人员进行处理。

（2）对需要保留的现场，应当及时通知有关单位和个人，指定专人妥善保护。

▶▶ 3.11.2 遇有死因未定、身份不明或者其他情况需要复验的，应当保存尸体（详见后文"勘验检查尸体操作规程"）。

▶▶ 3.11.3 勘验现场应当拍摄现场照片，勘验的情况应当写明笔录并制作现场图。对重大案件的现场，应当录像。

▶▶ 3.12 现场勘验检查结束

▶▶ 3.12.1 现场勘验检查应一气呵成，切忌拖泥带水，结束时应认真回顾前面工作是否有问题，做好复核工作。

▶▶ 3.12.2 初步调查结束。能找到的证人找到并进行了访问，重要情况形成材料。

▶▶ 3.12.3 痕迹、物品处理完毕。

▶▶ 3.12.4 有关法律手续、法律文书完备。

▶ 4. 现场勘验检查记录的制作与归档操作规程

▶▶ 4.1 现场勘验笔录

现场勘验检查笔录的内容，一般包括现场笔录、现场照相和现场绘图。具体内容分为前言、叙事、结尾三个部分，包括：

（1）案件发生或者发现的时间、地点，报案人、被害人或当事人的姓名、职业、住址以及他们叙述的案件发生、发现的情况。

（2）保护现场人员的姓名、职业，到达现场的时间和采取了何种保护措施以及保护过程中发现的情况。

（3）现场勘验指挥人员和参加现场勘验人员的姓名、职务，见证人的姓名、职业和住址。

（4）勘验工作开始和结束的时间，勘验的顺序以及当时的气候和光线条件。

（5）现场所在地的位置及其周围环境。

（6）现场中心及有关场所的情况，现场变动和变化的情况以及反常现象。

（7）现场的遗留物和痕迹的情况。

（8）提取物证（包括物品和痕迹）、书证的名称和数量。

（9）现场拍照的内容和数量。

（10）绘制现场图的时间、方位、种类和数量。现场图应写明名称、图例及说明事项，并由绘图人签名。

现代科学技术飞速发展，用于现场勘验的科技手段也逐渐增多。如激光发现指纹、录音、录像技术的具体应用等。无论在现场勘验中使用何种科技手段，对勘验所见与案件有关的情况均应记录在卷。

▶▶ 4.2　物证检验笔录

物证检验笔录，是侦查人员、审查人员到物品所在地进行勘验所作的记录。其主要内容是记载勘验时所见到的物品的性质、形状、位置和其他特征等。对其拍照时应附照片。

▶▶ 4.3　尸体检验笔录

尸体检验笔录是验尸人员就检验尸体所见和提取何物而作的如实记录。检验尸体的笔录应由参加尸体检验的法医制作。勘查有尸体的现场时，尸体检验笔录应由法医单独制作。

▶▶ 4.4　勘验检查笔录的制作要求

▶▶ 4.4.1　现场勘验检查笔录的制作顺序应与现场勘验检查的实施顺序一致。应该按照现场勘验检查活动的先后顺序制作同期的现场勘验检查笔录，将勘查人员所实施的每一步骤都详细地记录下来，以免重复或遗漏。

▶▶ 4.4.2　现场勘验检查笔录的内容必须客观准确。这是确保现场勘验检查笔录具有证据价值的重要前提条件。内容的客观性应体现在侦查人员借助人体感官和一定的技术方法、手段对犯罪现场状态进行勘查时所见的客观、真实地描述上，而不应是侦查人员的某些主观臆想和猜测。内容的准确性主要是语言文字要规范、准确，要避免使用含糊不清的词语，描述的内容要尽可能明确具体。笔录内容的准确性还体现在笔录所记载的内容应与现场绘图、现场照相、现场录像所表现的内容前后一致，不应彼此矛盾。

▶▶ 4.4.3　现场勘验检查笔录要有逻辑性，简明扼要，重点突出。现场勘验检查笔录的记载要有层次，按一定顺序记录现场上各种物体的状态和产生的变化、变异情况，要具有一定的逻辑性。笔录的记载要有重点，详细得当，叙事方法简洁明了。笔录应突出的重点内容是现场中的关键部位，重要物体、现场变化部位的结构、位置、状态及空间位置关系等。这些均是与犯罪行为相关联的部位，应详细描述。

▰≫ 4.4.4 现场勘验检查笔录制作应当场完成，核对无误后必须由参加现场勘验检查的人员及见证人签名或盖章。

▶ **5. 现场勘验检查的监督**

▰≫ 5.1 检察机关自侦案件现场勘验检查的监督

▰≫ 5.1.1 严格按照规定履行内部审批程序。

▰≫ 5.1.2 办案部门和检察技术部门进行经常性的自查自纠。

▰≫ 5.1.3 检务督察部门进行执法质量检查、督察。

▰≫ 5.1.4 接受人大、上级业务部门及社会的监督检查。

▰≫ 5.2 对公安机关的勘验检查的法律监督

▰≫ 5.2.1 《刑事诉讼法》第一百三十二条规定，人民检察院审查案件时，对公安机关的勘验、检查，认为需要复验、复查时，可以要求公安机关复验、复查，并且可以派检察人员参加。

▰≫ 5.2.2 复验、复查可以退回公安机关进行，也可以由人民检察院自己进行。对于退回公安机关的，人民检察院也可以派员参加。复验、复查的情况应制作笔录，并由参加复验、复查的人员签名或者盖章。

▶ **6. 责任追究**

▰≫ 6.1 过错责任内容

现场勘查人员在行使职权过程中，有下列过错情形之一的，必须追究责任：

（1）将现场勘验扣押物品据为己有的；

（2）违反现场勘验有关法律、法规的；

（3）其他过错情形的。

▰≫ 6.2 责任主体认定

在行使职权过程中，故意违规、违法或者因过失造成严重后果的，按下列条款确定责任：

（1）承办人故意违规、违法的，由承办人承担责任；

（2）二人以上共同行使职权造成过错的，主勘人承担主要责任，协勘人承担次要责任。共同勘查共同承担全部责任；

（3）所有勘查人员集体讨论决定的行为出现过错的，现场勘查指挥人为责任人；

（4）经有关领导批准出现过错的，应追究批准人的领导责任。

▶ **7.《现场勘验检查笔录》样本详见附录一检察技术办案文书归类**

二、侦查实验操作规程

【定义】侦查实验是为确定对查明案情有意义的某一事实或现象是否存在，或者在某种条件下能否发生或怎样发生，而参照案件原有条件将该事实或现象加以重新演示的一种侦查方法。

▶ **1. 侦查实验的启动**

▶▶ 1.1 应当经检察长批准，并由侦查人员或技术人员相互配合进行，应当邀请见证人在场。

▶▶ 1.2 可以在现场勘验过程中进行，也可以单独进行。

▶▶ 1.3 在必要的时候，可以聘请有专门知识、专门技术的人员参加，保证侦查实验的科学性和结果的正确性，保障侦查实验的正常进行。

▶ **2. 侦查实验的主体**

▶▶ 2.1 主持人：侦查人员或技术人员

▶▶ 2.2 参与人：

（1）两名见证人；

（2）当事人（犯罪嫌疑人、被害人）；

（3）证人；

（4）商请公安或与案件有关的涉案单位派员参加。

▶ **3. 侦查实验的批准**

▶▶ 3.1 需经检察长批准。

▶▶ 3.2 紧急情况下，现场指挥人员或主管部门负责人可决定。

▶ **4. 侦查实验的实施**

▶▶ 4.1 制定侦查实验方案。侦查实验方案应包括以下内容：

（1）实验的目的；

（2）实验的地点；

（3）实验的时间；

（4）实验的自然条件；

（5）实验的工具和物品；

（6）实验的内容；

（7）实验的方法；

（8）实验的顺序；

（9）实验的人员分工；

（10）实验的保障工作。

▶▶4.2 进行侦查实验，要严格按照实验方案所规定的内容、顺序、方法以及人员分工等进行，不得随意超越实验方案进行实验。

▶▶4.3 侦查实验应当邀请2名见证人参与，见证人应当是与案件处理结果没有利害关系的具有完全民事行为能力的自然人。

▶▶4.4 进行侦查实验时，可以要求犯罪嫌疑人、被害人、证人参加。

▶▶4.5 在要求犯罪嫌疑人、被害人、证人参加侦查实验前，一般要进行预先实验，在有一定把握的情况下，再要求犯罪嫌疑人、被害人、证人参加。

▶ 5. 侦查实验笔录

▶▶5.1 侦查实验应当制作笔录，记明实验的条件、经过和结果，由参加实验的人员签名。必要的时候，可以对侦查实验录音、录像。

▶▶5.2 侦查实验笔录应当客观、全面，不应包含主观分析成分。

▶▶5.3 侦查笔录的格式、内容

▶≫5.3.1 前言

（1）标题：在文书顶端正中直接写文书名称。

（2）实验的起止时间：侦查实验开始至结束的时间，要具体到某时某分。

（3）地点：进行侦查实验的具体场所。

（4）参加人员情况：参加侦查人员的姓名、单位、职务。

（5）侦查实验的目的等：通过实验要解决的问题。

▶≫5.3.2 正文

写明侦查实验过程及结论。写明通过侦查实验所要解决的问题能否得到证实，从而作出肯定或否定的结论。

▶≫5.3.3 尾部

参加实验的侦查人员、见证人、记录人签名。

▶▶5.4 注意事项

▶▶ 5.4.1 侦查实验笔录的语言以叙述为主，文字力求简洁、准确。实验目的明确、结论准确。

▶▶ 5.4.2 实验中如有拍照、录像、绘图等，在笔录中应予以说明，并作为笔录的附件。

▶▶ 5.4.3 保守秘密：凡是参加侦查实验的人员在一定时间内应对结果保守秘密，不得泄露实验的情况和结果。

▶ **6. 侦查实验的审查**

▶ 6.1 审查侦查实验是否受到主客观因素的影响和制约。

▶ 6.2 审查侦查实验的条件与案发时的条件是否相一致。

▶ 6.3 审查侦查实验的方法是否科学。

▶ 6.4 审查侦查实验的组织工作是否严格。

▶ 6.5 审查侦查实验人员与案件有无利害关系，业务水平如何。

▶ 6.6 审查侦查实验结果与案内其他证据材料是否协调一致。

▶ **7. 侦查实验结果的运用**

▶ 7.1 侦查实验结果不能单独使用。

▶ 7.2 肯定性结果

▶▶ 7.2.1 只为分析案件某一情节提供依据；

▶▶ 7.2.2 只能为缩小侦查范围提供依据，而不能证实某人一定犯罪；

▶▶ 7.2.3 不能据此否定伪造现场的可能。

▶ 7.3 否定性结果

▶▶ 7.3.1 不能证明该情节就一定不存在；

▶▶ 7.3.2 可排除该人具备一定的犯罪条件；

▶▶ 7.3.3 能证明有伪造现场的事实。

▶ 7.4 单一性结果

▶▶ 7.4.1 证实某一事实或现象的发生或存在只有一种客观可能性；

▶▶ 7.4.2 可以认定有关事实或现象极大可能存在或不存在。

▶ 7.5 非单一性结果

▶▶ 7.5.1 证实具有两种以上客观可能性的；

▶▶ 7.5.2 只能对某一事实或现象的发生或存在做假定性的推测。

▶ **8. 侦查实验笔录样本详见附录**

三、勘验检查尸体操作规程

【定义】法医学尸体检验是指具备尸体检验资质的司法鉴定机构接受委托后，指派具有尸体检验资质的法医类司法鉴定人对尸体进行全面系统的尸体外表和解剖检验，在综合分析上述各项检查、检验结果的基础上，结合有关案情调查、现场勘验情况，明确死者的死亡原因、死亡时间、死亡方式、致伤物推断、个体识别以及疾病与损伤之间关系等问题，并出具相应的法医学尸体检验报告或鉴定书的过程。

▶ 1. 勘验检查尸体的范围

▶ 1.1 检察机关渎职侵权检察、刑事执行检察等部门办理案件中涉及非正常死亡的。

▶ 1.2 检察机关认为有必要进行补充鉴定或者重新鉴定的。

▶ 1.3 按照相关规定接受其他司法机关委托，对案件中涉及的尸体进行检验的。

▶ 2. 勘验检查尸体的委托

▶ 2.1 选择鉴定机构、鉴定人的条件和因素。人民检察院在案件的侦查阶段因办案需要，可以指派本系统内部的检察技术人员进行鉴定。如果需要委托本系统以外的鉴定机构或专家进行鉴定，可以聘请有关鉴定机构或者专家鉴定人进行鉴定。

▶ 2.2 委托鉴定要求的拟定。鉴定委托书要说明委托事项，明确鉴定要求，并介绍案情概况，提供客观、详细的鉴定文书资料以及与鉴定有关的检材等。委托书中不能要求鉴定人对案件的事实作出法律评价。

▶ 2.3 委托手续

凡提出鉴定委托的司法机关（或行政机关、企事业单位、社会团体和个人）应当出具鉴定委托书，填写鉴定机构提供的委托受理合同或委托鉴定登记表。个人委托的还要出具身份证。

委托受理合同或委托鉴定等级表的内容应包括委托机关名称、鉴定事由、提供的被鉴定材料（包括名称、数量和状态）、提供参考的卷宗材料和送检文书资料数量以及具体委托承办人的联系方式、委托日期、鉴定委托机关公章、鉴定实施后检材的保留方式、其他双方需要约定的事项等。

▶ 3. 鉴定的受理

▶ 3.1 对于决定受理的鉴定委托，鉴定人应到鉴定机构内部的管理部门进行登记、编号，填写受理登记表等相关手续。

▶ 3.2 对于决定不予受理的鉴定委托，应向鉴定委托机关说明理由。

▶ 3.3 对于函件鉴定委托的（需附有关鉴定文书资料和检材），鉴定机构应在收到函件之日起 7 日内作出是否受理的明确答复。

▶ 3.4 不予受理鉴定委托的多见于以下几种情况：

（1）鉴定委托主体不合法或不符合司法鉴定程序的；

（2）提供鉴定的文书资料或检材不具备鉴定条件的；

（3）鉴定委托要求不明确或超出本部门鉴定范围、技术条件和鉴定能力的。

▶ 4. 确定鉴定方案

根据委托尸体检验鉴定需要解决的问题，拟定将要进行尸体检验鉴定的具体方案和步骤，分析将可能遇到的问题和应采取的对策，准备器材。

▶ 5. 鉴定时限

初次鉴定、复核鉴定、重新鉴定从受理之日起至出具鉴定文书一般在 30 个工作日内完成。如确因技术原因需要延长时间的，在征得鉴定委托机关的同意后，可适当延长。因需要补充鉴定资料（或检材）的，或需要聘请专家会检而发生的延时，不计入鉴定时限。

▶ 6. 鉴定地点

尸体检验现场勘验、尸体解剖时，应通知司法机关派人到场，并要在勘验、解剖记录上签名或盖章。如通知后不到场的，不影响现场勘验和尸体解剖的正常进行，但需把此情况记录在案。

▶ 7. 鉴定记录

鉴定人在做各项检验、鉴定时，应全面、严格、细致地进行技术操作，对鉴定过程中的每一项检验结果均应认真做好记录（必要时拍照备案）。检查记录等不能代替鉴定文书。鉴定/检验过程的有关记录应随档案存档。

▶ 8. 尸体检验工作人员的保护

尸体检验工作包括尸体的现场检查、尸体解剖、组织学检查以及其他检查（如硅藻检验等）。尸体检验工作人员应包括现场勘验人员、法医病理鉴定人、组织切片技术员、标本制作、摄影人员以及解剖技工等。

▶▶ 8.1 现场勘验中的保护。尸体检验工作者所到的现场，有时情况相当危险。尸体检验人员是首先检查尸体的人员，因此在各种有危险因素的现场，应充分考虑可能的危险性，采取必要的防护措施。

▶▶ 8.2 检查高度腐败尸体时的防护。高度腐败的尸体有时带有大量苍蝇和蝇蛆以及腐败菌。尸体腐败后蛋白分解产物还可能含有尸毒碱，这是一种剧毒的生物碱，如解剖者皮肤上有破口，接触后即可侵入人体，引起中毒。高度腐败尸体的恶臭对人体有害，目前尚无良好的防范或去除方法。解剖时应尽可能地使解剖室保持通风或装上送新风和抽气设备。若在检查前先将尸体放在冷库中冷藏一段时间，可使臭气有所减轻。切不可在腐败尸体上喷射驱虫类药物，否则会影响毒物分析结果。

▶▶ 8.3 检查中毒尸体的防护。检查中毒尸体时应着防护服、围裙、袖套、手套及胶鞋等。尸检前应谨慎、细致操作。解剖大剂量有机磷农药、氰化物、磷化锌等中毒尸体，在结扎取出胃后，宜在通风柜内剪开胃壁，观察胃内容物及胃黏膜变化，以预防大量有毒气体吸入。

▶▶ 8.4 检查艾滋病患者尸体的防护。尸体检验人员检查的尸体可能存在吸毒者、同性恋者、长期嫖娼者等，艾滋病的发病者主要存在于这些人群中。尸体检验时要特别注意采取对艾滋病人的防护措施。解剖人员除需戴面罩、口罩、较厚的手套、水靴外，电锯应配防护罩以及防止锯骨时组织碎屑的飞扬。解剖用具在解剖完毕后如要保留再用，必须经过认真彻底的消毒。解剖室内环境用紫外灯消毒，地面也要用消毒水消毒。

▶▶ 8.5 检查放射性损伤尸体的防护。进行放射性损伤的尸体解剖不同于一般尸体解剖，鉴定人必须注意防护自己。在鉴定过程中需与放射专业人员密切配合。对半衰期短的同位素，可将尸体放置一段时间，让同位素含量减少或消失，然后再进行尸体解剖。解剖时要注意眼睛，必须戴专用手套，要使用长柄工具。如为放射碘，则需要注意对放射性碘素亲和力最大的组织如甲状腺、骨转移瘤等，切勿直接接触。

▶ 9. 尸体检验有关技术标准

▶▶ 9.1 GA/T147 – 1996 法医学尸体解剖。

▶▶ 9.2 GA/T148 – 1996 法医病理学检材的提取、固定、包装及送检方法。

▶▶ 9.3 GA/T149 – 1996 法医学尸表检验。

▶▶ 9.4 GA/T150 – 1996 机械性窒息尸体检验。

▶▶ 9.5 GA/T151 – 1996 新生儿尸体检验。

▶▶ 9.6 GA/T167 – 1997 中毒尸体检验规范。

▶▶ 9.7 GA/T168 – 1997 机械性损伤尸体检验。

▶▶ 9.8 GA/T170 – 1997 猝死尸体的检验。

▶▶ 9.9 GA/T223 – 1999 尸体辨认照相、录像方法规则。

▶▶ 9.10 GA268 – 2001 道路交通事故尸体检验。

▶ 10. 法医学尸体检验常用设备

法医病理鉴定常用设备（尸体检验及组织病理学检验）包括尸体解剖室、尸体解剖台、尸体解剖及器官检查摄像设备、尸体解剖及器官检查录像设备、尸体解剖及器官检查器械、解剖器械消毒设备、生物显微镜、电子称、组织病理学实验室、病理脱水包埋系统、石蜡切片机、X 光机、尸体冷藏柜、尸体运输车辆等。

▶▶ 10.1 尸体解剖室。尸体解剖室应设在殡仪馆或太平间附近，方便搬运和保存尸体。解剖室应明亮、通风、照明及器械设备齐全，较现代化的尸体解剖室应该装备有恒温、自动通风和自动喷水装置。但由于法医工作的特殊性，有些尸体因条件限制（如交通不便、高度腐败、开棺等），只能就地在荒野、山坡、水边等地方进行。

▶▶ 10.2 常用解剖器械包括：

（1）解剖刀类：大脏器刀、小脏器刀、脑刀、肋骨刀；

（2）剪刀类：圆头手术剪、尖头手术剪、眼科剪、有齿剪、无齿剪、骨剪、肠剪、指甲剪；

（3）锯类：板锯（细齿锯）、电动开颅锯、脊柱锯；

（4）血管钳：骨钳（备取小骨块）、弯血管钳；直血管钳；

（5）凿类：窄刀或宽刃刀凿；丁字凿；

（6）手套类：乳胶手套、纱手套、胶皮手套；

（7）其他：锤子、钢尺、卷尺、不锈钢勺、注射器、量筒、舀勺、注射针头及穿刺针头、缝针及缝线、探针、放大镜、手术衣和手术帽、纱布和脱脂棉、试管和吸管、不同规格的塑料袋、瓷盆、指纹捺印盒和指纹捺印纸。

另外，滑石粉、海绵、塑料围裙、酒精灯、一次性注射器等也是常备品。配备照相机、摄像机，将尸检全过程录像或对尸检过程中发现内脏器官损伤、病变等及时摄像。在藏尸室内配备有冷藏设备，以备存放尸体。并要准备一架有滑轮并可放担架的推床，以运送尸体。床面应与解剖台同高，便于抬放。

▶▶ 10.3 常用固定液包括：

（1）甲醛液（福尔马林）。为最常用之固定剂，为一份原装（40%）甲醛液加9份水混合而成。可加入少量碳酸钙，以减轻甲醛液酸度配成磷酸盐缓冲福尔马林固定液，其 ph 值为7。用这种固定液固定可避免组织切片内产生福尔马林色素。固定时间以 12～14h 为宜。

（2）乙醇。需显示组织内糖原或神经细胞内尼氏体时，可用95%的乙醇固定，但这种固定液浸透慢，组织染色不好。用酒精甲醛液（甲醛10份加95%的乙醇90份而成）染色较佳。

（3）Zenker液。用于检查骨髓等造血组织的细胞，贮存液配方：重铬酸钾2.5g、升汞5g、蒸馏水100ml；用时应加5ml冰醋酸或甲醛（后者称Zenker甲醛液或Helly液）。如骨髓内含有少许骨小梁有碍切片时，可加入10ml冰醋酸，以促脱钙。

（4）Bouin液。主要用于结缔组织三色染色时，并能较好地显示肺水肿。配方：苦味酸饱和水溶液75ml、40%甲醛液25ml、冰醋酸5ml。

（5）戊二醛溶液。为制作电镜超薄切片常用固定剂，应放冰箱贮存备用。

▶ **11. 法医学尸体检验前的准备工作**

▶▶ 11.1 现场勘查

▶▶ 11.1.1 法医学现场勘验必须在勘验负责人的统一指挥下，按照勘验步骤有条不紊地逐步进行，往往在痕迹勘查人员勘验完现场痕迹之后进行。

▶▶ 11.1.2 法医学现场勘验要遵循由现场外围向核心、由宏观到微观、由静态到动态的步骤，对现场有关法医学痕迹、物品进行逐一检查，并发现、研究、记录和提取。

▶▶ 11.1.3 着重观察尸体所处的位置、体表损伤、血迹分布及性状、尸体周围物品情况，尤其要注意发现毛发、精斑、血迹、纤维、涂片、划痕等微量物证，尽可能少搬动尸体，以减少和避免人为损伤。

▶▶ 11.1.4 现场的一切情况不得随便议论和透露，现场的各种有价值的文证、物证要加强保管，避免遗失。

▶▶ 11.2 案情调查

▶▶ 11.2.1 尸体检验前应了解死者的年龄、籍贯、职业、文化程度、婚姻状况等，死者生前道德品质、嗜好，甚至生活习惯等，了解案发经过，案发时间、地点、事件参与人、致伤物、抢救经过、死亡经过等，了解被检验鉴定尸体的生前病史，近期有无反常情况等，这些情况的掌握对推断死者的死亡原因、死亡性质可提供一定线索，进一步明确尸体检验工作的侧重方向。

▶▷ 11.2.2 对凶杀案件还需对加害人的情况、使用凶器的性状等进行了解。

▶▷ 11.2.3 必要时，法医可以亲自到现场走访和询问与死者相关的人员。

▶▷ 11.3 冰冻尸体须酌情先行解冻。

▶ 12. 法医学尸体检验的注意事项

检察机关管辖的刑事案件尸检由检察机关强制执行进行，非刑事案件的尸检需经有关部门批准经死者家属签字同意后方可进行。尸检中应注意的事项有：

▶▷ 12.1 尊重死者。尸检中必须严肃认真；尊重死者，尽量保证尸体的完整及清洁。

▶▷ 12.2 尸体检查要系统规范。尸体检查时要避免粗心大意和粗暴操作，要系统规范，不要人为地将一些证据遗漏或破坏。分离内脏器官须查清其相互之间的联系。保持内脏器官原有色泽，尽量避免用水冲洗。切开内脏器官要取最大切面，而且要自左向右一刀切开，避免拉锯式在一个切面上切多次。

▶▷ 12.3 高度的自我保护意识。尤其对疑有传染病的死者，在解剖时应更加注意，要求动作轻柔、干净利落。避免尸体血液、脓液以及粪便溅到解剖人员身上或污染环境。

▶▷ 12.4 尸体的保存。尸体常温下保存一般不超过 48 小时，冷冻尸体一般不超过 1 周，若冷冻条件较好，可保存更长时间。尸检应尽早进行，避免组织自溶及腐败，尤其是医疗纠纷的尸体。

▶ 13. 摄影和照相

▶▷ 13.1 尸体检验应当进行照相、录音录像。照相和录音录像应当由专业技术人员进行。未经办案部门批准，禁止其他人员照相和录音录像。

▶▷ 13.2 尸体检验应当形成全面客观的记录，尸体照相应当完整，阳性表现和重要的阴性表现均应当完整反映，细目照相应当有比例尺。

▶▷ 13.3 对尸检全过程录像或对尸检过程中发现内脏器官损伤、病变等及时摄像。

▶ 14. 法医学尸体外表检验

▶ 14.1 尸体衣着检查

▶ 14.1.1 保持原始状态进行初检。尽可能地保持死者衣着的原始状态。衣着上的破损应减少对其牵拉、翻动，避免其形态变化，衣着上的附着物避免因搬运而脱落。移动尸体前必须就地进行初检，初检时必须迅速照相、记录，对易于消失的附着物必须及时提取。

▶ 14.1.2 解脱衣着进一步检查。解脱衣着不宜用刀割、剪切，不可草率地撕扯剥离，必须剪开时，应沿衣缝小心剪开，尽量避开有特征、有破损、有附着物的部位。要逐层逐件地解脱，不可多层衣服一并脱下，特别要注意衣着有无破损、有无污染、有无附着物。纽扣、拉链有无松动、缺失。口袋内的物品要彻底清点，逐一登记，妥善保管。衣着上的附着物要抖落在白纸上，收集、包装、备检。衣着上的污染物可用剪刀剪下部分备检。

▶ 14.2 尸体一般情况检查

▶ 14.2.1 一般情况。记录死者的姓名、年龄、性别、身长、体重、种族、发育及营养状况、畸形、皮肤颜色、文身、疤痕、水肿、出血、黄疸等。

▶ 14.2.2 死后现象。记录直肠尸温、尸斑的分布及颜色、尸僵及尸体痉挛的姿势、腐败程度等，以便分析死因、死亡性质和推断死亡时间。

▶ 14.2.3 体表各部状态。从头到足，从前到后，从左到右，都要详细检查并记录：

（1）头皮及头发状况（有无血肿、肿块及秃发等）；

（2）两侧瞳孔是否等大，并记录其直径；

（3）结膜是否充血、出血，巩膜有无黄染，眼睑有无水肿或血肿；

（4）鼻腔及外耳道有无内容物流出（记录其性状及颜色）；

（5）口腔有无蟹沫或血性液体流出，牙齿有无龋齿、假牙或脱落（记录其上、下列位置），口唇黏膜是否青紫；

（6）唾液腺、甲状腺及颈部淋巴结是否肿大；

（7）胸廓平坦或隆起，左右是否对称；腹壁是否膨隆；

（8）背部及骶部有无褥疮；

（9）外生殖器有无畸形和瘢痕，处女膜有无新鲜破裂，阴道内有无异物；

（10）腹股沟淋巴结是否肿大；肛门有无痔核；

（11）四肢有无断肢、残缺或疤痕；

（12）四肢指甲是否青紫；

（13）体表有无残疾或畸形等。

▶▶ 14.3 体表损伤检查

体表有损伤者，必须检查和记录下列各点：

（1）部位：按标准记录其正确的解剖位置，例如左面部损伤，应注明离左外眦若干厘米，距左鼻唇沟若干厘米等。

（2）类型：根据损伤的基本形态分擦伤、挫伤、创、骨折和肢体离断等。

（3）数目：可按不同部位或不同种类的损伤来确定损伤的数目。对损伤要用明确肯定的数字表明，如一处、二块或三条等；若为群集性、广泛性或散在性的损伤，应注明其范围。

（4）形状：最好用几何学名词记述，如圆形、卵圆形、线形、弧形、纺锤形、星芒形、犬牙形等；倘为不规则形，应摄影或绘图，并注明其轮廓。

（5）大小：以 cm 或 mm 记录损伤的长度、宽度，凸出于皮肤表面的高度（如肿胀或骨折端的突出、脱位关节端的突出等）和凹陷的深度等，避免以不确切的大小来比拟（蚕豆大、黄豆大等）。

（6）损伤形态学特征：要仔细观察体表损伤形态学的改变，根据体表损伤形态学的特征及损伤周围的性状，血液流注的方向、涂抹形态和沾染范围，可判断损伤性质是自杀、他杀还是意外所致；可推断暴力作用的方向；同时还可以推测损伤是何物所致，若致伤物不是一种，则应分析哪一种是造成致命伤的致伤物。

（7）颜色：对于表皮剥脱、皮下出血、组织坏死、炎症反应等，要指明其颜色，常常根据颜色变化可推断损伤后经过的时间。

（8）其他：损伤部位附着的异物（如火药、烟灰、泥沙、植物、凶器碎片、弹头、铁锈、头发、布片、组织碎片等），应详细检查并记录之，然后采取这些异物进行检验，为推断致伤物提供证据。

▶▶ 14.4 尸体体表各部位的检查

尸表各部位检查，应遵循先静后动，从头到足、从左至右、自前而后的顺序，全面、系统、有步骤地检查。

（1）头部

①头发。测量头发长度，观察发型、颜色、分布和数量，检查有无染发、烫发及是否假发，观察和检验头发上有无附着物及其种类、数量和分布特点，

同时应观察眉毛、胡须的类型及分布特点。

②头皮。依次分开头发，检查头皮有无损伤和病变，需要时应剃去头发再仔细检查。

③头颅。观察头颅有无变形，用双手挤压头颅前后左右，检查有无骨折。

④颜面。观察颜面肤色，检查有无肿胀、瘢痕、损伤及血迹分布特点。

⑤眼。检查眼睑有无水肿和皮下出血，眼裂开和闭情况，睑结膜、球结膜和穹隆部结膜是否有充血及出血斑点，巩膜有无黄染，角膜是否透明及混浊程序，瞳孔大小，左右是否对称。此外，检查有无义眼及其特点。

⑥鼻。观察鼻外形是否对称、偏位、塌陷，鼻孔周围有无泡沫及其性状和颜色，鼻腔有无异物、出血和分泌物。

⑦耳。观察耳廓形态及有无损伤，检查外耳道内有无异物、血液、脓液和脑脊液流出。

⑧口腔。观察口的开合情况、口唇黏膜颜色、口角及周围皮肤有无流注的腐蚀痕；检查口腔有无异物、血液及特殊气味，口腔黏膜有无溃疡、出血及损伤；牙齿的特异形状、数目、排列情况及磨损程度，有无义齿、龋齿、汞线，齿龈有无破损及色素沉着；舌尖在口腔内的位置，舌有无咬伤、溃疡及舌苔情况。

（2）颈项部

①观察及检查颈部是否对称，甲状腺及颈部淋巴结是否肿大，有无肿块及颈静脉怒张；

②检查颈部有无损伤、索沟、扼痕及压痕等。如有创口要检查创口的部位、数目、方向、深度及有无试切创、创腔内有无异物。如有索沟应检查索沟的位置、数目、深浅、方向，有无出血斑点及水泡形成，索沟是否闭锁，有无绳索结扣压痕，多个索沟则要注意是否平行或交叉，索沟间有否嵴样突起和点状出血。颈部屈伸旋转状态，颈椎有无脱位及骨折现象。

（3）胸腹部

①胸部。观察胸部外形是否对称，胸壁有无损伤及注射针眼，检查肋骨有无骨折，腋窝淋巴结是否肿大，女性尸体需检查乳房发育状况，有无咬痕、肿块及损伤。

②腹部。观察腹部外形是否平坦、膨隆、有无舟状腹，腹壁有无损伤、瘢痕及皮下静脉曲张，检查腹部有无波动感，腹股沟淋巴结是否肿大。女尸应检

查有无妊娠及妊娠纹。

（4）腰背部

观察腰背部有无损伤，腰骶部有无褥疮，臀部有无注射针眼。检查脊柱有无畸形或骨折。

（5）会阴部及肛门

①观察会阴部及外生殖器的发育状况、有无畸形、有无损伤和病变。

②男性尸体应挤压阴茎，观察尿道口有无液体流出。

③女性尸体要观察外阴部有无血痕、精液及分泌物附着；检查处女膜完整程度：是否破裂，是否曾修补，阴道内有无异物，必要时采取阴道内容物备检。

④对疑为强奸而处女膜未破者，应详细检查处女膜的类型、厚薄、伸展性。

（6）四肢

①观察肢体的形态、位置，有无肿胀、畸形，有无软组织损伤、骨折和关节脱位；

②上肢应检查手掌，手中是否抓有物体或附有异物；

③指甲颜色及是否脱落，甲沟内有无异物（如血痕、皮肉、毛发及衣物纤维等）；

④当上肢有损伤时，应根据其损伤特点，分析判断是否为防卫抵抗伤；

⑤下肢应检查有无水肿、趾甲颜色、静脉是否曲张；

⑥女尸还应注意大腿内侧有无擦伤和挫伤、精斑、血迹和毛发等附着物。

▶ **15. 尸体外表的特殊检验**

法医学尸体外表检验中，有些细微损伤或尸体表面附着物、创腔内的异物等用肉眼不能观察和确定，在案情需要时，可借助仪器进行辅助检查和特殊检验。

▶▶ 15.1 X线检查。疑为空气栓塞、骨折、爆炸死亡、盲管枪弹创或散弹枪创案例，必要时可进行 X 线检查，了解骨折的形态特征以帮助分析损伤形成的原因和机理，寻找和发现体内弹粒或金属碎片的所在部位。

▶▶ 15.2 立体显微镜检查。观察衣物服饰损伤部位纱线移位、压扁、断裂、变形情况及衣着附着物的种类、性质和特点；观察损伤部位表皮擦伤的形态特征，力的作用方向；观察创腔内异物的种类、性质和特征。如检查电击死案例的电流斑、枪创的子弹射入口和出口等。

▶ 15.3 微量化学检测。如检测持枪射击者手上沉着烟尘的铅、钡、锑等化合物，电击死时电流斑处皮肤金属化微粒，爆炸死亡者尸体附着物的化学元素测定等。

▶ 15.4 中子活化分析。应用中子活化分析方法测定皮肤表面附着的粉尘，显示皮肤金属化时金属元素等。

▶ 15.5 扫描电镜。如用扫描电镜加 X 线能谱分析可检测枪弹创皮肤射击残留物、手上沾染的底火粉尘、尸体表面损伤处致伤物的痕迹，电击伤、爆炸伤及化学烧伤引起的改变等。

▶ 15.6 分子生物学技术。如对黏附于尸体表面的人体组织和体液等作 XY 染色体检验，鉴定男女性别。用 PCR 技术对尸体表面的血痕、精斑或分泌物同一性认定等。

▶ 16. 法医学尸体外表检验的注意事项

▶ 16.1 对某些肉眼观察不清的微细损伤，如口鼻部及大腿内侧的表皮剥脱和皮肤上细小的附着物等可使用放大镜帮助观察。

▶ 16.2 疑有皮下出血的部位应切开检查以便与尸斑相鉴别。若切开后见组织内有凝血则可视为皮下出血。臀部等肌肉丰满部位宜深切检查。有时除出血外还要检查肌肉的受损情况，包括程度及范围等。

▶ 16.3 有些损伤，在伤后短时间内不易观察，待过一段时间后则较易观察，如表皮剥脱、枪弹损伤时皮肤挫伤轮等待干燥成皮革样化时较易观察。

▶ 16.4 注意体表较隐蔽部位的检查，如腋窝、会阴部等处。

▶ 16.5 枪弹创和刺创，仅作尸体外表检查则不完整，必须结合尸体解剖逐一完整地检查。

▶ 16.6 碎尸、爆炸死亡等特殊类型尸体的体表损伤检查可按尸块检验，与解剖检查同时进行。

▶ 16.7 尸体外表损伤取材时应注意尽量不影响尸体外貌，可作梭形或菱形切口取材，然后缝合。

▶ 16.8 进行尸体外表检验时仍须注意收集有关物证。如创腔异物和损伤处的附着物等。

▶ 16.9 尸体外表检查不能解决死因等问题时，必须进行法医学尸体解剖。

▶ 17. 法医学尸体解剖

▶ 17.1 为了确保法医病理学的鉴定质量，法医病理学尸体解剖应争取尽早进行，尸体解剖时应力求做到全面、系统。

▶ 17.2 在进行法医学尸体解剖前应认真分析，采取适当的尸体解剖术式和程序，并在必要时采用一些选择性检验方法。

▶ 18. 常规类型的法医学尸体解剖检验

▶ 18.1 颅腔、颈部、胸腔、腹腔、盆腔的解剖次序

法医学尸体解剖时应按操作程序进行规范化尸解。但因不同案例的要求不同，其操作程序可有区别。以一般最常用的解剖颅腔、颈部、胸腔、腹腔、盆腔的操作程序为例，大致有以下几种：

（1）腹腔→盆腔→颈部→胸腔→颅腔。此顺序是将腹腔、盆腔内脏器官组织取出后再将颈部和胸腔内脏器官组织一起取出，最后解剖颅腔。比较常用。

（2）胸腔→腹腔→盆腔→颅腔→颈部。该解剖顺序是将胸、腹、盆腔内脏器官取出，再解剖颅腔取出脑后，使颈部组织的血液流净，然后才剖验颈部，以免在切开颈部软组织时被血液污染，影响颈部损伤、出血的观察。疑是缢、勒及扼颈致死者采取此尸解程序。

（3）颈部→胸腔→腹部→盆腔→颅腔。这种操作顺序既可先将颈胸部内脏器官一起取出，再取腹腔、盆腔器官，也可将颈胸部连同腹盆腔内脏器官一起取出，然后在尸体外分别检查，最后解剖颅腔。

▶ 18.2 解剖术式

（1）直线切法。从下颌下缘正中线开始，向下沿颈、胸、腹正中线绕脐左侧至耻骨联合上缘切开皮肤及皮下组织。必要时可自此向一侧或两侧腹股沟延长。一般常用此法。

（2）T字弧形切法。先从左肩经胸骨上切迹至右肩峰做一弧形横切口，再在该弧线中点向下作直线切口，绕脐左侧至耻骨联合上缘。此术式的优点是可保持颈部外形完整。

（3）Y字切开法。分别从左右耳后乳突垂直向下切至锁骨上缘，再向前内方切开至胸骨切迹处会合，其余胸腹部切口同直线切法。颈部有损伤（如索沟、扼痕和创伤）时，应采用本术式。

（4）倒Y字形切开法。先按直线切法切开颈、胸部皮肤至腹上部，再作

半圆形切开腹部，将皮瓣向下翻转，腹壁有损伤时可作此术式。

▶▶ 18.3 胸、腹腔剖验

（1）自下颌下缘正中开始，沿胸、腹正中线，绕脐左至耻骨联合部作直线形切开。分离胸壁皮肤及皮下组织，向左右外翻。切开腹壁皮肤及皮下组织时，注意腹壁脂肪层厚度（通常约1.5cm）、颜色、肌肉性状、颜色。然后以有钩镊子夹住腹膜向上提起，用小刀割破一孔，从孔中伸入左手的食指与中指，略向上提，以剪刀沿两指之间剪开腹膜。切断连于胸壁下缘的肌肉，暴露腹腔，注意腹腔内有无异常气味，腹腔内有无腹水、积血，大网膜情况及各内脏器官位置是否正常。大网膜在正常时呈灰白色，菲薄而透明，仅含少许成条的脂肪组织。查大网膜时要注意大网膜的位置、颜色、形状、有无脂肪坏死灶或肿瘤转移灶。当腹腔器官有损伤或炎症时，大网膜可向病灶部位移动，并与之黏连甚至形成包块。

（2）检查肝、脾、胰等器官时，要注意肝右叶前缘是否超出肋缘，左叶前缘超出剑突下多少厘米；脾的前端是否超出肋缘，脾被膜是否皱缩。沿胃大弯剪去大网膜并将胃向上翻转暴露胰腺，检查胰腺周围脂肪组织有无坏死，胰被膜是否出血。注意膀胱的充盈度，其顶端是否已超出耻骨联合上方。因为一般人在临睡前有排尿的习惯，从膀胱内残余尿的多少可以粗略估计该人于上床后多久死亡。胃肠有无胀气，注意各内脏器官之间有无黏连。如为中毒病例，应收集相关内脏器官（胃、膀胱）的内容物以供分析。注意横膈的高度，正常横隔的顶点，右侧为第四肋间（或肋骨），左侧为第五肋间（或肋骨）。

（3）距肋软骨交界处约1cm的软骨上用软骨刀作斜向切断，切开胸锁关节，并用骨剪剪断第一肋骨。然后以左手持胸骨，右手用刀分离连于肋骨上的膈肌、结缔组织，缓缓揭去胸骨，暴露胸腔。注意胸腺大小，胸腺是否已为脂肪组织所代替。观察胸腔各内脏器官的位置及彼此关系，肺及胸壁、横膈或心包膜有无粘连。倘有胸腔积液，应注意两侧积液的量和性状。剪开心包膜，注意心脏的大小、心包积液含量和性状、心包有无粘连。若要取血液供化验或培养，可在此时抽取右心血液。将右肺向前翻转，用剪刀将主动脉及奇静脉分开，即可见胸导管并进行检查。检查后，将肺恢复原位。胸腔中的肺，因血管丰富，能保存毒物异味，在揭去胸骨时即应注意，不要到解剖结束才发现，否则为时已晚。取下的胸骨，用锯作纵形锯开，观察骨髓情况。

▶▶ 18.4 颈部剖验

　　检查颈部时先在颈部垫一个木枕，使头部充分向后仰。然后自直线切口处向两侧逐层分离颈部皮肤，皮下组织、浅层和深层肌肉。观察各层有无损伤和出血。检查甲状软骨上角、舌骨大角及环状软骨等有无骨折。甲状腺是否肿大，有无结节。淋巴结是否肿大及其程度。若用 Y 字形切开法，则自颈胸部切口处向上分离颈部皮肤，再逐层分离皮下组织和肌肉，检查颈部各器官有无损伤和病变。

　　（1）联合取出法：如胸部为 Y 形切开，须将胸前已剥离翻之皮瓣，再向上剥离翻转直到下颌弓处，以完全暴露颈部各器官，检查其各器官及血管后，于甲状腺后缘沿上下甲状腺动脉找出两对甲状旁腺取出固定。然后用颈刀自颈部切口插入下颌骨正中插入口腔，紧贴下颌骨内缘向两侧切断口腔底部的软组织，随后一手用有齿钳子自切口伸入口腔内夹住舌壁切断，这样就可与口腔壁及咽壁分离。进而再将气管（连同甲状腺）及食管等与周围组织、脊柱的联系加以分离，直达胸腔入口为止。然后在胸腔入口处或其上切断锁骨下动脉及颈总动脉等。随将口腔及颈部器官连同心肺一起向下拉，使胸腔器官与背部脊柱相连软组织互相分离，直达横膈为止（如胸膜有纤维粘连而不易剥离时，应从胸腔切口将胸膜壁层辖同肺一起剥下）。将上消化道（舌、扁桃体、咽、食管），上呼吸道（喉、气管连同甲状腺，支气管）连同心，肺一起取出。若需与腹腔盆腔内脏器官一起取出，则沿膈肌与胸壁相连处切断膈肌，并从后腹壁分离腹腔和分腔器官组织，即可联合取出全部内脏器官待查。

　　（2）器官分别取出法：即可先取颈部再取胸腔的器官，亦可先取胸腔再取颈部器官。

▶▶ 18.5 颈部和胸腔器官检查

　　（1）心脏及大血管检查：

　　①用左手提起心脏，在各大血管进出心包处剪断主动脉、肺动脉、肺静脉及上下腔静脉（其中主动脉距瓣膜 5cm、肺动脉距瓣膜 2cm、上腔静脉距其入口处 1cm）后取出心脏。依血流方向剖开心脏。先剪开上下腔静脉，然后自或心后外侧缘分别剪开右心房，右心耳，检查右心房内有无血栓，卵圆孔是否闭合。探针能否通过，心房内膜及三尖瓣表面有无增厚变形，检查瓣膜口是否狭窄（正常可通过二指），用长刀或肠剪之钝端插入右心室，沿右心室之右缘（相当于后室间沟）切开三尖瓣口。用长刀或肠剪托于前乳头肌与右心室前壁之间，沿室中隔往上剪开肺动脉。此时右心室完全暴露。然后剪开左右两对肺

静脉口，观察左心房上部，再剪开左心耳，检查二尖瓣膜有无增厚变形，有无血栓。然后用长刀插入二尖瓣孔，刀尖突破心尖后，沿左心室左缘从里向外切开，然后沿室间隔前缘向上剪到主动脉口以至主动脉根部，但剪前须将其前之肺动脉稍向左剥离，以免被切断。检查各瓣膜及心内膜情况（各心瓣膜周径、色泽、质地、光滑情况、有无粘连、增厚或短缩，二尖瓣及三尖瓣的腱索有无变细或增粗、短缩；各房室内膜色泽、光滑情况）。称量心脏重量。

②冠状动脉之检查：先检查主动脉根部内膜之冠状动脉开口，自左右冠状动脉主干开始，沿冠状动脉主要分支与其纵轴相垂直以 0.2cm 间距做横切，观察各冠状动脉主要分支情况检查冠状动脉有无硬化、狭窄、闭塞或血栓等。

（2）上消化道检查。舌（黏膜色淡，有无咬痕、有无糜烂、溃疡、白斑、舌苔），咽（黏膜色泽、湿润、有无病变），扁桃体（表、切面情况，有无肿大及炎性渗出物），颌下及舌下腺（有无肿大）。自上而下剪开食管后壁，检查黏膜（色泽、湿润、光滑情况、有无异物、凝血块、黏膜有无损伤、出血、溃疡及静脉曲张），然后用剪刀自下而上把食管分离到喉头。

（3）上呼吸道检查。用刀从正中线将舌和喉壁（包括会厌、甲状软骨、环状软骨等）切开，检查有无骨折，再用剪刀沿气管前面正中线剪开气管及左右支气管及其分支，检查管腔（有无异物、损伤、假膜、扩张、狭窄、黏膜色泽、光滑等情况），气管旁及气管分支处淋巴结（有无肿大、颜色）。观察颈动脉内膜有无横裂。

（4）甲状腺及甲状旁腺检查。观察其位置、大小、重量、左右两叶形状、色泽、质地、有无肿大。切面色泽，有无结节囊肿。观察甲状旁腺有无异常。

（5）肺脏。可以起取出气管、支气管及两肺、亦可在两肺肺门处切断支气管、血管等联系后分别取出左、右肺。观察左、右肺外形、肺膜情况，胸膜是否光滑，有无粘连，再用手摸肺实质有无捻发感，有无硬结、肿块或实变病灶、肺气肿区。切开肺叶之前需秤左、右肺重量。然后将肺摆成如在胸腔内位置状态，肺的外侧凸面向上，然后用脏器刀自肺外侧缘对准肺门作纵切面，一般切两刀（见图 19-5）。切右肺时，肺尖向关解剖者。检查各肺切面的色泽、有无硬结、实变、肿块或病灶。压肺切面，有无液体流出；有无内容物自小支气管溢出。检查支气管内有无异物阻塞，有无黏液、溺液及其颜色、性状和数量；黏膜有无损伤和出血及炎性渗出物；支气管壁是否增厚；支气管有无扩张。肺动脉及其分支有无血栓和栓子；肺门淋巴结颜色，是否肿大。

▶▶ 18.6 腹腔及盆腔内脏器官取出及检查

（1）腹腔及盆腔脏器的取出可根据不同情况采用不同的方法。常用的有以下几种：

①各器官分别取出法：即按一定顺序逐一将各个内脏器官分别取出。其顺序是脾、小肠、大肠、胃、十二指肠、胰肝和胆囊、肾上腺、肾和盆腔内脏器官。

②按系统局部联合取出法：即先分别拆除脾后，将消化系统之肝、胃、肠及肠系膜、大网膜一起取出待检，或将肝、胃、十二指肠联合取出，空肠、回肠与大肠联合取出，再取出泌尿生殖系统器官和直肠。

③腹腔盆腔器官联合取出法：即将全部腹腔盆腔脏器一起取出再分别检查。甚或将腹、盆腔器官与颈部、胸腔器官一起取出。

（2）脾。将大网膜剪离，将胃向上翻后暴露小网膜囊，检查脾血管腔内有无血栓形成，若无血栓，将脾从左肋下拉出后，剪断脾门血管等组织后，取出脾。若有血栓，则将脾与胰、十二指肠和肝一同取出。脾重量、大小、外形（正常形态与切迹是否存在，质地如何）表面颜色、状态（脾被膜是否紧张、平滑或增厚）；如有破裂应检查破裂的部位、形状、范围及程度。剖验脾使用脏器刀沿其长轴自外缘向脾门作一切面，再依次作数个平行切面。检查脾被膜的厚度，切面颜色、状态（红髓色泽、脾滤泡及脾小梁形态变化、脾髓质能否被刀背刮下、有无出血、梗死灶和结节形成）。

（3）空肠、回肠及结肠。将横结肠向上翻转，并将全部小肠移到尸体右腹外侧，即可找到十二指肠曲的空肠开始段，在此结扎二线。在二结扎线之间切断肠管。左手执住断口下之空肠，右手执刀沿肠系膜与小肠相连处逐步切断肠系膜，使小肠与肠系膜分离。分离到回盲部时，宜用剪刀沿升结肠将其与腹后壁、腹膜组织分离。在横结肠剪断胃结肠网膜组织。在降结肠亦用剪刀分离其也腹后壁相连之组织到直肠。然后在乙状结肠与直肠交界上 5 厘米处切断，小肠及结肠即可取出。

①小肠：小肠全长度，浆膜情况（色、是否平滑、透明）。肠内容物（食物色泽、有无寄生虫）。肠壁（有无增厚，肠腔有无扩张、狭窄。黏膜色泽，有无出血、坏死、溃疡、肿瘤或病灶）。肠系膜及其淋巴结（肠系膜色泽，有无粘连，肠系膜淋巴结是否肿大等）。

②结肠：长度，浆膜情况（色泽、是否平滑），肠腔有无扩张或狭窄及内容物，有无寄生虫。肠壁有无增厚，黏膜色泽，有无肿瘤及其他病变。

③阑尾：长度，浆膜色泽、有无渗出或病变情况，肠腔有无扩张或狭窄、阻塞、粪石、寄生虫、肿瘤。

（4）胃十二指肠的取出和检查，根据不同情况一般采用下述三种不同方法：

①原位剖验法：用肠剪在十二指肠第三段前面正中剪开，再沿第二段和第一段的前壁剪开。剪至幽门时将手指伸入其内探查是否有肿瘤或狭窄，再沿胃大弯剪开至贲门部，按检查幽门同样的方法检查贲门，最后将胃与食管切断。此法可避免破坏 Vater 壶腹部，检查胆道是否通畅，对疑有胃十二指肠溃疡穿孔，或其附近有脓肿与肝、胰等器官有粘连时，可在原位检查其病变关系。检查胆道是否通畅时，挤压胆囊，观察十二指肠乳头处有无胆汁排出。

②完整摘除法：法医学检案中，对怀疑中毒或其他原因需取胃内容物作化验检材的尸体，应将胃贲门和幽门两端用钳夹住或用双线双重结扎后在其间切断取出全胃置于盘中待检。

③联合取出法：怀疑胃、食管交界处有肿瘤或静脉曲张时，应将食管与胃一起取出。怀疑有胆管肿瘤、结石等病变时，可将胃、十二指肠、胰及肝、胆等联合取出。检查胃内容物的成分、数量、色泽、形状及消化程度，有无特殊气味、药物颗粒、凝血块及其他异物；胃的大小、胃壁厚度、胃黏膜有无出血、炎症、溃疡、肿瘤和损伤。特别应注意查找胃黏膜皱襞内有无药物粉末、颗粒或碎片。如胃内有出血应仔细查找其原因。必要时，收集全部胃内容物及部分胃壁备检。

（5）肝、门脉、胆道系统。首先在肝门部检查总胆管，用小刀或剪刀在总胆管下段作一斜切口由该处插入探针，检查有无阻塞，然后由原切口向上剪开胆囊管及肝管，检查其内容物；胆管有无瘢痕及狭窄。沿胆囊长轴纵形剪开胆囊，将胆汁收集入容器，有无结石、寄生虫，胆囊壁厚度及黏膜情况，但为了避免胆汁污染，一般应在体外剪切胆囊。将胆囊与肝分离时，因其二者粘贴较紧，应注意不要损伤肝及胆囊壁。接着检查门脉系统。在胆囊管的下方，上至肝内左右分支，下至肠系膜上静脉吻合处剪开门脉，检查静脉壁及腔内有无异常。分离肝时，先用剪刀剪断隔面的镰状韧带、左右三角韧带，分离膈肌。在肝右叶后面下部与肾上腺分离时勿损伤肾上腺。最后切断肝圆韧带、肝门血管及胆管，取出肝。观察肝表面是否光滑，肝的色泽、质地及肝边缘情况，有无损伤，测量肝的大小和重量。然后用长脏器刀从隔面沿左右肝叶最长径切开，再作数个平行切面。观察切面颜色，肝小叶结构是否清楚，有无肿块、脂肪变性、坏死灶、囊肿及假小叶形成，汇管区结缔组织是否增多。如有损伤应仔细检查损伤的部位、形态及范围。

（6）胰。将胰与十二指肠及周围组织分离，观察胰周围脂肪组织有无脂肪坏死，胰包膜下是否出血。然后取出胰腺，观察胰的大小、颜色、形状和质地，测量其长度，扪其有无肿块。从胰头至尾部作一纵切面，找出胰管，用探针引导纵行剪开胰管，观察其官腔大小、管壁和管腔内容物的情况，再将胰腺作多个横切面，观察小叶结构，间质有无出血，有否肿块及坏死灶。如疑有脂肪坏死，在可疑处滴加 20% 硫酸铜水溶液，若有脂肪坏死，则呈亮绿蓝色反应。

（7）肾上腺。切开左右腰部后腹膜后，划开肾上极周围脂肪组织，在腹腔内原位取出肾上腺。右侧肾上腺亦可在分离肝脏时先取出。观察左右肾上腺的形状、大小、重量。切面颜色与状态（正常髓质灰红，皮质色黄浊），有无出血、坏死。

（8）血管检查。剪开腹主动脉，检查动脉粥样硬化、动脉瘤、外伤等情况。剪开髂静脉和下腔静脉，检查有无血栓。如有必要，还可检查胸导管，后者起自乳糜池，在第一、第二腰椎间前面，主动脉右侧，从膈肌的主动脉裂孔穿过，行走于胸主动脉和奇静脉之间，到第七颈椎前方，再向左上面进入左锁骨下静脉。由下向上剪开胸导管前壁，检查结核病变和肿瘤栓子等。

（9）泌尿生殖系统。在原位检查肾、肾动脉及输精管，观察其位置、形状，肾周及后腹膜组织有无出血或血肿，输尿管有无异常分支、阻塞和扩张。观察膀胱充盈程度，子宫、输卵管及卵巢的位置、大小、形状，然后将泌尿生殖器联合取出。

（10）泌尿生殖器联合取出的方法：

①在男性尸体，自腹壁原切口沿两侧腹股沟管向阴囊作一切口，然后把睾丸、附睾及精索拉到腹腔内。再用手自耻骨联合内侧面逐次划开盆腔腹膜外的软组织，从而把膀胱、前列腺及尿道后部相辖的组织剥离，再向后侧分离直肠后之软组织。在剪断髂内静脉等组织后，用长刀在尿道膜部及肛门上 2cm 切断；另外，在两肾外缘各作一弧形切口，提起肾和输尿管直到膀胱，将全部泌

尿生殖器官和部分内生殖器可一起取出待查。

②在女性尸体，将肾和输尿管提起置于左、右腹腔外后，自耻骨联合内侧面开始逐次向外、向后分离盆腔腹膜外的软组织，从而把与膀胱、阴道、直肠相连的软组织分开，然后用长刀在尿道、阴道上段和肛门上 2cm 处切断，女性泌尿生殖器连同直肠便能一起取出检查。

（11）泌尿生殖器官的检查

①肾：分别测量两肾的重量，观察左、右肾的大小、形状及表面情况，包膜有无增厚、色泽、是否易剥离。其表面有无颗粒、瘢痕、有无破损等。左手持肾，右手执刀自肾凸面对准肾门作一纵切面，使肾盂对半剖开，皮髓交界是否清楚，皮质厚度，有无出血、梗死、肿瘤、空洞等；肾盂有无结石、积水。

②膀胱输尿管：膀胱壁有无增厚，黏膜在无破损、息肉、出血、腔内有无结石。输尿管开口处有无闭塞，左右输尿管有无扩张、狭窄、结石、黏膜色泽、光滑情况、管壁有无增厚，男尸还应检查前列腺尿道部有无变化。

③前列腺：左手持前列腺，使尿道膜部断口向上，右手持刀，循射精管方向把前列腺作左右纵深切开，暴露前列腺切面及精囊进行检查。将前列腺分离取出。前列腺重量、大小。左右是否对称，切面有无出血、肿块或病变。沿精囊长轴作多数横切面，各切面相隔 0.3cm，检查精囊内容物性状，有无结核、脓肿等。

④睾丸、附睾：扩大腹股沟管的内口，一手向上推挤睾丸，一手轻轻用力向上拉取输精管，然后切断其下端联系阴囊的睾丸韧带，即可取出睾丸。也可直接从下腹部皮下找到精索，提起睾丸；亦可直接在阴囊处作一切口，检查睾丸周围软组织，然后切断输精管，取出睾丸。检查睾丸鞘膜腔有无积液，测量睾丸大小、重量，睾丸硬度，鞘膜色泽，厚度。睾丸切面有无改变，用镊子挑睾丸曲细精管和附睾，看能否挑起。附睾有无肿大，硬结，切面有无坏死病灶。

⑤子宫、输卵管和卵巢：女性的生殖器官应与膀胱和直肠一并取出，将阴道与膀胱分离，观察子宫和卵巢的大小，表面形状，有无肿块、结节。在沿阴道前壁正中剪开，观察引导有无损伤、病变及异物；检查宫颈形状、有无损伤和糜烂、息肉和肿块。然后子宫颈口沿前正中线剪开子宫颈及子宫体，一直至子宫底止。然后自子宫底部分别向左右两侧剪开子宫角（呈"Y"型切口）进行检查。量子宫长、宽、厚度，子宫颈有无变化，子宫内膜色泽、质地、厚

度，宫壁有无瘤结，浆膜与周围内脏器官有无粘连。检查左右输卵管有无扩张或狭窄、阻塞，管壁有无增厚，黏膜是否粗糙、粘连。自卵巢后缘向前缘方向作一纵切面检查，卵巢大小，两侧是否对称，然后纵切，观察切面黄体大小、有无肿块及囊肿等病变。

▶▶ 18.7 颅脑的剖验

颅脑检查可在体腔内脏器官取出之前或之后，以不同案例根据需要而定。

（1）头皮切开法。切开头皮前先观察头颅是否变形，头皮有无损伤、出血及头皮下血肿。若为蓄发者，可将头发分开，自一侧耳后经颅顶至另一侧耳后作弧形切开，将头皮向前后翻转。若为无蓄发者，则切线不宜经过颅顶，可自一侧耳后经枕骨粗隆至另一侧耳后切开，暴露颅盖骨。仔细检查头皮深部组织有无因外伤所致凝血块，骨质是否受损。

（2）锯开头骨。检查颅骨有无畸形和骨折，如有骨折应注意骨折部位、形状、数目和范围，然后用细齿骨锯或电锯沿前后作圆周形锯开颅骨内外板。疑有头部外伤者，切不可用凿子，因为它可以造成新的骨折，或者使原来的骨折扩大。除去颅骨后检查颅盖骨、硬脑膜，注意有无硬脑膜外血肿。在沿正中线剪开矢状窦，观察有无血栓。沿锯缘剪开硬脑膜及大脑镰前端并向后牵拉与蛛网膜分离，则露出两侧大脑半球的全部表面。观察硬脑膜下、蛛网膜下腔有无出血；蛛网膜、软脑膜有无病变。

（3）取脑。在原位检查后，取脑时以左手指将额叶币向后抬起，右手持剪将视神经剪断，继而把间脑的漏斗、颈内动脉和动眼神经切断，将大脑继续向上向后抬起以暴露小脑天幕，并用解剖刀将附着于颞岩部上缘的小脑开幕切断。此时左手掌心向上托住大脑，并逐次剪断第 4~12 对脑神经和第一对颈神经，再用刀伸入枕骨大孔及脊椎管内切断颈脊髓，右手掌心向后用手指托住小脑及延髓，小心地从颅内取出脑，并取出垂体。检查脑表面蛛网膜、蛛网膜下腔及动脉等。脑切面检查一般在固定后进行。

（4）脑表面的一般观察和检验：称重，测量大小。观察脑的外形和表面情况，两侧大脑半球是否对称、有无移位；脑回宽窄，脑沟的深浅程度；脑膜有无充血及出血；蛛网膜下腔有无出血、炎性渗出物及其部位、范围和程度。仔细检查脑表面有无脑挫伤或对冲性脑挫伤及其分布部位、范围和程度。有无肿块、结节、凹陷及脑疝的形成。脑血管有无畸形、动脉瘤及动粥样硬化病变，除检查脑底外，还应检查两侧大脑外侧裂内大脑中动脉的主要分支。若有蛛网膜下腔出血，应注意鉴别外伤性还是病理性出血。故除应检查脑和椎动脉有无损伤外，还要检验有无脑动脉瘤、脑血管畸形和脑血管破裂出血。方法是在颅底凝血块最多处剪开脑表面的蛛网膜，用流水徐徐冲洗去凝血块，同时用眼科镊辨别凝血块中的血管。操作时耐心细致、动作轻柔、边剥离边冲洗，充分暴露出血处血管，不难找到血管或务管瘤破裂口。若破口太小不易发现，可借助放大镜仔细观察。欲保持标本外形，可自脑表面将破裂之血管或动脉瘤体壁及相连的血管壁小块组织做病理切片检查验证。若未发现破裂之血管或动脉瘤，则应多取几块疑有破裂的血管组织检材做切片检查。也可在冲去血块后以注射器将清水注入脑基动脉，同时注意观察脑底各动脉分支有无膨出处。用此法通常均能看到脑底血管瘤。若系脑实质内出血进入蛛网膜下腔，则可在脑组织固定后再切脑时检查。

（5）脑的固定。先自两大半球之间切开胼胝体，使第二脑室与外界直接想通。若塞入少许药棉于脑室内，可使固定液易于渗入两侧脑室，促进固定。再用粗丝线穿过基底动脉下面，丝线两端系于容器边缘，脑底向上，将脑悬浮浸泡于10%福尔马林固定液中，以保持外形，24小时后，更换固定液一次，固定至一周左右，即可切脑检查。注意勿将脑与其他实质脏器一起盛装固定，以免压扁变形。

（6）大脑的切开与检验。一般应在固定之后切开检验。切开大脑的方法有冠状、水平和矢状切开三种。可根据不同的案例和要求及颅脑外部检查结果，采取不同的切开方法，以充分暴露损伤和病变，又有利于保存标本为原则。其中冠状和水平两种切法，应先将脑干和小脑分离，然后再切。矢装切法则不必分离脑干和小脑。分离脑干和小脑时半脑底向上，用小刀分别在两侧大脑脚的上端横断中脑，即可取下小脑和脑干。

①冠状切法：冠状切开大脑有五刀、九刀及十二刀法3种。一般常用十二刀法将脑切成十三块，以便观察脑内不同切面的各种解剖结构及其病变。十二刀法的口诀是："前三后三均等分，四至九刀标志寻。"即颞极前的额叶部分均等切（三刀分成）三块，胼胝体后均等切三刀（分成四块）。因中间段脑组织有大量神经核团，与生命活动关系紧密，故应严格按照脑底的解剖标志切开，暴露各处重要部位。各切线的解剖标志及切面所暴露的组织结构列于表。必要时可将其中任一切块再剖分为二，深入观察。九刀法是省去前后的第一、第二和第十二刀，将脑切成十块；五刀法则是只切十二刀法中的第三、第五、

第六、第七、第九刀，将脑切成六块。冠状切法较常采用，但对于脑底血管有病变，中线肿瘤患者及部分脑干损伤者不宜采用此法。

②水平切法：脑底向下，分开大脑间沟，在胼胝体上方向两侧做水平切面，暴露两侧侧脑室之前后角，用刀插入侧脑室的室间孔内，向前向上切开胼胝体，并将胼胝体向后翻转暴露第三脑室。检查脑室大小及中脑道水管有无阻塞。再在第一切面下1cm处做一个全面的水平均面，暴露基底核深部。还可根据需要做多个切面，亦可将脑每隔1cm做水平切面。

③矢状切法：不分离脑干和小脑。将脑底向下，沿大小脑及脑干正中线切开一刀，暴露两侧大脑半球、脑干和小脑的纵切面、中脑导水管和第四脑室。必要时，可将一侧或两侧再行冠状或水平切面。此法对检查脑室系统、大小脑和脑干中线的损伤及病变较为适用。

大脑切开后应检查各切面解剖结构是否正常，有无损伤、出血、囊肿及软化灶、脑室是否扩大、有无阻塞，左右两侧是否对称。若有出血，注意出血的部位、数量和波及途径与范围。

④小脑的切开与检验：小脑的切法亦有三种，尸解者可根据不同情况选择不同切开方法。

第一种切法：与脑干保持原来联系，刀口与脑干垂直将小脑做多个横切面。此法可显示第四脑室病变，且显示小脑皮层较清楚。

第二种切法：先在小脑蚓部做一矢状切面，分开小脑两半球，检查第四脑室后将小脑与脑干分离，再从小脑后外斜向小脑底将两侧小脑半球做多个矢状切面。此法即可检查第四脑室病变，亦可显示小脑齿状核的病变。

第三种切法：在小脑底部与脑干分离并检查第四脑室后，由小脑后外侧向小脑底部做一水平切面；需要时，再做1~2个水平切面。小脑切开后，注意观察各切面有无损伤、出血、肿瘤和软化灶；检查第四脑室有无病变。若有出血，应注意出血的部位、数量及波及的范围。

（7）脑干的切开与检查。脑干的切开方法有两种。

①和小脑保持原来联系，刀与脑干垂直同小脑一起做多个横切面。

②将脑干与小脑分离，沿中脑、桥脑和延脑做多个横切面，每个切面间距为0.3~0.5cm，观察脑干每个切面有无损伤、出血及其他病变。注意脑干周围小血管有无畸形和病变。

（8）脑检查的注意事项。法医学尸检中脑的检查非常重要，特别是有蛛网膜下腔出血的案例，要鉴别是病理性出血还是外伤所致时要认真仔细，采用方法得当。

①取脑时注意勿损伤脑底动脉环结构。

②检验时机：虽然脑组织经固定后较易切开和观察，但对于血管畸形或动脉瘤破裂病例，新鲜标本较固定后易于观察。故应在固定之前认真检验。

③无论在固定前或其后，切脑时应在每切一刀前，先将刀浸湿或涂上酒精，以免脑组织粘着刀面，影响切开。

④切脑时脑的位置应摆正。做矢状切面时，脑顶朝上，纵向放置；冠状切法时，脑底朝上，横向放置；行水平切法最好用切脑架。

⑤应按照脑的解剖标志切脑，以暴露各个重要部位，便于观察病变。

⑥切脑时刀刃对准切线标志，刀刃面始终与桌面垂直，用力均匀，由前向后一次切开，切忌反复前后拖拉。切后将各脑块按序平置于方盘内或桌面上，便于检验、取材。

⑦对肉眼检查时仅见轻度脑挫伤、脑干之细小出血灶及疑有动脉瘤、脑血管畸形等病变者均应取检材做病理切片检查。

（9）脑组织取材部位。原则上经肉眼观察疑有病变的部位均应取检材，如疑有脑血管畸形、动脉瘤等病变处，但按解剖结构常规取材部位是额叶、顶叶之间后中央回、枕叶放射区、纹状体、丘脑、海马回、杏仁核、中脑、桥脑、延髓和小脑等 12 块。每块厚 0.2～0.3cm，2cm×2cm 大小。必要时标示包埋面。注意记录各块部位、编号并绘制简图，便于查对。

（10）颅底检查。剪开下矢状窦、乙状窦及横窦，观察有无血栓形成及凝血块等变化。撕去颅底的硬脑膜，观察颅底有无骨折。若有骨折应查清骨折线的数目、大小、形态、走向及彼此关系。检查颅骨各部有无出血。颞叶及小脑有脓肿者应凿开颞骨岩部，检查中耳有无感染。对疑有视神经及视网膜损害（如甲醇中毒）时或视网膜出血者应取眼球检验并作病理切片检查。方法是：由凿轻轻凿开覆盖眼球上面的薄层眶板，用镊子将眼球向后轻拉，小心剥离巩膜角膜联合处之皮肤，取出眼球，检查眼球及眼窝有无异常。然后用经福尔马林液浸湿的棉花或纸团塞入眼窝，使眼部保持正常外形。将眼球固定 2 日后切开，检查黄斑、视神经乳头等处有无病变，并取材制片镜检。亦可在凿开眼板后，用小的剪刀沿眼球赤道切开，仅取眼球后半部及视神经组织块制片镜检。

▶▶ 18.8 脊椎骨检查和脊髓的取出

（1）对麻醉意外、高处坠落、交通事故等外伤时，或有先天性脊柱畸形、脊柱肿瘤或结核病变等疾病时，必须检查脊椎骨和脊髓。可从颈椎开始，依次向下检查脊椎骨折、脊椎移位、椎间盘脱出、椎间韧带及脊椎周围软组织撕裂、出血等外伤情况和其他病变。

（2）取脊髓，可先让尸体呈俯卧位，在胸部置一木枕垫高。然后从枕骨突起开始，向下沿脊椎棘突直至骶骨，将皮肤作一直线切口。去除棘突和椎弓周围软组织，在棘突两侧，用单板锯或脊椎锯锯开骨质，再用骨钳钳去骨片，暴露硬脊膜，检查脊膜外出血等病变。脊髓上端位于第一颈椎，此处不易锯开，可自其下方将脊髓从椎管拉出，然后用剪刀剪断硬脊膜和脊神经，至此便可将脊髓全长包括马尾分离和取出。或连同硬膜取出整条脊髓。沿前后正中线剪开脊髓硬膜检查。然后放福尔马林液固定一周左右进行检查。各段切面情况要注意观察灰质、白质变化情况，有无出血及软化灶，脊神经和椎管有无异常变化。

▶▶ 18.9 骨髓检查

取胸骨骨髓时，可持钳压胸骨挤出骨髓，或者从切面上刮取骨髓。切取之骨髓，须把混杂的骨碎片剔净，如仍有骨碎片时，可放于新加醋酸较多的苓克氏液中固定，可帮助脱钙。其后，不必再脱钙即可按通常方法切片，其骨髓细胞染色比用强酸脱钙者好。四肢长骨骨髓检查，在血液病时有价值。常于该处皮肤作 10cm 长的横切口，分开骨表面附着肌肉及肌膜，然后选择 2cm 的两点锯入。待锯至约达该骨厚度的 1/3 时，换用凿及锤轻轻凿去该表面骨片，显露骨髓。然后用骨匙自该处刮取足量之骨髓组织放在吸水纸上堆成一堆包好，投入固定液内固定。

▶▶ 18.10 关节检查

必要时才进行。可行膝、踝、腕等关节剖开检查。以膝关节为例：膝关节检查：将尸体腿伸直，在关节皮肤上 U 形切开。U 形切线之基底应划过髌韧带之上，两侧切开后，将皮瓣及其下的髌韧带、髌骨、股直肌及其周围组织向上翻转，同时弯转下腿，则股骨及胫骨之关节面均显露，可详细检查或取下。检查关节腔有无积液，异常物质，关节软骨、滑膜是否光滑或破坏，病灶。

▶ 19. 法医学尸体解剖中的选择性检查

▶▶ 19.1 空气栓塞的检验

空气栓塞是指多量空气进入血循环或溶于血液内的气体迅速游离，形成气体栓塞。包括静脉空气栓塞和动脉空气栓塞两种，以前者多见。动脉空气栓塞，即全身性空气栓塞，是指空气经肺循环进入体内造成的全身空气栓塞。见于胸腔手术等情况。静脉空气栓塞，即肺空气栓塞，是指空气经静脉或静脉窦进入体内造成的空气栓塞。

（1）需做空气栓塞的案例

①在诊治过程中或手术后随即死亡或在其后短时间内死亡者。如静脉输液、输血，人工气胸、气腹，分娩、人工流产、输卵管通气术、前置胎盘，上颌窦穿刺冲洗，颅腔、胸腔手术及心导管检查、血管造影等。

②交通事故或其他意外事故，使颈部或其他部位静脉破裂而死亡者。

③减压病，是指溶于血液内的气体因体外气压骤减而迅速游离，引起的气体栓塞，不属于上述两种情况，故不能用此方法检验。

（2）检验方法步骤

①静脉空气栓塞的检查，应在开颅、开腹、解剖颈部之前进行。

②打开胸腔时，尽量不要损伤锁骨下血管，以免导致含有空气的血液经破裂血管进入体腔，影响检验结果。可暂不切开胸锁关节和第一、第二肋骨，而在第二、第三肋间处切断胸骨体，打开胸腔。

③开胸后，于原位在心包前壁作一纵形切口，检查心包腔有无积液及其颜色和数量。

④用血管钳或有齿镊夹住切口边缘并向上提起，使心包腔呈囊袋状张开。

⑤加入清水完全淹没心脏后，用解剖刀刺破右心室，并旋转刀柄数次，若有水泡从水中涌出，即证实有静脉空气栓塞。

⑥若需定量检查，可用一个300ml的长量筒，盛水后倒压在右心上方的水面上，再刺破右心室，将涌出的空气泡上入量筒内，即可判定空气量。

（3）检验注意事项

①如濒死期患者曾开胸做心脏按摩术，心包被剪开过，不能做上述盛水穿刺试验时，可用20ml注射器，吸水约5ml，穿刺右心室，见有大量气泡涌入注射器内，亦可诊断。

②尸解时应注意检查右心室内有无血性泡沫。

③疑为静脉空气栓塞的尸体，应尽早做尸解，如右心及大静脉内因尸体腐败而出现腐败性气泡与空气栓塞较难鉴别。不过一般尸体腐败时虽可产生气泡，但量少。

脑顶部血管内的空气泡绝大多数是开颅除去颅盖骨时从矢状线撕破硬脑膜而致空气进入脑血管，这是一种常见的人工产物，勿误诊为空气栓塞。

▶▶ 19.2 脂肪栓塞的检验

（1）需做脂肪栓塞的案例

①凡死前有烧伤、皮肤有大面积挫伤者；

②做过骨科手术或有长骨骨折者；

③乳腺切除者；

④油剂注射者；

⑤部分交通意外损伤的案例；

⑥有时脂肪肝患者发生急性肝坏死时也可致脂肪栓塞。

（2）检查方法。尸解时取肺、脑、肝、肾等组织做组织切片或冰冻切片，苏丹Ⅲ染色，镜检见血管内染猩红色小滴为脂滴。

（3）注意事项。常规 HE 染色切片镜检见有较多空泡而疑空气栓塞时，必须经脂肪染色（苏丹Ⅲ染色）证实，方可确定。

▶▶ 19.3 气胸、胸壁开放性损伤的检验

（1）需做气胸的案例

①疑有肋骨骨折断端刺破肺膜和肺组织者；

②大泡性肺气肿及肺脓肿破裂者；

③在颈、胸及上腹部进行过针刺治疗者。

（2）检查方法。应在开颅、开腹及解剖颈部之前进行。方法是：在胸部正中做一纵形切口，将皮下组织剥离至两侧腋中线处，提起使其形成袋状，盛水后用刀在水面下刺破肋间间隙，若有气泡冒出水面，即可证实所胸的存在。如有胸壁的损伤，则证明是开放性胸壁损伤。

（3）注意事项。剥离胸壁软组织时注意不要剥破肋间肌和胸膜，以免空气经破裂处进入胸腔造成假阳性结果。

▶▶ 19.4 心脏传导系统的检验

检查心脏传导系统病变，常须作大量切片染色，而且除完全房室传导阻滞外，其他传导紊乱不易查出。需要时可选切组织块作连续切片或间断连续切片检查。窦房结（SAN）位于上腔静脉与右心房交界的界沟或界嵴上方，也即右房最上方与上腔静脉连接处，其中心有右冠状动脉可助显示。取组织块时，可在上述部位纵切含上腔静脉及右房各半，宽约 3～4cm 之组织，纵切成 3～6 个

组织块包埋。

房室结，距冠状窦口约 5mm，距三尖瓣隔瓣附着缘月 4mm，向上距 Todaro 腱附着点约 1mm，向前距室间隔后缘 4mm。房室结右表面距心内膜面约 0.5mm。打开右心房及右心室流入道，可以看到房间隔的卵圆窝、冠状窦口、三尖瓣隔瓣、Todaro 腱，房室结位于上述三角区内，斜横卧于三尖瓣环口的上缘。

▶ 20. 特殊类型的法医学尸体检验

▶ 20.1 未知名尸体检查

不知姓名又一时无主认领的尸体，称为无名尸体。无名尸体的检验多见于人口流动量大、交通繁忙的城镇、车站、码头及江河湖泊，偶见于边远山区或野外荒地。除要解决一般法医尸检应解决的问题外，应重点注意发现个人特征，为查找尸源及认定死者提供线索和证据。具体步骤包括：

（1）注意尸体所处环境、位置，确定是否原始现场。

（2）分别拍摄死者的全身和面部照片。

（3）详细检查衣着服饰特征及随身所带物品，尽可能地发现有关线索。

（4）除常规尸检项目和内容外，重点检查尸体外表的个人特征。包括性别、身长、体型、体重、营养及发育状况、有无畸形、残废、头发类型及特点、脸型、肤色、眉、胡须、齿列、有无龋齿和义齿，手足的职业特点、指甲长短和形状，唇、甲有无染色，皮肤有无文身、特异瘢痕和其他病理改变及某种类与分布特点，戴饰物的类型和特征，尸体及衣物的卫生状况等。

（5）解剖中应特别注意胃内容物的种类、性状及消化程度，内脏器官有无寄生虫病，骨骼有无骨折及其部位损伤和愈合情况。

（6）采取血液、毛发作血型及 DNA 测定；采取指纹备作对比。

（7）女尸要检查有无妊娠及被奸情况。

（8）采取必要适量的检材辅助检验。

最后根据案情调查、现场勘查、尸体检验和辅助检验等作综合分析，提出个人识别的依据，确定死因，推测死者的年龄和死亡时间，判断案件性质。

▶ 20.2 碎尸检查

尸体受暴力作用而被分解成数段与数块，称为碎尸或肢体离断。既可见于刑事犯罪案例，亦可见于民事纠纷如工伤事件及交通事故，以及地震、洪涝等意外灾害时。偶见动物对尸体的毁坏、水中尸体如被轮船螺旋桨叶片切削或随急流冲击礁石等所致的碎尸。刑事案例中，法医检验碎尸的主要对象，是罪犯杀人作案后，为掩盖或毁灭罪行而移尸灭迹所致的碎尸。具体检验方法和步骤：

（1）现场勘查。了解案情后，认真仔细地进行现场勘查。碎尸案例的现场可有杀人、碎尸和转移、丢弃碎尸段块的几种现场。故在勘查现场时，应尽量找全尸块，以便获得个体识别和扩大侦破案件的线索。

（2）保留物证。检查转移、丢弃碎尸段块所用包装和容器的种类，常见的包装有衣服、布单、木箱、纸盒、纸箱、麻袋、塑料袋、尼龙袋及捆扎的绳索等。

（3）检查碎尸。先对碎尸的各部分逐段逐块地检查。根据形态学特征确定部位，观察各部位死后变化的程度、分布特点，表面有无损伤、病变及其形态特征，注意离断面的损伤特征、有无病变。对不同部位的各种损伤要注意区别是生前伤还是死后伤；是分尸形成的还是其他暴力所致。然后按解剖部位拼拢，检查有无残缺。待拍照后再进一步检查。对较完整的段块及器官，应按一般法医学尸体解剖常规进行检验。女尸要检查生殖器官，判断有无被强奸。新生儿尸体应注意是死产还是活产。

（4）检查碎尸的附着物。观察各碎尸段块的表面和离断面有无附着物及其种类、大小、颜色、形状，并收集、分装、编号送检和留作物证。如有衣服或衣服碎片，还应检验其衣着特点。

（5）采取必要足量的检材。如病理切片、生化或毒物化验检材等，但应视各个案例的具体情况而定。

（6）采取各种文证、物证。如票证、卡片、纸块、血痕、毛发、牙齿、指纹等并及时送检。

结合种属鉴定，所发现的碎尸段（块）是否人的肢体和内脏器官组织；是否属同一人；推测或确定尸体的性别、年龄、身长、职业、血型、容貌及其他个人特征；确定死亡原因、推测死亡方式和死亡时间、碎尸的工具、时间及其方法、罪犯的职业及碎尸的目的，并收集其他有关犯罪证据。

▶▶ 20.3 发掘尸体的检验

对死因或死亡方式有争议又未进行法医学尸体检验者；虽经检验，但未能澄清疑点或检验所获材料不齐或证据不足，需再次检验或复核检验者，解除各种怀疑和解决尸体发掘前提出的诸如死因、死亡方式等有关问题的工作称为发掘尸体检验。随着火葬的实行，尸体发掘现已较少见。检验的方法、步骤及其注意事项：

（1）详细了解案情、尸体发掘的目的，分析尸体发掘的价值及其可行性。

（2）遵守我国《尸体解剖规则》和当地的风俗习惯，全部发掘工作应在司法机关主持和有关人员的密切配合下进行。

（3）做好充分的准备工作，包括组织、思想、检验条件和检查器材、工具的准备。对可能难以解决的问题和疑点应事先向委托单位及有关人员解释说明，尽可能通知死者家属和（或）死者所在居委会或行政村派负责干部到场。

（4）尸体发掘前了解尸体埋葬的时间、地点、方式及埋葬处的水土情况：了解土埋尸体包装情况、棺葬者的棺材质地、衣着情况，有无随葬物品及其种类，并在尸体发掘时拍照、记录和检查。

（5）观察尸体死后变化的程度及有无损伤、毁坏。可搬动的尸体应抬出棺外检验。白骨化者应取出全部尸骨，或者应就地检验。

（6）具备解剖条件的尸体，应按一般法医尸体解剖常规进行，或者根据检验要求和尸体腐败程度，尽量进行检验。

（7）除进行一般项目检验外，对不同死因的尸体，应按不同的检验方法和步骤进行。如疑为机械性损伤致死的尸体，应检查各部位有无损伤，若有损伤要详细检查损伤的部位、数目、种类、形状及特点，但应注意动物对尸体的毁坏情况和腐败对尸体的影响。

（8）注意收集有关检材和物证。特别是对已腐败的尸体，应尽量采取可能发现的有价值的检材和物证。如骨骼的损伤、创腔内金属异物和肿瘤、结石、动脉粥样硬化等病变。对疑为中毒死亡的尸体，未腐败者可按常规取材，否则应根据尸体腐败的不同程度采取有关检材。除应收集尸体的毛发、骨骼、指甲和牙齿外，还应采取相应器官部位的肉泥或泥用作检验，同时采取棺外及附近的泥土作对照。

（9）检验结束后，应按照有关规定和当地习俗组织人力处理好尸体及坟墓。

▶▶ 20.4 传染病尸体检验

传染病尸体检验，在法医尸检中时有遇到，由于传染病的传染特点及其对人类的危害性，故应引起法医工作者的高度重视。既要做好自身防护工作，也要防止传染他人。在做尸体解剖时，除应按常规进行尸解外，在了解案情时，要详细了解有关临床病史和个人生活史，分析是否可能患有传染病。对任何疑为传染病死亡的尸体进行法医学检验时，一定要做好有关防护准备工作。

准备消毒器具和药品。

应有良好的工作环境和检验条件，如尸体最好搬运到条件较好的解剖室（中央空调、通送风设备良好）进行尸检，配备必要的防护工具和有关物品，如面罩、防护眼镜、防护衣等。

尸检工作人员要戴面具、防护眼镜、口罩、双层手套、穿长袖衣服并加穿一次性塑料或尼龙工作服。

尸检期间禁止其他非工作人员进入检验场所或解剖室。

尸检后，尸检工作人员要彻底洗手，消毒；对用过的解剖工具、解剖台及地面等要进行彻底消毒；对所有用过的一次性用品应送规定地点销毁；对尸体处理应用一次性塑料尸体袋包装，防止血液、体液污染地面和运尸工具。

尸检者应精通业务、技术熟练、操作准确、动作轻柔，勿使液体及组织外溅、减少地面和空气污染，避免自身损伤；应尽量使用器械操作，减少不必要的接触；取出病变内脏器官组织时要小心谨慎，取出后很快进行称重、测量大小、作外表观察和检验后，可不切开，立即放入缸或桶内固定。若急等检验结果，可将标本放在盛有固定液的大缸或大桶内数分钟再切取小块组织检材固定、制片、镜检。

▶ 21. 法医学尸体解剖检验结束前的工作

▶ 21.1 结合案情和现场情况，回顾尸体解剖工作中一般检查步骤和重点检查部位是否都已经进行或有遗漏。不但考虑阳性变化，而且考虑阴性内容。该检查的组织、器官是否全面检查；该提取需要做病理组织学检查、物证、毒化检验、细菌检查的组织、器官是否全面提取，需拍照的部位有无遗漏。

▶ 21.2 整复尸体外观，吸干体腔液体，将不需留查的器官放入体腔。不应将别的尸体标本放入体腔，以免再次解剖时引起纠纷。缝合包括生前皮肤损伤在内的一切皮肤切口，洗净尸体表面，擦干、着服待殓。

▶ 21.3 对于经过尸表检验和解剖后明确死因的尸体解剖，解剖后可将尸体检验结果口头报告给委托方，内容包括重要的阳性发现、初步判断和意见；对于经过尸表检验和解剖后不能明确的尸体解剖，应如实说明应该进一步做组织病理学检查或毒物化验，物证检验、细菌学检查，才能明确。

▶ 22. 组织病理学检材的采取、固定、送检

▶ 22.1 尸体解剖时取材注意事项

组织标本的选择十分重要，取材时需主要鉴定者本人操作或临场指导，以

便显微镜观察时进行对照。

检材包括各器官的不同组织。一般各器官都要在不同的部位切取组织块数块，备作切片检查。如某些器官的损伤或病变较复杂时，组织块的切取数目应相应增加，以便进行较全面的检查。

取材的部位应根据实际需要选择，所取组织一般应包括各器官的全部结构或全层，有浆膜的器官（如肺、肝等）组织块中要有一块带有浆膜；损伤与病灶区取材时要带周围的正常组织，如从创口取材，应与创口长轴相垂直并包含一定的创缘和创周组织，对索沟的取材应与索沟走行的方向垂直条状组织块（含索沟及两侧正常组织）制片检查。

切取的组织块的大小一般为 2cm×2cm，必要时可取较大面积的组织块，可较全面地观察病变，以便于以后修削制片组织块；切取组织块的厚度不宜太厚（尤其是肝、脾、肾等实质性器官，如果切取太厚，由于固定液不能短时间渗入组织内部，往往表面虽已固定，内部却继续自溶），一般组织块厚度为 0.2~0.3cm 为宜。

组织器官的切面方向，在管状器官一般横切，也可纵切如小肠因有环行皱襞故以纵切较好；肾纵切，脑一般取与表面和脑沟成直角的方向作垂直切面；肝、脾、胰等纵横切均可。

▶▶ 22.2 制片用组织块的取材注意事项

尸体解剖取出的完整器官一般在固定 3 天左右后，可进行组织病理学检验的检材采取；如果是尸检时已取的小组织块，可在固定 1~2 天后进行取材。

以不同形状或大小来区别双侧器官或同一器官的上下组织，如双侧器官，左边的切成四边形，右边的切成三角形，上端组织较下端组织取材大；如无法用形状或大小来区别时（如脑），可以编号、绘图标记或分别放置于不同的铜盒内。

尸体解剖时所取的小组织块，经固定后修削成制片用组织块的厚度一般不应超过 0.3cm（具体情况可根据组织的致密度而定），一般制片用的组织取材大小不大于 1.5cm×1.5cm×0.3cm。

取材的刀刃要锋利，不能来回切割或挤压组织，一般不要用剪刀挟剪取材，以免造成人工改变，避免干燥；对于不需要的其他周围组织，如附着的脂肪组织，可以切去以利于制片；包埋面要平整或在组织块的边缘或不重要的区域扎一大头针，以大头针针头指示包埋面。

供包埋的检材共同装入玻璃瓶内，特殊编号者连同签号分装于组织盒内，编号一律用碳素墨水书写，瓶上及瓶内注明解剖号，点交病理切片室制片。

■》22.3 组织病理学检材的种类和数量

常规病理组织学检材取材的种类和数量各单位可能有所不同，但一般包括以下器官或组织：

心。需取 7 块组织：左、右心房、右心室、左心室的前壁、侧壁、乳头肌及室间隔，必要时加取心脏传导系统、冠状动脉各支及有病变的部位。

肺。需取 5 块组织：左、右肺每叶各一块。

脑。取材块数一般应与本章中"脑的切开与检验"中表 19 - 1 的要求一致，如中枢神经系统肉眼观察无明显病变，一般取大脑顶叶、基底节、桥脑、延髓及小脑各一块。

双侧器官。左、右器官各取一块。如肾、肾上腺、卵巢、输卵管、睾丸等。

其他器官。一般情况下，肝、脾、胰腺、食管、胃、各段小肠、大肠、甲状腺、胸、胆囊、膀胱、前列腺、子宫、宫颈等各取一块，但在有病变或损伤时可根据需要决定。

根据具体情况，上述检材一般都要取，但不一定都作切片，可根据诊断的需要酌情决定；在尸体解剖结束时死因仍不明者，需将全部检材制片观察，具体到某一器官肉眼观察有病变时，应在病变区及病变区周围适量增加取材数量。

■》22.4 标本检材的固定及送检

对于不能单独完成组织病理学检查的单位，如果需要进行这方面的工作，就要将尸体解剖时所取的器官或组织送往有关单位，此时，送检前的标本处理（固定）及送检工作需要按规定正确进行，以利于后期的工作。

（1）固定方法

①物理学方法，如低温冷冻，干冰（即固态二氧化碳）冰冻真空脱水，石蜡渗入法。

②化学方法，采用各种化学溶液做固定液，使组织细胞进入固定状态。

（2）送检

在一些尚不具备病理切片和染色实验条件的单位和地方，或某些案件需要送外地复核的器官组织，常需要将上述经固定的器官标本进行送检，在送检时应注意以下问题：

①送检时应附详细而准确的案情材料，包括案件经过、受伤情况、死亡发生的经过和死亡时间等，如为医疗纠纷案例，还应有病历的复印件。

②应同时送原尸体检验的记录，或记录摘要及有关照片。

③解剖时提取的器官、组织应及时用足量的固定剂固定，一般不少于器官组织总体积的 10 倍，次日应更换新鲜固定液继续固定数日，以得到较好的效果；固定器官组织用的器皿勿太小，组织宜用广口磨砂玻璃瓶盛装，切忌将较大的组织块紧塞在小口的小瓶中，这样做必然使组织变形且固定不良；勿使组织贴于瓶底或瓶壁，以免影响固定剂的渗入。在固定较精细的检材或用纯酒精为固定剂时，标本瓶底可垫以棉花，使固定剂能均匀渗入组织内。

④脑的固定应注意避免压迫而致变形，可用细线穿过基底动脉，单独放入一带盖的容器内，用容器盖压住细线两端，使脑呈悬浮状固定。对有空气的组织如肺等，可用线缚住重物使其下沉，避免其上浮而影响固定效果，也可将浸有固定剂的毛巾或棉花覆盖在肺上面，以利固定，或可从气管内以压力灌进固定液，使其得到良好的固定。细薄的组织如胃肠、皮肤等，为防止其弯曲扭转，应先展平于稍厚的纸片上，粘着后，再放入固定液中。

⑤对有蛛网膜下腔出血的脑，应注意在固定前用流水冲洗，除去凝血后仔细检查脑底动脉环及邻近脑动脉，同时注意检查椎动脉有无破裂，送检材时一定要送带有脑底动脉的全脑。

⑥在固定前将内脏实质器官（肝、脾、肾、胰等）以最大切面切开后再固定；心脏固定前需剪开；大脑如不用浮悬法固定则需在正中切开胼胝体有利固定液渗入，以防组织自溶。

⑦送检的器官组织应全面，一般应送全心和全脑标本（包括大小脑、脑干有脑底动脉），一般提倡送所有器官的标本，但也可根据肉眼所见损伤或病变酌情选送部分器官和部分标本，但至少应送检肺各叶、心、肝、脾、肾、胰腺、肾上腺、甲状腺、胃、肠等组织块，一个器官可同时送几个组织块。

⑧送检已固定好的标本时，应将固定液倒去用浸湿福尔马林液的药棉包裹，再以双层塑料袋包装（路途较近或亲自送检者，可不用药棉而直接装塑料袋送检），以简化送检程序。

⑨组织器官在解剖取材后应立即加固定液，如曾采取冰冻保存，或先用冰冻保存后再用固定剂固定的组织，一定要向送检的有关单位说明，因冰冻的组

织内会出现冰晶，如不说明可能会导致对观察结果的错误判断，并影响鉴定结论。

⑩如组织器官标本须寄送有关部门，可用石蜡将标本瓶口封住，外用棉花及油纸等包好，再放入木盒中，木盒空隙均有软物塞紧再邮寄。寄送标本时，要同时写一份法医学尸体解剖记录单，记录单内须详细写明死者姓名、性别、年龄、职业、案情经过、尸体剖验所见、送检组织块数目及固定液种类（尤其不是用福尔马林固定者）等。

▶ 23. 毒物化验检材的收取、保存、送检及检验

▶▷ 23.1 疑为中毒的尸体因故不能进行尸体解剖时，可从左侧第四或第五肋间隙，针头向背侧、略向下方刺入，从心腔内抽吸血液；并在耻骨上从膀胱内抽吸尿液。

▶▷ 23.2 取静脉血或心血 50～200ml，尿液和胆汁全部。肝、肾、肺、脑、心等脏器取 200～500g，不足者取全部。胃组织全部，为内容物搅匀后取 200～500g，不足者取全部。尸体上有可疑针孔时，取注射部位肌肉或组织 10～50g 和对照部位的肌肉或组织 100g。必要时用注射器抽取眼玻璃体全部。

▶ 24. 尸体检验鉴定文书

尸体检验鉴定文书室经过检验结合分析判断做出的专门性结论，是司法机关对案件进行审理的重要依据之一。主要有法医学鉴定书、法医学检验报告书、法医学分析意见书。

司法鉴定书一般由编号、绪言、资料（案情）摘要、检验过程、分析说明、鉴定意见、结尾、附件等部分组成。

▶▷ 24.1 编号（包括机构名称、日期和编号）：机构名称用缩略语、年份用 ［　］括起、编号由"专业名称缩略语＋司法鉴定文书性质缩略语＋编号"组成。

▶▷ 24.2 绪言，一般包括以下内容：

（1）编号；

（2）委托单位；

（3）委托日期；

（4）送检人；

（5）送检材料；

（6）委托要求；

（7）鉴定开始日期。

▶▶ 24.3 资料摘要

系对委托书附件（如司法机关立案卷宗、书证复核材料、旁证材料）、口述材料（如被告人供述、当事人陈述）等的摘要。所有摘要均需注明出处，重点摘录有助于说明鉴定结果的内容，引用材料应客观全面。

（1）案情摘要：一般情况下都需要。

（2）病史（伤情）摘要、书证摘要：常见于法医临床学和法医病理学专业。

（3）被鉴定人概况、调查材料摘要（要制作询问笔录）：常见于司法精神病专业。

▶▶ 24.4 检验过程：检验过程是司法鉴定文书的核心，其检查和测试结果直接关系到鉴定结论。

（1）检材处理和检验方法：经典方法只列司法鉴定文书的核心，其检查和测试结果直接关系到鉴定结论。

（2）检查和测试所见：指通过肉眼、各种技术测试方法、专用设备等，观察、检查或检测到的客观事物的真相。有关专业内容举例：

①法医病理学鉴定：如尸表检验、尸体解剖、显微病理学观察、组织化学检查、病原学检查、毒物化验、物证检验、其他特殊检验等（现场勘验记录、尸体解剖记录等可以单列）。

②法医临床学鉴定：如体格检查、专科检查、临床辅助检查等。

③法医精神病鉴定：如精神状态检查、心理测验、临床辅助检查等。

④法医物证鉴定：如形态分析、化学分析、仪器分析等。

⑤法医毒物鉴定：如毒物、毒品的形态分析、化学分析、仪器分析、免疫分析等。

▶▶ 24.5 分析说明：分析说明是司法鉴定文书的关键部分，是检验司法鉴定书质量好坏的标志之一。分析说明是根据上述资料摘要以及检查和测试结果，通过阐述理由和因果关系，解答鉴定（检验、书证审查、咨询）事由和有关问题，必要时应指明引用理论的出处。

▶▶ 24.6 鉴定意见：根据客观事实检查的结果和说明之理由，得出有科学根据的意见及其依据。

➤ 24.7 结尾

（1）在文书的最后签署司法鉴定人的技术职称，并签名。

（2）在司法鉴定人签名处加盖相应的司法鉴定章。

（3）在司法鉴定专门机构名之后写上文书的制作日期。

➤ 24.8 附件：包括图、照片、音像资料、退还的检材和参考文献等。

➤ 25. 尸体检验档案及标本管理

➤ 25.1 档案管理

尸体检验的档案包括委托书、现场勘验记录、尸体解剖记录、鉴定书、照片、底片、声像材料等。必要时应附上案情调查记录、预审笔录、病史及其他有关材料。

➤ 25.2 标本管理

《解剖尸体规则》第七条规定："凡病理解剖或法医解剖的尸体，可以留取部分组织或器官作为诊断及研究之用。但应以尽量保持外形完整为原则。如有损坏外形的必要时，应征得家属或死者生前所在单位的同意。"

法医尸体解剖后应保留必要的标本，以备要求出示或供重新鉴定。

大体标本由于体积较大，除某些特殊案例必须留作证据外，多在解剖后放回尸体体腔内，与尸体一起处理。

组织切片体积较小，可以大量长期保存。

作为证据的标本必须妥善保管，不能毁坏或丢失。

尸体解剖后不得将其他尸体的器官放入此次解剖尸体体内。

➤ 26. 鉴定人出庭作证

➤ 26.1 接到人民法院的出庭通知，鉴定人应当出庭。确因特殊情况无法出庭的，应当及时向法庭书面说明理由。

➤ 26.2 鉴定人出庭前应当做好如下准备工作：

（1）复习鉴定过程所涉及的全部档案资料和有关文献，特别是鉴定书中引用的各类报告和数据。

（2）向公诉人或者其他出庭检察员了解该案的进展情况及对鉴定的异议；

（3）注意出庭仪表，克服自身不良习惯，按照法律条文证明自己的鉴定人资格。

➤ 26.3 被聘请的法医或医师出庭，应当携带必要的材料，包括：

（1）聘请书；

（2）《鉴定书》；

（3）与该人身检查有关的学术著作和技术资料；

（4）能够反映被聘请人专门知识水平与能力的有关材料。

▶▶ 26.4 出庭时，应当回答审判人员、检察人员、当事人和辩护人、诉讼代理人依照法定程序提出的有关鉴定的问题；对与鉴定无关的问题，鉴定人有权拒绝回答。

▶▶ 26.5 鉴定人员因在诉讼中作证，本人或者其近亲属的人身安全面临危险的，可以请求法律保护。

▶ **27. 相关文书详见附录一检察技术办案文书归类**

四、人身检查操作规程

【定义】人身检查是指侦查人员为了确定被害人、犯罪嫌疑人人身的某些特征、伤害状况或生理状况，依法对其人身进行检查的侦查活动。某些特征主要是指被害人、犯罪嫌疑人的体表特征，如相貌、肤色、特殊痕迹、肌体有无缺损等。伤害情况主要是指伤害的位置、程度、伤势形态等，多针对被害人进行。生理状态主要是指有无生理缺陷，如智力发育情况、各种生理机能等。

▶ **1. 人身检查的主体**

检察机关进行人身检查应当由检察人员进行，或者在检察人员的主持下，由聘请的法医或医师依法进行。

▶ **2. 人身检查的对象**

（1）犯罪嫌疑人；

（2）被害人。

▶ **3. 检查人员应当遵循《中华人民共和国刑事诉讼法》和《人民检察院刑事诉讼规则（试行)》等关于检察人员回避的规定**

聘请的法医或医师与本案有利害关系或与本案当事人有其他关系，可能影响公正检查的，不能担任检查人员，应主动申请回避或要求其回避。

▶ **4. 人身检查受案范围**

（1）人民检察院依法直接受理侦查的各类案件；

（2）人民检察院依法办理的审查批捕、审查起诉的各类案件；

（3）人民检察院依法办理的控告、申诉、监所等检察业务案件；

（4）人民检察院依法办理的其他案件；

（5）各级人民检察院检察长或检察委员会交办的案件。

▶ 5. 人身检查的聘请与批准

▶ 5.1 办案人员或部门根据案件需要，可以聘请本单位、其他检察机关的检察技术部门法医，或聘请具有相关资质的医师，协助进行人身检查。

▶ 5.2 受理人身检查时，技术部门应当要求办案人员或单位提供以下材料

（1）介绍信；

（2）案情；

（3）被检查对象的情况；

（4）检查目的和要求。

▶ 5.3 被聘请人享有下列权利

（1）了解与鉴定有关的案件情况，要求委托单位提供鉴定所需的材料；

（2）查阅与人身检查有关的案件材料，询问与鉴定事项有关的人员；

（3）对违反法律规定的案件、不具备检查条件或者提供虚假材料的案件，有权拒绝检查；

（4）法律、法规规定的其他权利。

▶ 5.4 被聘请人应当履行下列义务

（1）严格遵守法律、法规和相关规章制度；

（2）保守案件秘密；

（3）接受聘请单位与检查有关问题的咨询；

（4）出庭接受质证；

（5）法律、法规规定的其他义务。

▶ 6. 检察机关技术部门受理与批准

▶ 6.1 技术部门接受人身检查委托时，应当要求委托单位或部门提供《人身检查聘请书》。《聘请书》至少要包括以下内容：

（1）聘请时间；

（2）聘请单位、聘请人；

（3）案件名称和简要案情；

（4）人身检查对象的情况；

（5）人身检查目的和要求；

（6）领导审批意见；

（7）人身检查时间；

（8）受理人。

▶6.2 检察机关技术部门在接受聘请单位或部门的人身检查请求后，应当经部门负责人审批后及时指派具有相关技术能力的检察技术人员承担；本院技术力量不足或技术人员不具备相应技术能力的，可以请求上级检察技术部门支持或聘请其他具有相应技术能力的法医、医师。

▶6.3 请求上级检察技术部门支持的，需说明原因并填写《人身检查聘请书》，经分管副检察长审批后，连同相关材料一同移交至上级技术部门。委托上级技术部门的，实行逐级受理制度。

▶6.4 聘请其他法医、医师的，经分管副检察长审批后，聘请具有相应技术能力的人员进行。对于聘请的人员，应当进行资质审查。

▶6.5 检察机关技术部门接受人身检查聘请时，应填写本部门的《人身检查受理登记表》。《登记表》至少应包括以下内容：

（1）聘请时间、聘请单位或部门、聘请人；

（2）案件名称；

（3）人身检查对象的情况（姓名、年龄、民族、性别、文化、职业、职务等）；

（4）人身检查目的和要求；

（5）人身检查时间、地点；

（6）被聘请人；

（7）领导审批意见。

▶6.6 检察机关技术部门在接受聘请后，应当做好以下工作：

（1）了解案件性质及其他诉讼情况；

（2）听取聘请人介绍有关案情，说明人身检查具体工作要求；

（3）确定是否符合人身检查办案条件。

▶6.7 检察机关技术部门或技术人员对有下列情况之一的聘请，应当报请部门负责人批准不予受理，并向聘请部门说明理由：

（1）聘请案件不具备人身检查办案条件的；

（2）要求检查内容不属于专门性技术问题的；

（3）现有技术条件难以实现委托目的的；

（4）委托单位或部门未提供《人身检查聘请书》及其他必要材料的；

（5）具有不宜由技术部门受理的其他情形。

▶ **7. 人身检查前准备工作**

▶ 7.1 在进行人身检查前，被聘请人应了解案件性质及其他诉讼情况，了解有关案情、调查情况等，明确人身检查具体工作要求、目的。

▶ 7.2 被聘请人进行人身检查前的准备工作一般包括以下内容：

（1）详细听取聘请单位或部门的办案人员介绍案情、案件调查情况、人身检查对象的情况、测试目的和要求；

（2）阅读案卷材料，重点包括：人身检查对象的情况、供述笔录；证人陈述笔录；受害人陈述笔录；其他有关的调查材料；

（3）如果有犯罪现场，应到现场实地观察，准确了解或核实犯罪情节；

（4）必要时，应访问第一到达犯罪现场的人员，了解犯罪现场原始状态；

（5）检查伤害情况的，应当了解伤害的形成过程，有无致伤工具等。

▶ 7.3 根据人身检查的目的和要求，准备好相关检查设备，检验所用的计量器械须按照规定进行检定或校准。

▶ **8. 人身检查的操作实施**

▶ 8.1 人身检查应当由二名以上检察办案人员执行。

▶ 8.2 人身检查之前，办案人员应当填写《人身检查通知书》，告知被检查人人身检查的原因、权利和义务。

▶ 8.3 进行人身检查之前，办案人员应当对被检查人员进行专门的安全检查，在安全检查之后，再进行人身检查。

▶ 8.4 进行人身检查时应当邀请与案件无关的见证人在场，由于客观原因无法由符合条件的人员担任见证人的，应当在检查笔录中注明情况，并对相关活动进行录像。

▶ 8.5 人身检查应当根据检查的内容和目的，依据有关法律、法规以及行业标准实施。

▶ 8.6 人身检查的内容主要包括：

（1）损伤的种类：钝器伤、锐器伤、勒伤、灼伤等；

（2）损伤程度：轻微伤、轻伤、重伤；

（3）损伤的形成：自伤、他伤、意外伤等；

（4）损伤的位置；

（5）受伤的时间；

（6）人体特征：肤色、胎记、文身、特殊痕迹、肌体有无缺损等；

（7）生理状态：有无生理缺陷，智力发育情况，精神状况等。

▶ 8.7 强制人身检查的对象、程序：

（1）在人身检查中，当犯罪嫌疑人拒绝进行人身检查时，应当由主持检查的办案人员根据具体情况采取有效措施，向犯罪嫌疑人讲明检查的目的、意义，如果犯罪嫌疑人经教育仍拒绝检查，经办案部门负责人批准，可以强制检查，并将强制检查的情况如实记录在检查笔录中。

（2）对于被害人不得强制进行人身检查。

▶ 8.8 进行人身检查时，根据案件情况需要，可以进行拍照、摄像，对体表损伤，肢体畸形、缺损或者功能障碍应当拍摄局部照片。

▶ 8.9 人身检查需要被检查人暴露身体或者隐私部位的，应当事先经检察长批准。在情况紧急，延误检查可能影响重要事实的查明时，可以先行实施，然后及时报请检察长并提供相关证明材料。

▶ 8.10 在人身检查过程中发现需要进行鉴定的，应依据《人民检察院鉴定规则（试行）》启动相关技术鉴定办案程序。参与人身检查的法医不得作为该案鉴定人。

▶ 8.11 如果被检查人认为检查程序违法，可以向实施检查行为的检察机关或上级检察机关提出复核申请。

▶ **9. 生物样本的采集**

▶ 9.1 进行人身检查时，可以提取指纹信息，采集血液、尿液等生物样本。

▶ 9.2 采集生物样本的目的仅限于调查或证明与案件有关的事实，不得挪作他用，检查人员对收集和使用该样本的过程中知晓的个人隐私具有保密义务。

▶ 9.3 对于采样行为需要侵入人体体内、并可能对身体健康造成伤害，或者采样行为对人体隐私造成一定干预的，由办案人员向部门负责人提出书面申请，由部门负责人审批后再行实施。

▶ 9.4 采集一般生物样本，如毛发、唾液、尿液等，可以由检查人员采用一般方法进行，如涉及特殊生物样本，如采集血液等生物样本时应当由聘请的法医、医师或相关领域专家按照行业操作标准进行。

▶ 9.5 提取指纹可以使用《十指指纹信息卡》或者活体指纹采集仪提取。

使用活体指纹采集仪采集的，应当符合《中华人民共和国公共安全行业标准：活体指纹图像采集技术规范（GA/T625－2010）》等相关行业标准。

▶▶ 9.6 血液样本采集

（1）血液样本的采集应当由聘请的法医或医师，能熟练进行血液样本采集具体操作的人员实施；

（2）血液样本采集前采样人员应当明确血液样本采集的目的和要求，根据不同的检验目的选择合适的采血容器；

（3）采样所用器材设备必须符合耳部有关的医疗规范，使用一次性采血设备，保证被采样人的健康和安全；

（4）血液采集完毕后应当在采血容器上标注被采集人姓名、性别、年龄、采集时间、采样人员签名等；

（5）采样完成后，应当正确处理，尽快送检；

（6）采样人员应当保护被采集人的隐私，保证采集过程中将被采集人的损伤降低到最小，严格遵守规范操作。

▶▶ 9.7 特殊生物样本采集，可能对被检查人的生命健康造成威胁的，应当采取选择对被检查人权利损害最小的方式。

▶▶ 9.8 采集的生物样本应当按照相关行业技术标准、规范进行固定、提取和保存。

▶▶ 9.9 采集的生物样本应当进行标识，标识内容包括：案件名称、样本名称、数量、采集地点、采集方法、采集日期和时间、样本编号、办案人员签名、采集人员签名、被检查人员签名等。

▶ 10. 人身检查笔录的制作与归档

▶▶ 10.1 人身检查的情况应当制作《人身检查笔录》，由参加检查的人员、被检查人和见证人签名或者盖章。被检查人拒绝签名的，应当在笔录中注明。

▶▶ 10.2 制作人身检查笔录应当语言规范、内容完整、描述准确、论证严谨、意见客观。笔录中记载的情况要与检查对象相吻合，无错记、漏记等情况。

▶▶ 10.3 检查笔录的内容应当包括：

（1）案由；

（2）检查时间；

（3）检查地点；

（4）检查人员的姓名、单位、职务；

（5）被检查人情况（姓名、年龄、民族、性别、文化、职业、职务等）；

（6）检查内容；

（7）检查结果。

▶▷ 10.4 人身检查工作结束后，应当将案件有关材料、检查资料以及检查记录、图片或者照片等，按照人民检察院档案管理的相关规定制卷归档。

▶ 11. 人身检查人员的出庭

▶▷ 11.1 接到人民法院的出庭通知，人身检查人员应当出庭。确因特殊情况无法出庭的，应当及时向法庭书面说明理由。

▶▷ 11.2 人身检查人员出庭前应当做好如下准备工作：

（1）熟悉人身检查情况；

（2）向公诉人或者其他出庭检察员了解该案的进展情况及对人身检查的异议；

（3）针对出庭可能遇到的问题，拟定解答提纲。

▶▷ 11.3 被聘请的法医或医师出庭，应当携带必要的材料。包括：

（1）聘请书；

（2）《人身检查笔录》；

（3）与该人身检查有关的学术著作和技术资料；

（4）能够反映被聘请人专门知识水平与能力的有关材料。

▶▷ 11.4 出庭时，应当回答审判人员、检察人员、当事人和辩护人、诉讼代理人依照法定程序提出的有关人身检查的问题；对与人身检查无关的问题，可以拒绝回答。

▶▷ 11.5 人身检查人员因在诉讼中作证，本人或者其近亲属的人身安全面临危险的，可以请求法律保护。

▶ 12. 人身检查注意事项

▶▷ 12.1 检查妇女的身体，应当由女工作人员或者医师进行。

▶▷ 12.2 检查未成年人身体时应注意：

（1）应当通知其法定代理人到场，告知法定代理人依法享有的诉讼权利和应当履行的义务；

（2）无法通知、法定代理人不能到场或者法定代理人是共犯的，也可以通知未成年人的其他成年亲属，所在学校、单位或者居住地的村民委员会、居民委员会、未成年人保护组织的代表到场，并将有关情况记录在案；

（3）到场的法定代理人或其他人员可以代为行使未成年人的诉讼权利，行使时不得侵犯未成年人的合法权益；

（4）到场的法定代理人或者其他人员认为办案人员在检查中侵犯未成年犯罪嫌疑人合法权益的，可以提出意见；

（5）检查笔录应当交由到场的法定代理人或者其他人员阅读或者向其宣读，并由其在笔录上签字、盖章或者捺指印确认。

▶▶ 12.3 检查聋、哑人身体，人民检察院应当为其聘请通晓聋、哑手势且与本案无利害关系的人员进行翻译。翻译人员的姓名、性别、工作单位和职业应当记录在案。翻译人员应当在检查笔录上签字。

▶▶ 12.4 下列人员不得担任见证人：

（1）生理上、精神上有缺陷或者年幼，不具有相应辨认能力或不能正确表达的人；

（2）与本案有利害关系，可能影响案件公正处理的人；

（3）其他具有不适宜担任见证人情况的。

▶▶ 12.5 人身检查应当选择对被检查人权利损害最小的方式，不得采用损害被检查人生命、健康或贬低其名誉或人格的方法。

▶▶ 12.6 在人身检查过程中知悉的被检查人的个人隐私，检察人员应当保密。

　　■▶ 13. 人身检查相关文书详见附录

五、电子数据勘验检查操作规程

【定义】电子数据现场勘查——电子数据勘验是指在检察机关负责侦查的案件中，为判断案件性质，确定办案方向，提供线索和证据，由检察技术人员协助侦查人员按照勘验工作要求，根据相关理论和方法，利用各种技术手段，及时发现、提取、固定与案件相关的电子数据的活动。

　　■▶ 1. 委托与受理

▶▶ 1.1 委托

进行电子数据勘验，侦查部门应当提交《委托勘检书》。

▶▶ 1.2 受理

▶▶ 1.2.1 检察技术部门收到《委托勘检书》后，认为具备勘验技术条件的，应当填写《现场勘检委托受理登记表》，并指定二名以上具备电子数据勘验专业知识和技能的检察技术人员协助进行勘验。必要时，可以指派或聘请具有专门知识的其他人员参加。

▶ 2. 现场勘查过程

▶ 2.1 受理勘验委托后，检察技术人员应当了解基本案情，并根据侦查部门要求和实际情况，明确勘验对象，制定勘验方案。

▶ 2.2 勘验在侦查人员主持下进行，并邀请二名与案件无关的公民作见证人。公安司法人员不能充当见证人。检察技术人员应当协助侦查人员进行现场保护，参与现场访问和临场讨论等活动。

▶ 2.3 电子数据勘验范围：

（1）场所勘验，即对涉及电子数据的场所进行勘验；

（2）存储介质或者设备勘验，即对涉及电子数据的计算机、网络系统等设备或者存储介质的外在状况进行勘验；

（3）数据内容勘验，即对涉及电子数据的计算机、网络系统等设备或者存储介质内含的数据内容进行勘验。

▶ 2.4 电子数据勘验应当根据实际情况，选择并依次进行以下程序：

（1）场所勘验，保护现场；

（2）提取、固定易丢失数据；

（3）存储介质或设备勘验，收集证据；

（4）数据内容勘验，提取固定证据。

▶ 2.5 场所勘验，保护现场

▶ 2.5.1 对现场状况以及提取数据、封存物品文件的过程、在线分析的关键步骤应当录像，录像带应当编号封存。

▶ 2.5.2 电子数据场所勘验，应当详细记录勘验时间、勘验地点、相关人员、现场环境、电子数据存储介质或设备的存放地点、方位等，并按规范要求拍摄现场照片或绘制现场图。在现场拍摄的照片应当统一编号制作《勘验检查照片记录表》。

▶ 2.6 提取、固定易丢失数据

▶ 2.6.1 在现场提取的易丢失数据以及现场在线分析时生成和提取的电子数据，应当计算其完整性校验值并制作、填写《固定电子数据清单》，以保证其完整性和真实性。

▶ 2.6.2 在线分析是指在现场不关闭电子设备的情况下直接分析和提取电子系统中的数据。除以下情形外，一般不得实施在线分析：

（1）案件情况紧急，在现场不实施在线分析可能会造成严重后果的；

（2）情况特殊，不允许关闭电子设备或扣押电子设备的；

（3）在线分析不会损害目标设备中重要电子数据的完整性、真实性的。

重要电子数据是指可能作为证据的电子数据。

▶≫ 2.6.3 易丢失数据提取和在线分析，应当依循以下原则：

（1）不得将生成、提取的数据存储在原始存储媒介中。

（2）不得在目标系统中安装新的应用程序。如果因为特殊原因，需要在目标系统中安装新的应用程序的，应当在《现场勘验检查笔录》中记录所安装的程序及其目的。

（3）应当在《现场勘验检查笔录》中详细、准确记录实施的操作以及对目标系统可能造成的影响。

▶≫ 2.7 存储介质或设备勘验，收集证据

▶≫ 2.7.1 电子数据存储介质或设备勘验，应当详细记录设备及其主要配件的名称、型号、数量、品牌和序列号，以及线路连接、网络结构和设备运行状况等，并按规范要求拍摄照片。

▶≫ 2.7.2 电子数据存储介质或设备处于关机状态，或关闭电源不会改变电子数据存储介质或设备内部重要数据的，检察技术人员应当协助侦查人员直接予以提取并编号封存。侦查人员、技术人员、见证人和持有人应当在密封件上签名或者盖章，并制作《提取电子数据清单》和《使用和封存记录》。持有人不在现场或拒绝签名的，应当注明。

▶≫ 2.8 数据内容勘验，提取固定证据

▶≫ 2.8.1 具有下列情况之一的，检察技术人员应当在现场进行数据内容勘验：

（1）直接提取电子数据存储介质或设备确有困难的，或因保密要求不能提取的；

（2）情况特殊，不允许关闭电子数据存储介质或设备的电源，或者关闭电源会导致重要数据丢失或改变的；

（3）因特殊网络环境要求，必须通过专门的网络或网络终端才能访问的计算机、网络系统；

（4）情况紧急或其他原因，必须在现场进行勘验的。

▶≫ 2.8.2 无法进行现场数据内容勘验的，检察技术人员可以通过网络进行远程勘验。

▶ 2.8.3 现场无法制作复制件的，检察技术人员可以进行现场检验分析，现场检验分析或通过网络远程检验分析应当遵循以下原则：

（1）检验分析应当使用安全的设备和软件，严格按照相应的技术操作规范进行，并详细记录操作过程；

（2）检验分析应当避免在目标设备或系统上安装程序。特殊情况需要安装程序的，应当详细记录安装程序的名称、目的、安装目标位置以及程序运行可能造成的影响；

（3）检验分析应当收集可能与案件关联的全部数据内容。

▶ 2.8.4 数据内容勘验应当详细记录目标设备或系统的名称、操作系统版本、系统时间及误差等信息。远程勘验计算机网络系统，还应当详细记录目标网络地址、网络域名、网络运营商、网络路径、服务器名称、系统环境、系统设置等信息。

▶ 2.8.5 检察技术人员应当采取以下方式，及时固定检验分析过程中发现或生成的与案件相关的数据内容：

（1）完整性校验方式，即对关联数据进行完整性校验并记录的方式；

（2）拍照、录像、打印等方式，对无法复制提取的关联数据，可以根据实际情况采取拍照、录音、录像或打印等方式予以固定。

▶ 2.8.6 数据内容勘验重要步骤应当全程录像，录像资料应当编号保存。

▶ 2.8.7 数据内容勘验应当根据实际情况，选择并依次进行以下步骤：

（1）制作复制件；

（2）检验分析；

（3）固定与案件相关联的数据内容。

▶ 2.9 现场勘验工作记录

▶ 2.9.1 检察技术人员应当严格按照技术规范制作电子数据存储介质或设备的复制件，并制作相应的工作记录。复制件存储介质应当编号、封存，侦查人员、技术人员、见证人和持有人应当在密封件上签名或者盖章，并制作《固定电子数据清单》和《使用和封存记录》。持有人不在现场或拒绝签名的，应当注明。

▶ 2.9.2 现场勘验检查结束后，应当及时制作《现场勘验检查工作记录》。《现场勘验检查工作记录》包括：

（1）《现场勘验检查笔录》；

（2）《固定电子数据清单》；

（3）《封存电子数据清单》；

（4）《勘验检查照片记录表》。

▶》2.9.3《现场勘验检查笔录》的内容一般包括：

（1）基本情况，包括勘验检查的地点，起止时间，指挥人员、勘查人员的姓名、职务，见证人的姓名、住址等；

（2）现场情形，包括现场的设备环境、网络结构、运行状态等；

（3）勘查过程，包括勘查的基本情况，易丢失证据提取的过程、产生的数据，在线勘验、检查过程中实施的操作、对数据可能产生的影响、提取的数据，封存物品、固定证据的有关情况等；

（4）勘查结果，包括提取物证的有关情况、勘查形成的结论以及发现的案件线索等。

▶ **3. 远程勘验**

▶》3.1 远程勘验的目的

远程勘验的目的是通过网络对远程目标系统实施勘验，以提取、固定远程目标系统的状态和存留的电子数据。

▶》3.2 远程勘验方法

▶》3.2.1 远程勘验过程中提取的目标系统状态信息、目标网站内容以及勘验过程中生成的其他电子数据，应当计算其完整性校验值并制作《固定电子数据清单》。

▶》3.2.2 应当采用录像、照相、截获计算机屏幕内容等方式记录远程勘验过程中提取、生成电子数据等关键步骤。

▶》3.3 远程勘验工作记录

▶》3.3.1 远程勘验结束后，应当及时制作《远程勘验工作记录》。《远程勘验工作记录》由下列表格及截获的屏幕截图等内容组成：

（1）《远程勘验笔录》；

（2）《固定电子数据清单》；

（3）《勘验检查照片记录表》。

▶》3.3.2《远程勘验笔录》的内容一般包括：

（1）基本情况，包括勘验的起止时间，指挥人员、勘验人员的姓名、职务，勘验的对象，勘验的目的等；

（2）勘验过程，包括勘验使用的工具，勘验的方法与步骤，提取和固定数据的方法等；

（3）勘验结果，包括通过勘验发现的案件线索，目标系统的状况，目标网站的内容等。

▶ 4. 电子数据检查

▶▶ 4.1 电子数据检查要求

办案人员将电子数据移交给检查人员时应同时提供《固定电子数据清单》和《封存电子数据清单》的复印件，检查人员应当依照以下原则检查电子数据的完整性：

（1）对于以完整性校验方式保护的电子数据，检查人员应当核对其完整性校验值是否正确；

（2）对于以封存方式保护的电子设备或存储媒介，检查人员应当比对封存的照片与当前封存的状态是否一致；

（3）存储媒介完整性校验值不正确、封存状态不一致或未封存的，检查人员应当在《电子数据检查笔录》中注明，并由送检人签名。

▶▶ 4.2 电子数据检查内容

（1）检查、分析电子数据中包含的电子数据，提取与案件相关的电子数据；

（2）检查、分析电子数据中包含的电子数据，制作《电子数据检查笔录》描述检查结论。

▶▶ 4.3 电子数据检查工作记录

▶▶ 4.3.1 从电子数据中提取电子数据，应当制作《提取电子数据清单》，记录该电子数据的来源和提取方法。

▶▶ 4.3.2 应当及时制作《电子数据检查工作记录》。《电子数据检查工作记录》由以下内容构成：

（1）《电子数据检查笔录》；

（2）《提取电子数据清单》；

（3）《封存电子数据清单》；

（4）《原始证据使用记录》。

▶▶ 4.3.3《电子数据检查笔录》的内容一般包括：

（1）基本情况，包括检查的起止时间，指挥人员、勘验人员的姓名、职务，检查的对象，检查的目的等；

（2）检查过程，包括检查过程使用的工具，检查的方法与步骤，提取数据的方法等；

（3）检查结果，包括通过检查发现的案件线索，提取的信息内容等。

▶ 5. 电子数据勘验检查记录

▶ 5.1 检查记录基本要求

▶▶ 5.1.1 《现场勘验检查工作记录》《远程勘验工作记录》《电子数据检查工作记录》应当加盖骑缝章后由至少两名勘验、检查人员签名。《现场勘验检查工作记录》应当由至少一名见证人签名。

▶▶ 5.1.2 勘验结束后，检察技术人员应当及时协助制作《电子数据勘验笔录》，参与勘验的侦查人员、技术人员、见证人均应当签名或盖章。

▶ 5.2 《电子数据勘验笔录》内容

（1）前言部分：笔录文号、勘验事由、勘验起止时间、勘验地点、组织指挥人员等；

（2）正文部分：一般勘验过程和勘验结果；勘验过程包括使用的设备和软件工具的名称、型号、版本号，发现、提取、分析、固定证据的形式、方法和步骤等；勘验结果包括勘验分析结果和形成的证据资料；

（3）结尾部分：提取固定电子数据情况，制图和照相的数量，录像、录音的时间。笔录人、制图人、照相人、录像人、录音人、全程录音录像人，执行勘验任务人员的单位、职务及签名，电子数据持有人的名称及签名或盖章，见证人性别、年龄、住址及签名。

▶ 5.3 《电子数据勘验笔录》的附件

（1）现场照片、设备照片、现场图及其《现场勘查照片记录表》；

（2）《提取电子数据清单》；

（3）《固定电子数据清单》；

（4）《使用和封存记录》；

（5）勘验过程的录音录像资料。

▶▶ 5.3.1 《现场勘查照片记录表》应当记录该相片拍摄的内容、对象，并编号入卷。拍摄的照片可以是数码照片或光学照片。

▶▶ 5.3.2 提取的关联数据应当另存于安全的存储介质中加以固定，存储介质或固定的其他证据资料应当编号，必要时予以封存，侦查人员、技术人员、见证人和持有人应当在密封件上签名或者盖章，并制作《固定电子数据清单》和《使用和封存记录》。持有人不在现场或拒绝签名的，应当注明。

▶▶ 5.3.3 以录像、照相及文字的方式记录电子数据现场勘查全过程，填写《固定电子数据清单》。《固定电子数据清单》应当记录的内容：

（1）受理编号；

（2）固定电子数据的编号、名称、类型及其存储介质的编号、名称、品牌、型号、序列号、封存状况；

（3）固定电子数据的来源，包括原数据存储设备的名称、品牌、型号、序列号及其存储的路径。

▶▶ 5.3.4 《提取电子数据清单》应当记录以下内容：

（1）受理编号；

（2）提取物品编号；

（3）提取设备的名称、数量、品牌、型号、序列号等；

（3）封存状况。

▶▶ 5.3.5 《使用和封存记录》应当记录以下内容：

（1）受理编号；

（2）电子数据存储介质或设备编号、名称、品牌、型号和序列号等；

（3）使用情况以及使用人；

（4）启封、封存时间、地点以及操作人。

▶▶ 5.4 《电子数据勘验笔录》及其附件应当送侦查部门，检察技术部门应当保存复制件连同相关资料存档备查。

▶ **6. 电子数据的保存和管理**

▶▶ 6.1 这里的电子数据包括电子数据、电子介质和电子设备。

▶▶ 6.2 电子数据的保存和管理的基本原则

（1）安全要求。检察技术部门提取到电子数据后，有责任保证电子数据存放安全，避免电子数据在保存过程中退化、丢失和损坏。

（2）保密要求。检察技术部门应对电子数据及其他技术资料和数据采取保密的隔离保管措施。

▶▶ 6.3 电子数据保存要求

（1）电子数据必须专人管理，做好登记，妥善保存，并填写《电子数据管理文档》；

（2）为电子数据粘贴上唯一标识，标明案号及编号；

（3）对接收电子数据时的照片进行存档，照片一般应包含检材的特征，若不符合要求需要重新拍照留存；

（4）在不使用电子数据时，需要将其存放在防潮、防震、防静电、防磁的电磁屏蔽环境中；

（5）电子数据应远离高磁场、高温、灰尘、积压、潮湿、腐蚀性化学试剂等。

▶▶ 6.4 电子数据管理要求

（1）原始电子数据和镜像盘必须保存在有安全控制措施的房间和保管柜中，人员及电子数据的出入必须留有记录。

（2）包装电子数据时，应填写电子数据管理文档，该文档用于记录电子数据管理的重要信息，主要包括提取电子数据的人员、借出时间、归还时间等。

（3）为确保电子数据传递环节的清晰明确，每次电子数据的借用都必须登记，填写《电子数据借用登记表》，经由检察技术部门负责人批准，由档案管理人员真实详细地填写《电子数据管理文档》，并由使用电子数据的人员和档案保管人员共同签名。

（4）在每次使用电子数据前后都必须对照《电子数据移交清单》核对电子数据的数量和标识。

（5）《电子数据管理文档》必须妥善保存。

▶ **7. 电子数据勘验检查相关文书和表格详见附录一检察技术办案文书归类**

附录 检察技术办案文书归类

一、检察技术通用文书

1.《检察技术通用审批表》格式

×××人民检察院检察文书审批表

文书名称				
案件名称				
拟稿单位拟稿人		拟稿时间	秘密等级	
承办人意见				
备注				

2.《不予受理通知书》格式

×××人民检察院
不予受理通知书

×检技不受〔××××〕×号

_____：

你单位（部门）委托的_____一案_____，因_____

_____，我部门不予受理。建议_____。（如无

建议则不填）

特此通知。

（印章）

××年×月×日

3. 《回避申请书》格式

×××人民检察院
回避申请书

×检技回避〔××××〕××号

_____:

  根据_____，我担任_____一案的_____，因____
_____，根据_____诉讼法第（ ）条之规定，申请回避。
当否，请批示。

××年×月×日

（印章）

检察长批示：

××年×月×日

4. 《补充材料通知书》格式

×××人民检察院
补充材料通知书

×检技补〔××××〕×号

_____:

你单位（部门）委托的_____一案_____，现缺少部分材料，请在_____年____月____日前按以下要求提供：_____。

联系人：_____

联系电话：_____

××年×月×日

（印章）

5.《终止办理申请表》格式

×××人民检察院终止办理申请表

委托单位		受理编号	
案件名称		受理时间	
委托要求		承办人	
终止理由			
建议			
备注			

6.《终止办理通知书》格式

×××人民检察院
终止办理通知书

×检技终〔××××〕×号

_____:

　　你单位（部门）委托的_____一案_____，因_____

_____，我部门终止办理。建议_____。（如无建

议则不显示）

　　特此通知。

（印章）

××年×月×日

7. 《延期办理申请表》格式

×××人民检察院延期办理申请表

受理编号		承办人	
案件名称		受理时间	
延期理由			
拟延长期限			
备注			

8. 《外聘专家申请表》格式

×××人民检察院外聘专家申请表

受理编号		承办人	
案件名称		受理时间	
委托要求			
聘请理由			
拟聘请专家名单			
专家意见用途			
备注			

审批日期：

9. 《材料移交清单》格式

×××人民检察院材料移交清单

×检技料单〔××××〕×号

序号	名称	材料编号	单位	数量	编码或文件名	封装情况	附照片	性状及特殊情况说明
1								
2								
3								
4								
移交人签字： ××年×月×日				上述材料已验收。 接收人签字： ××年×月×日				
备注								

填写说明：1. 涉及材料移送的情况下应填写本清单，包括受理、补充材料、终止办理、结案等阶段。

2. 材料包括送检材料、鉴定文书及其他材料。鉴定文书及其他材料包括检验报告、鉴定书、勘验检查笔录、工作说明、照片、录音录像资料、电子数据以及审查意见书、专家意见书。

二、检验鉴定专用文书

1. 《委托鉴定书》（两联）格式

××× 人民检察院
委托鉴定书
（正　本）

×检×委鉴〔××××〕×号

本院办理的＿＿＿＿＿＿＿一案，需对＿＿＿＿＿＿进行鉴定，根据《中华人民共和国刑事诉讼法》第一百四十四条的规定，现委托＿＿＿＿＿＿按下列要求进行鉴定。鉴定内容、目的：

＿＿＿＿＿＿＿＿＿＿＿＿。

×× 年 × 月 × 日
（印章）

第二联　送达受委托鉴定单位（人员）

××× 人民检察院
委托鉴定书
（副　本）

×检×委鉴〔××××〕×号

本院办理的＿＿＿＿＿＿＿一案，需对＿＿＿＿＿＿进行鉴定，根据《中华人民共和国刑事诉讼法》第一百四十条的规定，现委托＿＿＿＿＿＿按下列要求进行鉴定。鉴定内容、目的：

＿＿＿＿＿＿＿＿＿＿＿＿。

×× 年 × 月 × 日
（印章）

第一联　附卷

2.《鉴定聘请书》(三联)格式

×××人民检察院
鉴定聘请书

×检×鉴聘〔×××××〕×号

本院承办的_____(案件名称)_____一案,需要进行鉴定。

根据《中华人民共和国刑事诉讼法》第一百四十四条的规定,特聘请你为本案鉴定人,请鉴定下列内容:

_____。请于_____年_____月_____日前将书面的鉴定情况和意见送交我院。

××年×月×日
(印章)

第三联 交被聘请人

×××人民检察院
鉴定聘请书
(副本)

×检×鉴聘〔×××××〕×号

本院承办的_____(案件名称)_____一案,需要进行鉴定。

根据《中华人民共和国刑事诉讼法》第一百四十四条的规定,特聘请你为本案鉴定人,请鉴定下列内容:

_____。请于_____年_____月_____日前将书面的鉴定情况和意见送交我院。

××年×月×日
(印章)

本聘请书已收到。
被聘请人(签名)
年 月 日

第二联 附卷

×××人民检察院
鉴定聘请书
(存根)

×检×鉴聘〔×××××〕×号

案由

犯罪嫌疑人基本情况(姓名、性别、年龄、身份证号码、工作单位、住址、是否人大代表、政协委员)(当前嫌疑人的姓名)_____

鉴定内容、目的_____

被聘请人_____

单位及职务_____

鉴定意见提交时间_____

批准人_____

批准时间_____

办案人_____

办案单位_____

填发人_____

填发时间_____

第一联 统一保存

3. 《检验鉴定登记表》格式

×××人民检察院
检验鉴定受理登记表

×检技鉴受〔××××〕×号

案件名称		委托单位	
送检人		联系电话	
证件名称		证件号码	
通讯地址		邮政编码	
收案人		涉及专业	
承办人		受理时间	
简要案情			
原鉴定单位及鉴定意见			
送检材料或被检验鉴定对象基本情况			
委托要求			
收案人意见			
技术审查意见			
备　　注			

4.《司法鉴定委托受理合同》格式

×××人民检察院
司法鉴定委托受理合同

×检技鉴受〔××××〕×号

委托单位		送检人	
证件号码		联系电话	
通讯地址		邮政编码	
案件名称		送检时间	
简要案情			
原鉴定单位及结论			
送检材料			
委托要求			
鉴定/检验方法			

约定事项：

1. 鉴定工作按照《人民检察院鉴定规则（试行）》和国家、行业标准和/或本实验室的技术规范进行。

2. 委托方应如实提供案件有关情况和鉴定材料。因提供虚假情况或材料而产生的后果，由委托方负责。

3. 受理后，经审查，有下列情况之一的，鉴定方有权终止鉴定：出现不可抗力致使鉴定无法继续进行；需要补充鉴定材料而无法补充；当事人不配合鉴定工作；出现自身难以解决的技术问题。

4. □须进行部分损耗性检验的送检材料：_____。

5. □委托方申请鉴定人回避。申请回避鉴定人及理由：_____。

6. 鉴定期限：□自鉴定材料补全之日起个工作日完成；□双方协商：个工作日完成。

7. 鉴定费用_____元（不含鉴定人出庭费用，如出庭须另行支付）。

8. 鉴定文书发送形式：□自取　□函送　□其他。

送检人（签名）_____　　　受理人（签名）_____
　　年　月　日　　　　　　　　　　　　　　　年　月　日

备注	

310

5.《中止鉴定通知书》格式

×××人民检察院
中止鉴定通知书

×检技中〔××××〕××号

_____：

　　贵____于__年__月__日对_____一案的司法会计鉴定，因_____

_____，已经影响继续鉴定，故暂时中止鉴定。

　　特此通知。

××年×月×日

（印章）

6.《司法鉴定文书签发纸》格式

×××人民检察院司法鉴定文书签发纸

×检××〔××××〕×××号	缓急：	保存期限：
领导审核意见：	授权签字人签发意见：	承办意见：
承办部门：		承办人：

附　件：

发送单位：

文稿起草：	年　月　日	审核校对：		年　月　日
用印：	年　月　日	印发：　年　月　日		份数：

备注：

7.《检验报告》格式

×××人民检察院司法鉴定中心
××××检验报告

×检技鉴〔××××〕×号

委托单位：

委托日期：

送检人：

送检材料：

委托要求：

检验日期：

一、案情摘要

二、资料摘要（可选）

三、检验过程

四、检验结果

附件：

检验人：（技术职称可选）×××（签名）

××年×月×日

（司法鉴定专用章）

8.《鉴定书》格式

×××人民检察院司法鉴定中心
××××鉴定书

×检技鉴〔××××〕×号

委托单位：

委托日期：

送检人：

送检材料：

委托要求：

鉴定日期：

一、案情摘要

二、资料摘要（可选）

三、鉴定过程

四、分析论证（可选）

五、鉴定意见

附件：

鉴定人：（技术职称可选）×××（签名）

××年×月×日

（司法鉴定专用章）

9.《人民检察院分析意见书》格式

×××人民检察院司法鉴定中心
××××分析意见书

×检技鉴〔××××〕×号

委托单位：

委托日期：

送检人：

送检材料：

委托要求：

检验日期：

一、案情摘要

二、资料摘要（可选）

三、检验过程

四、分析说明

附件：

检验人：（技术职称可选）×××（签名）

××年×月×日

（司法鉴定专用章）

10. 《人民检察院鉴定文书修改申请表》格式

×××人民检察院司法鉴定中心
鉴定文书修改申请表

申请部门		申请时间	
申请人		鉴定书编号	
原委托单位		鉴定人	
申请人员证件及号码			〔本中心人员可不填〕
申请理由及修改内容	申请人： 日期：		
修改范围	□正本□副本□审批稿□电子文档□存档文稿 鉴定人： 年 月 日 授权签字人： 年 月 日		
审批意见	鉴定机构负责人： 年 月 日		
修改实施	文书修改	修改实施人： 年 月 日	
	电子档案修改	修改实施人： 年 月 日	
	备注		

11. 《人民检察院鉴定意见通知书》（四联）格式

×××人民检察院
鉴定意见通知书
（存　根）

×检鉴通〔××××〕×号

案由

犯罪嫌疑人基本情况（姓名、性别、年龄、住址、身份证号码、工作单位、是否人大代表、政协委员）（姓名1＋姓名2＋姓名3……全案嫌疑人）

鉴定内容

鉴定意见

批准人

批准时间

办案人

办案单位

填发人

填发时间

×××人民检察院
鉴定意见通知书
（副　本）

×检鉴通〔×××ｘ〕ｘ号

我院指派／聘请有关人员，对＿＿＿＿进行了＿＿＿＿鉴定。鉴定意见是＿＿＿＿。根据《中华人民共和国刑事诉讼法》第一百四十六条的规定，如果你对该鉴定意见有异议，可以提出补充鉴定或者重新鉴定的申请。

×××年×月×日

（印章）

通知书已收到。

被害人或其家属　犯罪嫌疑人

年　月　日　年　月　日

×××人民检察院
鉴定意见通知书

×检鉴通〔×××ｘ〕ｘ号

我院指派／聘请有关人员，对＿＿＿＿进行了＿＿＿＿鉴定。鉴定意见是＿＿＿＿。根据《中华人民共和国刑事诉讼法》第一百四十六条的规定，如果你对该鉴定意见有异议，可以提出补充鉴定或者重新鉴定的申请。

×××年×月×日

（印章）

×××人民检察院
鉴定意见通知书

×检鉴通〔×××ｘ〕×号

我院指派／聘请有关人员，对＿＿＿＿进行了＿＿＿＿鉴定。鉴定意见是＿＿＿＿。根据《中华人民共和国刑事诉讼法》第一百四十六条的规定，如果你对该鉴定意见有异议，可以提出补充鉴定或者重新鉴定的申请。

×××年×月×日

（印章）

12. 《撤销鉴定文书通知书》格式

×××人民检察院
撤销鉴定文书通知书

×检技撤〔××××〕×号

_____：

你单位（部门）委托的_____一案_____，因_____

_____，决定撤销_____（文书编号）____

____鉴定文书。

特此通知。

××年×月×日

（印章）

13. 《鉴定人出庭审批表》格式

×××人民检察院鉴定人出庭审批表

委托单位		案件名称	
受理编号		鉴定文书编号	自动生成
提请人		出庭鉴定人	
拟出庭地点		拟出庭时间	
出庭理由			
能否出庭	□能出庭　□不能出庭　理由 _____。		
备注			

14.《电子数据检材清单》格式

×××人民检察院司法鉴定中心电子数据检材清单

受理编号：   第　页　共　页

编号	检材名称	数量	品牌	型号	序列号	封存状况	记录材料清单	备注

移交单位_____　　移交人_____接收单位_____　　接收人_____　　___年_月_日

15. 《电子数据使用和封存记录》格式

×××人民检察院司法鉴定
中心电子数据使用和封存记录

受理编号　　　　检材编号　　　　检材名称　　　　第 页 共 页

启封时间	启封人	地点	使用人	使用情况	封存时间	封存人	地点	备注
年　月　日 　时　分					年　月　日 　时　分			
年　月　日 　时　分					年　月　日 　时　分			
年　月　日 　时　分					年　月　日 　时　分			
年　月　日 　时　分					年　月　日 　时　分			
年　月　日 　时　分					年　月　日 　时　分			

16. 《对外委托申请表》格式

×××人民检察院
对外委托申请表

原委托单位		案件名称	
收案人		收案编号	
原承办人		被委托单位	
对外委托事项	□病理检验　□毒物检验　□法医物证检验　□微量物证检验　□痕迹检验　□资产价格评估　□其他_____		
对外委托理由			
对外委托要求			
备注			

三、技术性证据审查专用文书

1. 《委托技术性证据审查书》格式

×××人民检察院

委托技术性证据审查书

×检×委审〔××××〕×号

————————：

  本院（部门）办理的————————
一案，需对————————进行技术性证据审查，现委托你
单位（部门）按下列要求进行：————————
————————。

（印章）

××年×月×日

2.《人民检察院技术性证据审查受理登记表》格式

×××人民检察院
技术性证据审查受理登记表

×检技审受〔××××〕×号

案件名称		委托单位	
委托人		联系电话	
收案人		受理时间	
承办人		涉及专业	
简要案情			
证据材料名称及数量			
委托要求			
备　注			

3.《技术性证据审查意见书》格式

×××人民检察院
技术性证据审查意见书

×检技审〔××××〕×号

（技术性证据审查专用章）

送审单位：

送审日期：

送审人：

送审材料：

送审要求：

审查开始日期：

一、案情摘要（可选）

二、资料摘要（可选）

三、审查意见

附件：

审查人：（技术职称可选）×××（签名）

××年×月×日

四、技术协助专用文书

1.《委托技术协助书》格式

×××人民检察院
委托技术协助书

_____

　　　　　　　　　　×检×委协〔××××〕×号

_____ ：

　　本院（部门）办理的_____

一案，需对_____进行技术协助，

现委托你单位（部门）按下列要求进行：_____

_____。

　　　　　　　　　　　　　　××年×月×日

　　　　　　　　　　　　　　　（印章）

---

2. 《技术协助受理登记表》格式

×××人民检察院
技术协助受理登记表

×检技协受〔××××〕×号

案件名称		委托单位	
委托人		联系电话	
收案人		受理时间	
承办人		涉及专业	
简要案情			
委托要求			
备　注			

3. 《技术协助工作说明》格式

<table>
<tr><td colspan="4" align="center">

×××人民检察院
技术协助工作说明

</td></tr>
<tr><td colspan="4" align="right">×检技协〔××××〕×号</td></tr>
<tr><td>办案部门</td><td></td><td>案件名称</td><td></td></tr>
<tr><td>委托人</td><td></td><td>联系电话</td><td></td></tr>
<tr><td>协助日期</td><td></td><td>协助地点</td><td></td></tr>
<tr><td>委托内容</td><td colspan="3"></td></tr>
<tr><td>协助过程和结果</td><td colspan="3">

承办人签名：
××年×月×日

</td></tr>
<tr><td>附件名称数量</td><td colspan="3"></td></tr>
<tr><td>备　注</td><td colspan="3"></td></tr>
</table>

4. 司法会计《调查了解工作记录》格式

索引号：

调查了解工作记录

会计期间：

被查单位：

调查事项	
	调查内容：
	调查结论：

调查人员：　　　　调查日期：

复核人员：　　　　复核日期：

5. 司法会计《查账实施方案》格式

索引号：

查账工作记录

金额单位：

共　页　第　页

被查单位名称	
查账事项	
实施查账期间或者截止日期	
查账过程记录	
查账结论或查账查出问题摘要	

	查账人员		编制日期	

复核意见	

	复核人员		复核日期	

××年×月×日

（印章）

6. 司法会计《查账发现问题汇总表》格式

索引号：

查账发现问题汇总表

会计期间：

被查单位：

序号	性质	问题摘要及主要事实	问题定性及处理意见	工作底稿索引号

查账人员：　　　　　查账日期：

复核人员：　　　　　复核日期：

7.《人民检察院司法会计查账报告》格式

×××人民检察院
司法会计查账报告

×检技查〔××××〕×号

（技术部门公章）

委托单位：

委托日期：

委托人：

送审材料：

委托要求：

查账开始日期：

一、案情摘要（可选）

二、资料摘要（可选）

三、查账过程

四、查账发现的问题

五、意见和建议

附件：

查账人：（技术职称可选）×××（签名）

××年×月×日

8.《委托其他专业协助审批表》格式

××人民检察院委托其他专业协助审批表

原受理编号		原委托要求	
案件名称		原承办人	
新收案编号		新受理编号	
委托协助专业		协助承办人	
协助内容 （新委托要求）			
备注			
附原受理表			

五、同步录音录像专用文书

1.《同步录音录像通知单》格式

×××人民检察院
同步录音录像通知单

————————————————————————

×检×委录〔××××〕×号

————————— ：

　　本部门承办的_____一案，需进行同步录音录像，请你部门派技术人员于_____到_____录制。

　　联系人：_____

　　联系电话：_____

×××年×月×日

（印章）

2. 《同步录音录像受理登记表》格式

×××人民检察院
同步录音录像受理登记表

×检技录受〔××××〕×号

办案部门		案件编号	
被讯（询）问人		案由	
讯（询）问地点			
联系人		联系电话	
录制开始时间		受理人	
承办人意见			
×长意见			
备注			

3. 《同步录音录像工作说明》格式

×××人民检察院
同步录音录像工作说明

×检技录〔××××〕×号

办案部门		案件编号	
讯（询）问人		案　　由	
被讯（询）问人		第几次讯（询）问	
讯（询）问地点			

录制是否完整，中断时间及原因：	录制人员签名：
讯（询）问开始时间：　　年　月　日　时　分	讯（询）问人员 签名：
讯（询）问结束时间：　　年　月　日　时　分	

翻译人员签名：	其他在场人员签名：	被讯（询）问人 签名：

正本数量及编号： 　保管人员签收： 　　　××年×月×日	副本数量及编号： 　办案人员签收： 　　　××年×月×日

备注	

335

4.《人民检察院讯问全程同步录音录像资料密封袋》格式

正面：

人民检察院讯问全程同步录音录像资料密封袋

录制编号：_____ 案件编号：_____ 案由：_____

被讯（询）问人：_____ 第_____次讯（询）问

录像资料数量及编号：1._____ 2._____

（种类 共 盘）3._____ 4._____

首次密封时间：_____年_____月_____日_____时_____分

录制人签字：_____

讯（询）问人签字：_____、_____、_____

被讯（询）问人签字：_____

背面：

第二次启封时间：_____年_____月_____日_____时_____分

第二次密封时间：_____年_____月_____日_____时_____分

公诉人签字：_____、_____、_____

被告人签字：_____

5.《同步录音录像委托技术处理（复制）单》格式

×××人民检察院

同步录音录像委托技术处理（复制）单

×检×委录处〔××××〕×号

_____：

　　本部门承办的_____一案，需对同步录音录像资料副本进行技术处理（复制），现委托你部门按下列要求进行：____

_____

_____。

委托人_____

× × 年 × 月 × 日

（印章）

6. 《同步录音录像技术处理（复制）受理登记表》格式

×××人民检察院
同步录音录像技术处理（复制）受理登记表

×检技录受〔××××〕×号

办案部门		案件编号	
委托人		委托日期	
委托要求			
受理人		受理时间	
备注			

7. 《同步录音录像技术处理（复制）说明》格式

×××人民检察院
同步录音录像技术处理（复制）说明

×检技录处〔××××〕×号

办案部门		案件编号	
委托人		委托日期	
委托内容			
技术处理情况（写明原盘和新盘录制资料编号）	承办人签名： 　　××年×月×日		
移交时间		办案人员签收	

8.《同步录音录像资料档案调用单》格式

×××人民检察院
同步录音录像资料档案调用单

×检×委录调〔××××〕×号

_____：

　　本部门承办的_____一案，需对同步录音录像资料正本进行调用，现委托你部门按下列要求进行：_____

_____

_____。

委托人_____

×××年×月×日

（印章）

9.《同步录音录像资料档案调用受理登记表》格式

×××人民检察院
同步录音录像资料档案调用受理登记表

×检技录调受〔××××〕×号

办案部门		案件编号	
委托人		委托日期	
委托要求			
受理人		受理时间	
×长意见			
备注			

10.《同步录音录像资料档案调用说明》格式

×××人民检察院
同步录音录像资料档案调用说明

×检技录调〔××××〕×号

办案部门		案件编号	
委托人		委托日期	
委托内容			
调用时间		调用人签字	
归还时间		接收人签字	

六、心理测试专用文书

1. 心理测试的委托与受理适用"技术协助"法律文书
2.《心理测试协议书》格式

×××人民检察院
心理测试协议书

被测人_____自愿接受_____检察院对其进行心理测试。

主测人已就心理测试程序及技术方面的有关问题向被测人做了解释和说明，并告知其有权拒绝测试。被测人表示理解，愿意配合完成测试，并自愿承担心理测试结果。

被测人：

主测人：

××年×月×日

3. 《心理测试前谈话调查表》格式

心理测试前谈话调查表

被测人自然情况：

姓名＿＿＿ 出生年月＿＿＿＿ 出生地＿＿＿ 民族＿＿＿ 籍贯＿＿＿＿

住址＿＿＿＿＿＿＿＿ 文化程度＿＿＿＿＿＿＿＿＿＿

职业工作单位＿＿＿＿＿＿＿＿＿＿ 婚姻状况＿＿＿＿ 家庭情况＿＿＿＿

病史：

过去疾病＿＿＿＿＿＿＿＿＿＿＿＿＿＿＿＿＿＿＿＿＿＿＿＿＿＿＿＿

现在疾病＿＿＿＿＿＿＿＿＿＿＿＿＿＿＿＿＿＿＿＿＿＿＿＿＿＿＿＿

现在服用药物＿＿＿＿＿＿＿＿＿＿＿＿＿＿＿＿＿＿＿＿＿＿＿＿＿＿

从午夜起服用药物＿＿＿＿＿＿＿＿＿＿＿＿＿＿＿＿＿＿＿＿＿＿＿＿

现在饮酒情况＿＿＿＿＿＿＿＿＿＿＿＿＿＿＿＿＿＿＿＿＿＿＿＿＿＿

吸毒情况＿＿＿＿＿＿＿＿＿＿＿＿＿＿＿＿＿＿＿＿＿＿＿＿＿＿＿＿

过去的表现：

犯罪前科＿＿＿＿＿＿＿＿＿＿＿＿＿＿＿＿＿＿＿＿＿＿＿＿＿＿＿＿

违法违纪＿＿＿＿＿＿＿＿＿＿＿＿＿＿＿＿＿＿＿＿＿＿＿＿＿＿＿＿

品质情况＿＿＿＿＿＿＿＿＿＿＿＿＿＿＿＿＿＿＿＿＿＿＿＿＿＿＿＿

主测官的意见：

被测人身体状况＿＿＿＿＿＿＿＿＿＿＿＿＿＿＿＿＿＿＿＿＿＿＿＿＿

被测人医疗状况＿＿＿＿＿＿＿＿＿＿＿＿＿＿＿＿＿＿＿＿＿＿＿＿＿

被测人情绪状况＿＿＿＿＿＿＿＿＿＿＿＿＿＿＿＿＿＿＿＿＿＿＿＿＿

被测人大致智力状况＿＿＿＿＿＿＿＿＿＿＿＿＿＿＿＿＿＿＿＿＿＿＿

是否符合测谎测试要求＿＿＿＿＿＿＿＿＿＿＿＿＿＿＿＿＿＿＿＿＿＿

谈话时间： 谈话地点：

主测官：

4. 《自愿接受心理测试同意书》格式

自愿接受心理测试同意书

测试时间：_____年_____月_____日

测试地点：_____

测试人：（主测官）_____

（副　手）_____

被测人：姓名_____出生年月_____性别_____

民族_____文化_____职业_____

住址_____

被测人与案件的关系：_____

主测官告知被测人：

今天为侦查_____案件，准备用心理测试（测谎）仪对你进行有关心理测试（测谎）；

心理测试（测谎）能客观测出案件的真实情况。如果你与这个案件有关，其测试结果就会对你不利；如果你与这个案件无关，其测试结果就会对你有利。你是否愿意接受测试？

被测人声明：

主测官已对心理测试（测谎）过程作过满意的技术性解释，本人信任心理测试（测谎）程序，明白自己的权利，知道我现在做什么，对我没有采取任何威胁和强迫手段。本人_____自愿接受此次心理测试（测谎），并且保证积极配合，顺利完成测试过程。

被测人（签字）_____日期_____

主测官（签字）_____日期_____

5. 《心理测试报告》格式

×××人民检察院
心理测试报告

×检技测〔××××〕×号

（技术部门公章）

委托单位：

委托日期：

被测人：

测试要求：

测试日期：

一、案情摘要

二、资料摘要（可选）

三、测试过程

（一）测试时间、仪器、及指标

（二）测试方法

四、分析说明

五、测试结果

主测人：（技术职称可选）×××（签名）

××年×月×日

七、勘验检查专用文书

1.《委托勘检书》(两联) 格式

×××人民检察院

委托勘检书

（正　本）

×检×委勘〔××××〕×号

本院办理的 ＿＿＿＿＿＿＿＿＿＿ 一案，需对 ＿＿＿＿＿＿＿＿＿＿ 进行勘检，根据《中华人民共和国刑事诉讼法》第一百二十六条的规定，现委托 ＿＿＿＿＿＿＿＿＿＿ 按下列要求进行勘检。勘检要求：

＿＿＿＿＿＿＿＿＿＿。

×××年×月×日

（印章）

第二联　送达受委托鉴定单位（人员）

×××人民检察院

委托勘检书

（副　本）

×检×委勘〔××××〕×号

本院办理的 ＿＿＿＿＿＿＿＿＿＿ 一案，需对 ＿＿＿＿＿＿＿＿＿＿ 进行勘检，根据《中华人民共和国刑事诉讼法》第一百二十六条的规定，现委托 ＿＿＿＿＿＿＿＿＿＿ 按下列要求进行勘检。勘检要求：

＿＿＿＿＿＿＿＿＿＿。

×××年×月×日

（印章）

第一联　附卷

2.《勘验检查受理登记表》格式

×××人民检察院勘验检查受理登记表

×检技勘受〔××××〕×号

案件名称		委托单位	
委托人		联系电话	
委托时间		勘检地点	
勘检对象		承办人	
受理时间		涉及专业	
简要案情			
勘检要求			
备 注			

3. 《勘验检查笔录》格式

×××人民检察院
勘验检查笔录

×检技勘〔××××〕×号

一、基本情况：

勘检事由：＿＿＿＿＿＿＿＿＿＿＿＿＿＿＿＿＿＿＿＿＿＿＿＿＿＿＿

勘检起始时间：＿＿＿＿＿＿＿＿＿勘检结束时间：＿＿＿＿＿＿＿＿＿＿

勘检地点：＿＿＿＿＿＿＿＿＿＿＿＿＿＿＿＿＿＿＿＿＿＿＿＿＿＿＿

勘检环境情况：＿＿＿＿＿＿＿＿＿＿＿＿＿＿＿＿＿＿＿＿＿＿＿＿＿

现场指挥人：＿＿＿＿＿＿＿＿＿到场时间：＿＿＿＿＿＿＿＿＿＿＿＿

勘检人：＿＿＿＿＿＿＿＿＿＿到场时间：＿＿＿＿＿＿＿＿＿＿＿＿＿

勘检人：＿＿＿＿＿＿＿＿＿＿到场时间：＿＿＿＿＿＿＿＿＿＿＿＿＿

见证人：＿＿＿＿＿＿＿＿＿证件名称/号码：＿＿＿＿＿＿＿＿＿＿＿

见证人：＿＿＿＿＿＿＿＿＿证件名称/号码：＿＿＿＿＿＿＿＿＿＿＿

其他人员：＿＿＿＿＿＿＿＿＿＿＿＿＿＿＿＿＿＿＿＿＿＿＿＿＿＿

＿＿＿＿＿＿＿＿＿＿＿＿＿＿＿＿＿＿＿＿＿＿＿＿＿＿＿＿＿＿＿

勘检设备和软件工具的名称、型号、版本号：＿＿＿＿＿＿＿＿＿＿＿＿

＿＿＿＿＿＿＿＿＿＿＿＿＿＿＿＿＿＿＿＿＿＿＿＿＿＿＿＿＿＿＿

二、勘检过程：

勘验/检查情况：＿＿＿＿＿＿＿＿＿＿＿＿＿＿＿＿＿＿＿＿＿＿＿＿

＿＿＿＿＿＿＿＿＿＿＿＿＿＿＿＿＿＿＿＿＿＿＿＿＿＿＿＿＿＿＿＿

＿＿＿＿＿＿＿＿＿＿＿＿＿＿＿＿＿＿＿＿＿＿＿＿＿＿＿＿＿＿＿＿

＿＿＿＿＿＿＿＿＿＿＿＿＿＿＿＿＿＿＿＿＿＿＿＿＿＿＿＿＿＿＿＿

＿＿＿＿＿＿＿＿＿＿＿＿＿＿＿＿＿＿＿＿＿＿＿＿＿＿＿＿＿＿＿＿

三、勘检结果：

_____

_____

附件：_____

_____

现场指挥人：（签名）

勘　检　人：（签名）

见　证　人：（签名）

××年×月×日

4.《解剖尸体通知书》（三联）格式

×××人民检察院
解剖尸体通知书

×检×剖〔×××××〕×号

……：

根据《中华人民共和国刑事诉讼法》第一百二十六条、第一百二十九条的规定，我院办理＿＿＿案件，决定于＿＿＿年＿＿＿月＿＿＿日＿＿＿时在＿＿＿对＿＿＿的尸体进行解剖检验，以查明死亡的原因，特通知你到场。

×××年×月×日
（印章）

第三联 送达死者家属

×××人民检察院
解剖尸体通知书
（副　本）

×检×剖〔×××××〕×号

……：

根据《中华人民共和国刑事诉讼法》第一百二十六条、第一百二十九条的规定，我院办理＿＿＿案件，决定于＿＿＿年＿＿＿月＿＿＿日＿＿＿时在＿＿＿对＿＿＿的尸体进行解剖检验，以查明死亡的原因，特通知你到场。

×××年×月×日
（印章）

死者家属：

×××年×月×日

第二联 附卷

×××人民检察院
解剖尸体通知书
（存　根）

×检×剖〔×××××〕×号

案由＿＿＿
犯罪嫌疑人基本情况（姓名、性别、年龄、工作单位、住址、身份证号码、是否人大代表、政协委员）＿＿＿
死者姓名＿＿＿
解剖检验目的＿＿＿
解剖时间＿＿＿
解剖地点＿＿＿
批准人＿＿＿
批准时间＿＿＿
承办人＿＿＿
填发人＿＿＿
填发时间＿＿＿

第一联 统一保存

解剖尸体通知书制作说明

一、本文书是依据《刑事诉讼法》第一百二十六条、第一百二十九条、第一百六十二条的规定制作。为人民检察院在侦查中决定对死因不明的尸体进行解剖、检验，通知死者家属到场时使用。

二、本文书具有法定强制性，死者家属接到通知后，无正当理由拒不到场或拒绝签名、盖章的，不影响解剖的进行，但应当在第二联（副本）上注明。

三、本文书共三联，第一联统一保存备查，第二联由死者家属签名、盖章或注明情况后附卷，第三联送达死者家属。

5.《人身检查聘请书》格式

人身检查聘请书

聘请单位				
聘请时间		聘请单位电话		
简要案情				
被检查人	姓名		出生年月	
	性别	民族	身体状况	
检查目的与要求				
提供材料				
聘请人（签字）		受理人		
检查时间				
检查地点				
领导审批				
备注				

6. 《人身检查受理登记表》格式

人身检查受理登记表

聘请单位					
聘请时间		聘请单位电话			
简要案情					
被检查人	姓名			出生年月	
	性别		民族	身体状况	
检查目的与要求					
提供材料					
聘请人（签字）		受理人			
检查时间		检查地点			
检查人					
领导审批					
备注					

7. 《人身检查通知书》格式

人身检查通知书

＿＿＿＿＿：

　　根据《中华人民共和国刑事诉讼法》第一百二十六条、第一百三十条的规定，我院办理＿＿＿＿＿＿＿＿＿＿＿＿＿＿＿＿案件，为查明＿＿＿＿＿＿＿＿＿＿＿＿＿＿＿＿＿＿＿＿＿＿＿＿＿，决定于＿＿＿年＿＿月＿＿日＿＿时在＿＿＿＿＿＿＿对＿＿＿＿＿进行人身检查，特此通知。

××年×月×日

（印章）

被检查人（签名）：

××年×月×日

8. 《人身检查笔录》格式

人身检查笔录

检查开始时间：

检查结束时间：

检查地点：

被检查人：（姓名，性别，民族，出生年月，文化程度。籍贯，住址，职业，职务）

检查过程：

检查意见：

人身检查记录人员：

笔录人：＿＿＿＿＿＿＿＿＿＿

照相人：＿＿＿＿＿＿＿＿＿＿

录像人：＿＿＿＿＿＿＿＿＿＿

人身检查检查人员：

单位：＿＿＿＿＿＿ 职务：＿＿＿＿ 本人签名：＿＿＿＿

单位：＿＿＿＿＿＿ 职务：＿＿＿＿ 本人签名：＿＿＿＿

单位：＿＿＿＿＿＿ 职务：＿＿＿＿ 本人签名：＿＿＿＿

被检查人（签名）：＿＿＿＿＿＿

见证人（签名）：＿＿＿＿＿＿

9.《侦查实验笔录》格式

×××人民检察院
侦查实验笔录

×检技实〔××××〕×号

一、实验目的

二、实验材料（可选）

三、实验环境（可选）

四、实验过程

五、实验结果

附件：（照片、录音录像等）

参加人：（签名）

××年×月×日

参考资料

一、法律法规

1. 《中华人民共和国刑事诉讼法》（2012 年 3 月 14 日第二次修订）。

2. 《中华人民共和国民事诉讼法》（2012 年 8 月 31 日第二次修订）。

3. 《中华人民共和国行政诉讼法》（2014 年 11 月 1 日修订）。

4. 《中华人民共和国会计法》（1999 年 10 月 31 日修订）。

5. 《中华人民共和国公司法》（2005 年 10 月 27 日修订）。

6. 《中华人民共和国票据法》（2004 年 8 月 28 日修订）。

7. 《中华人民共和国证券法》（2013 年 6 月 29 日修订）。

8. 最高人民检察院《人民检察院文件检验工作细则（试行）》（1988 年 1 月 28 日）。

9. 全国人民代表大会常务委员会《关于司法鉴定管理问题的决定》（2005 年 2 月 28 日）。

10. 最高人民检察院《人民检察院鉴定机构登记管理办法》（2006 年 11 月 1 日）。

11. 最高人民检察院《人民检察院鉴定人登记管理办法》（2006 年 11 月 1 日）。

12. 最高人民检察院《人民检察院鉴定规则（试行）》（2006 年 11 月 30 日）。

13. 最高人民检察院《人民检察院刑事诉讼规则（试行）》（2012 年 11 月 22 日）。

14. 最高人民检察院《检察机关执法工作基本规范（2013 年版）》

15. 最高人民检察院《人民检察院法医工作细则》（2013 年 12 月 3 日）。

16. 最高人民检察院《人民检察院讯问职务犯罪嫌疑人实行全程同步录音录像的规定》（2014 年 5 月 26 日）。

二、司法解释和规章制度

1. 最高人民法院、最高人民检察院、公安部、国家安全部、司法部《关于做好司法鉴定机构和司法鉴定人备案登记工作的通知》（2008 年 1 月 20 日）。

2. 中华人民共和国财政部《中华人民共和国注册会计师审计准则》（财会〔2006〕4 号）。

3. 中华人民共和国财政部《企业财务报告条例》（2006 年 12 月 7 日）。

4. 中华人民共和国财政部、证监会、审计署、银监会、保监会《企业内部控制制度基本规范》（2008 年 5 月 22 日）。

5. 中华人民共和国财政部《中国注册会计师执业准则》（财会〔2010〕21 号）。

6. 中华人民共和国财政部《事业单位会计准则》（2012 年 12 月 5 日）。

7. 中华人民共和国财政部《行政单位财务规则》（2012 年 12 月 5 日）。

8. 中华人民共和国财政部《行政事业单位内部控制规范》（2012 年 11 月 29 日）。

9. 中华人民共和国审计署《中华人民共和国国家审计准则》（2010 年 9 月 1 日）。

10. 中华人民共和国财政部《企业会计准则》（2014 年 7 月 23 日）。

11. 中国人民银行《现金管理暂行条例实施细则》（1988 年 9 月 21 日）。

12. 中国人民银行《现金管理暂行条例》（2011 年 1 月 8 日修订）。

三、参考文献

1. 毛焕庭、暴仁主编：《污损文件检验》，警官教育出版社 1997 年版。

2. 贾玉文主编：《笔迹检验》，警官教育出版社 1999 年版。

3. 赵子琴主编：《法医病理学》，人民卫生出版社 2004 年版。

4. 侯一平主编：《法医物证学》，人民卫生出版社 2004 年版。

5. 贺浪冲主编：《法医毒物分析》，人民卫生出版社 2004 年版。

6. 刘协和主编：《法医精神病学》，人民卫生出版社 2004 年版。

7. 黄光照主编：《法医毒理学》，人民卫生出版社 2005 年版。

8. 秦启生主编：《临床法医学》，人民卫生出版社 2005 年版。

9. 蒋平、黄淑华、杨莉莉：《数字取证》，清华大学出版社、中国人民公安大学出版社 2007 年版。

10. 贾治辉编：《文书检验》，中国法制出版社 2007 年版。

11. 幸生主编：《同步录音录像工作百问百答》，中国检察出版社 2008 年版。

12. 麦永浩、孙国梓、许榕生、戴士剑主编：《计算机取证与司法鉴定》，清华大学出版社 2009 年版。

13. 麦永浩：《电子数据司法鉴定实务》，法律出版社 2011 年版。

14. 中国注册会计师协会编：《2014 年度注册会计师全国统一考试辅导教材》，中国财政经济出版社 2014 年版。

后　记

《检察执法岗位操作规程指导丛书》第9分册《检察技术岗位专用操作规程》编写人员分工如下：

组长雷华负责本分册编写的人员组织分工、统稿及参与检察业务审稿，副组长杨立协助组长工作。

沈歆宇协助本分册统稿及本分册联络工作。

戴迎智、曹伟文、谭铁军、黄誉洁负责本分册检察业务审稿。

杨立、徐小杰、沈歆宇负责编写第一章、附录一、附录二。

曹伟文、肖鑫波、张辉、方泉、彭俊负责编写第二章第一节第一部分，第二章第二节第一部分，第三章第一节，第三章第四节第一、二、三、四部分。

谭铁军、沈歆宇、刘劲林负责编写第二章第一节第二部分，第二章第二节第二部分，第三章第二节。

李笑冰、刘丽萍、朱玲子负责编写第二章第一节第三部分，第二章第二节第三、四、五部分，第三章第三节第一部分。

杨帆、黄誉洁、廖唯棨负责编写第二章第一节第四部分，第二章第二节第六部分、第三章第三节第二部分，第三章第四节第五部分。

戴迎智负责编写第二章第二节第七部分。

郭哲良负责编写第二章第二节第八部分。

本分册编写组组长雷华被聘为作为湖南省普通高校哲学社会科学重点研究基地的湖南省法务会计研究基地学术委员会副主任、司法会计诉讼理论与实务研究方向学术带头人、研究员。本分册司法会计业务等相关章节内容，由湖南省法务会计研究基地研究员李笑冰、徐小杰作为主要撰稿人之一。本分册的编写出版不失为湖南省法务会计基地取得的重要研究成果之一。

第9分册《检察技术岗位专用操作规程》编写组

2015年5月4日